古代歷史文化^{研究}^{輯刊}

二六編

王明蓀 主編

第6冊

東漢官僚的地域構成研究

馮世明 著

國家圖書館出版品預行編目資料

東漢官僚的地域構成研究／馮世明 著 -- 初版 -- 新北市：花
木蘭文化事業有限公司，2021〔民110〕
序6+ 目 4+244 面；19×26 公分
（古代歷史文化研究輯刊 二六編；第 6 冊）
ISBN 978-986-518-589-3（精裝）
1. 官僚制度 2. 區域研究 3. 東漢
618   110011817

ISBN-978-986-518-589-3

9 789865 185893

古代歷史文化研究輯刊
二六編　第 六 冊　　　　　ISBN：978-986-518-589-3

東漢官僚的地域構成研究

作　　者　馮世明
主　　編　王明蓀
總 編 輯　杜潔祥
副總編輯　楊嘉樂
編　　輯　許郁翎、張雅淋、潘玟靜　美術編輯　陳逸婷
出　　版　花木蘭文化事業有限公司
發 行 人　高小娟
聯絡地址　235 新北市中和區中安街七二號十三樓
　　　　　電話：02-2923-1455／傳真：02-2923-1452
網　　址　http://www.huamulan.tw 信箱 service@huamulans.com
印　　刷　普羅文化出版廣告事業
初　　版　2021 年 9 月
全書字數　201179 字
定　　價　二六編 32 冊（精裝）台幣 88,000 元

東漢官僚的地域構成研究

馮世明 著

作者簡介

　　馮世明，女，1980 年出生，江蘇常州人。2002 年畢業於蘇州大學歷史系，獲歷史學學士學位；2007 年畢業於華東師範大學歷史系，獲歷史學碩士學位；2011 年畢業於華東師範大學歷史系，獲歷史學博士學位。

　　現為蘇州大學社會學院歷史系講師，主要從事漢唐史、歷史文化地理、游牧民族國家形態研究，在《中國社會科學報》、《蘭州學刊》、韓國《中國史研究》等刊物發表論文若干篇，著有譯作《哈佛中國史》唐代卷。

提　　要

　　本文運用多學科的研究方法，除了傳統的考證方法、典型史料的定性方法之外，還採用了「計量史學」的方法，以《後漢書》、《八家後漢書輯注》、《三國志》、《隸釋》為主要的資料來源，從郡望、家世、出仕類型、師承、舉主、起家官、最高官幾方面入手，以地域為著眼點，依朝代階段性的不同，製作表格進行統計，根據統計數據歸納出東漢官僚分布地域特點，探析東漢官僚地域分布及對政治社會的影響。研究認為：

　　官員籍貫的分布呈現出的區域特點與經濟發展成呼應狀態。全國經濟以處在黃河流域的關中、中原和齊魯三個地區最為發達，這些地區的人才也是最為集中的。益州、荊州、揚州這些長江以南的南方各州，到了東漢時期官員數量增加明顯。東漢一朝，山東大族對政權對控制力很強，光武朝以後山西軍人逐漸興起登上歷史舞臺。

　　地域官僚的分析涉及面很廣，與政治、經濟、教育都有密不可分的關係。一般來說，經濟發展水平和地理環境是起主導作用的因素，從根本上制約著其他因素的形成和發揮作用的程度。政治方面，皇帝的籍貫、權臣的出現和戰爭對部分地區也發揮著十分重要的作用。同時也看到，文化底蘊具有很強的慣性力量。而東漢的選舉制度除了給予平民子弟向上晉升的機會外，祖輩有仕宦資歷者幾乎達到了一半，故此世家豪族的地域分布也是不可忽視的因素。

　　東漢官僚籍貫分布對於政治社會有很多方面的影響，本文就官員與地方治理、社會矛盾的激化與農民起義、軍閥割據等問題進行了探討。

序　言

　　二十世紀二十年代起，中國史學家受西方史學理論與方法的影響，從社會史的角度研究中國史，引進一些中西學術融合的好作品作為借鑒，促進學術的成長。人物的地理分布，是人文地理學的重要研究對象，意義在於通過探討人物地理分布的時空特點，來揭示與社會各構成要素之間的關係。二十世紀初，法國年鑒學派在人物地理分布研究中取得了很大成就。我國的研究雖然同樣開始於二十世紀初，但成果有限，有丁文江發表《中國歷史人物與地理的關係》、綫嘯筠《清代學者之地理分布》等，研究相對還比較粗淺。

　　到了八十年代之後，這種情況有所改觀。臺灣學者楊遠著有《西漢人物地域分布》和《東漢人物地域分布》，主要針對進入史傳的人物進行統計分析。盧雲專著《漢晉文化地理》分類統計了漢晉的各類人物，範圍較大，成果顯著。社會的進步，離不開人的作用，傳記人物代表了中國古代政治、經濟、文化、軍事等方面的水平。人物地域分布的研究，按照時代進行綜合探討，考察其地理分布情況，是瞭解某個時代各個地區人文環境與歷史要素之間關係的有效途徑。在入傳人物中，國家各級政府中的任職者，無疑是這一群體的重要構成者之一。有關官僚區域分布的研究，從九十年代開始，一些學者陸續發表了文章，如李泉在《東漢官吏籍貫分布之研究》（《秦漢史論叢》第五輯，1997）一文中，對東漢各州郡官僚的分布進行了研究。該文以《後漢書》的有關記載為主，參閱東漢其他史籍，研究東漢官吏的籍貫分布狀況、變遷趨勢、變遷原因及其對政治社會的影響；馮爾康《清朝前期與末季區域人才的變化——以引見官員、鼎甲、翰林為例》（《歷史研究》1997 年 1 期）一文指出在清朝的不同時期，活躍於政治、軍事、教育、文化舞臺上的各省籍、各

旗籍的人充當了不同的角色。開始是出身於遼、吉的旗人馳騁於政治、軍事領域，後期則是湘、淮系統的人執掌軍事、政治牛耳，兩廣人稍露頭角，江浙人始終是文化教育方面的佼佼者和政治方面的主角之一。本文受到這些研究的啟發，認識到地理是歷史發生的空間載體，歷史是地理的人文描述，人才的產生以及對歷史發生作用，都呈現出強烈的地域性特點。

以東漢官僚的地域構成作為研究對象，因為東漢一朝有其自身的特點。東漢繼承了秦和西漢，其時代特徵主要表現為：

1. 選舉制度上，由貴族的「世卿世祿制」轉變為察舉徵辟制。這一制度的成立，大約是在西漢文景武帝之時，東漢則完全確立了以察舉為主導的制度，這對東漢追求仕途的路徑產生了重大影響。

2. 漢武帝「罷黜百家、獨尊儒術」這一措施，到東漢時已經被民眾廣為接受，儒家教育成為入仕的階梯，對官員出現影響深遠。

3. 光武中興之後五十餘年時間，社會平穩發展。但從和帝開始，連續由小皇帝繼位，遂出現外戚和宦官交替掌權的局面。中後期的羌亂，對東漢社會產生的較大影響。

4. 東漢繼西漢，在各方面都有較大發展，官員的地域分布也呈現了不同於西漢的一些特徵。所以，本文把東漢作為考察的時代範圍，以明瞭這個朝代官僚地域構成的具體狀況，即每朝不同時期不同籍貫官員的地域構成、演變和變化原因；分析官僚的地域分布在東漢一朝的特點；加強人才成長規律和歷史人才問題的探索。

在本文的寫作中，借鑒了許多前人研究成果。經濟方面有：曾延偉《兩漢社會經濟發展史初探》（中國社會科學出版社，1989），張澤咸《漢晉唐時期農業》（中國社會科學出版社，2003），程民生《中國北方經濟史：以經濟重心的轉移為主線》（人民出版社，2004），《河南經濟簡史》（中國社會科學出版社，2005），黃今言《秦漢江南經濟述略》（江西人民出版社，1999）。此外相關的還有葛劍雄《中國人口史第一卷：先秦至魏晉南北朝》（復旦大學出版社，2005）和《中國移民史》（福建人民出版社，1997）等。

政治方面有：黃留珠《秦漢仕進制度》（西北大學出版社，1998），閻步克《察舉制度變遷史稿》（遼寧大學出版社，1997），安作璋、雄鐵基《秦漢官制史稿》，（齊魯書社，1984），趙沛《兩漢宗族研究》（山東大學出版社，2002），崔向東《漢代豪族研究》（崇文書局，2003），馬良懷《兩漢宦官考》（《中國古

代史論集》，華中師範大學出版社，2001）等。

　　文化方面有：盧雲《東漢時期的文化區域與文化重心》（《中國文化研究集刊》第四輯，1987）和《漢晉文化地理》，張鶴泉《東漢關中地區文化發展的特徵及影響》（《史學集刊》1995 年第 2 期），胡寶國《漢晉時期的汝穎名士》（《歷史研究》1991 年第 5 期），高敏《從東漢時期入仕者與知名人士出生地的分布狀況看東漢江南經濟的發展》（《鄭州大學學報》2003 年第 3 期）等。

　　此外，前人在人物區域史方面都作出的貢獻，成為本人寫作的基礎。這些成果可分為幾種類型：

　　1. 貫通性的總論。如陳國生《論我國古代宰相地域分布規律及其形成原因》（《內江師範學院學報》2004 年 4 期）對二十四史中籍貫可考的 1037 位宰相進行了地域考察，其籍貫分布規律為宋代以前主要集中在沿渭河、黃河到魯南一線，宋代以後轉移到南方，主要集中在長江中下游地區的江浙一帶。影響宰相籍貫分布的主要因素是交通、文化、經濟以及政治和軍事中心給人物行政能力的培養和發展提供了條件。余意峰《中國歷代宰相籍貫分布的時空變遷規律》（《華中師範大學學報》2000 年 1 期）一文有類似觀點，並統計出東漢時期，北方宰相有 151 人，其中山東 18 人，河南 58 人，陝西 21 人，分別占 12%、38%和 14%。

　　2. 關於地域人才的研究。如陳勇《「涼州三明」論》（《中國史研究》1998 年第 2 期），劉增貴《益州的漢代士族》（收於《家族與社會》，中國大百科全書出版社，2005），胡寶國《漢晉時期的汝穎名士》（《歷史研究》1991 年第 5 期），等。九十年代之後，區域人才的研究更是受到關注，湧現出了很多碩博論文，如韓曉燕《齊魯士人與兩漢政治》（山東師範大學碩士論文，2005 年）、侯二朋《東漢人物地域分布研究》（蘭州大學碩士論文，2006 年）、王亞鵬《歷史時期汝穎地區人才盛衰研究》（南京農業大學碩士論文，2009 年）、鄧宇《兩漢齊地人才研究》（湖南大學碩士論文，2013 年）、劉珍《青兗地方勢族與漢魏晉政治》（華東師範大學碩士論文，2015 年）等。

　　如上所述，從地域的角度研究東漢官僚的構成，從九十年代開始，史學界陸續發表相關文章，積累了豐富的研究成果，但這些成果大多聚焦在東漢的某一地域或某一時段，不具綜合性。本文試圖在這方面盡一些綿薄之力，在前人基礎上進行系統全面的探討，從整體更深入地瞭解東漢官僚的區域特點及其與東漢歷史的關係和對東漢政治社會的影響。

在研究方法上，除了採用傳統的考證方法、典型史料的定性方法之外，還採用了「計量史學」的方法，通過定量的分析，用數字來描述客觀事實在。二十世紀上半期法國年鑒學派的推動下，計量史學的研究方法傳播開來，成為國際上歷史研究很常見的一種方法。本文所進行的量化研究，主要是以《後漢書》、《八家後漢書輯注》、《三國志》、《隸釋》為主要的資料來源，製作表格進行統計。在行文中，將宏觀把握與微觀解析相結合，進行一定的理論分析和理論概括，增強文章的深度。地域官僚的分析涉及面很廣，與政治、經濟、教育都有密不可分的關係，本文結合東漢的史實，擬從郡望、家世、出仕類型、師承、舉主、起家官、最高官幾方面進行統計，以地域為著眼點，依朝代階段性的不同，進行橫向和縱向的對比，根據統計數據歸納出東漢官僚分布地域特點。

官吏籍貫分布形成與變遷的原因則主要從以下幾個角度進行考量：戰爭的影響，經濟的影響，豪強大族與官僚分布的關係，文化中心的轉移，統治階級內部各種力量的消長變化及相互鬥爭等。東漢官僚籍貫分布對於政治社會有很多方面的影響，如統治集團內部關係、區域關係、文化傳播等都有影響，本文就官員與地方治理、社會矛盾的激化與農民起義、軍閥割據等問題進行探討。

官僚的地域構成，是以州為單位來劃分的。州制是漢武帝時期所設置的十三州。武帝經過對內削藩，對外拓地，全國約有一百一十個郡國，都置於朝廷的直接統轄之下。為了徹底消除割據隱患，加強中央集權，武帝於元封五年（前 106 年）分全國為十三個監察區，各派刺史定期巡查，合稱十三刺史部，簡稱「十三部」或「十三州」。征和元年，又設置司隸校尉部，掌察舉京師百官和近畿七郡，這樣共有十四刺史部。到東漢時期有所變遷，省朔方刺史部併入并州，又把交趾刺史部改為交州刺史部。到順帝永和五年（140 年）時全國十三刺史部的情況為：司隸校尉部、豫州刺史部、冀州刺史部、兗州刺史部、徐州刺史部、青州刺史部、荊州刺史部、揚州刺史部、益州刺史部、涼州刺史部、并州刺史部、幽州刺史部、交州刺史部。漢靈帝中平元年（184 年），黃巾起義席捲全國，為加強地方綏靖能力，遂派九卿出任州牧，授以軍、民、財政大權，州部於是成為郡以上一級政區。其後，漢獻帝分涼州河西地區為雍州，又以原司隸校尉部置司州，但此時東漢已名存實亡。為了便於統計分析，本文以順帝永和五年的行政區劃為準，作為研究東漢官

僚地域構成的單位。又因交州刺史部統計官員數為零，所以附於幽州刺史部之下一併討論。

　　本文出發點是就東漢的官僚進行區域研究分析，但是由於功力有限，表格內容未能充分挖掘和深入，與初衷產生了一定差異，難免粗疏、淺陋，尚祈方家指正。

目

次

第一章　東漢一朝司隸校尉部的官員情況分析

　　列入本文統計的任職官員，主要為文獻記載俸祿萬石至二百石的官員，包括三公九卿、各類將軍等中央高級官員，地方的州牧、刺史、郡太守，諸侯王國的相等地方高級官員，一些特設的地方官如都尉、使匈奴中郎將、護烏桓校尉、護羌校尉，以及中央和地方的中下級官員。考察官員的地域構成，自然要從其籍貫入手，表格的空間分析中，第一列數字是各郡的官員數（包括朝代不明的），第二列數字是各郡朝代不明的官員數。統計屬於哪個朝代一般以最高官所任時的朝代為準，籍貫不明的不在統計之列。

第一節　司隸校尉部官員情況分析

　　從時間上分析，光武一朝為司隸官員最盛的時期。章帝、和帝朝官員數也較多，安順以後，官員人數減少。

州	光武	明帝	章帝	和帝	殤帝	安帝	順帝	桓帝	靈帝	少帝	總計
司隸	36	4	20	27	0	11	14	16	12	1	141

　　從空間上分析，司隸西部的扶風郡，官員籍貫分布十分密集。此外是京兆和河南。

司隸校尉部	河南郡	22	4
	河內郡	10	2

河東郡	2	1
弘農郡	9	1
京兆尹	30	4
左馮翊	5	0
右扶風	86	11

第二節　原因分析

一、司隸校尉部的經濟狀況

司隸校尉部主要由三輔和京畿三郡組成。

三輔：京兆尹、左馮翊、右扶風。西漢久居長安，以長安為中心的三輔經濟地區，是整個西部、也是西漢整個統治地區的政治、經濟中心。三輔是當時人口最密集的地區，農業、手工業和商業都很發達。西漢後期，持續堅挺200餘年的關中經濟開始衰弱，更在王莽末、光武初長期的戰亂中遭到嚴重破壞，富庶景象煙消雲散，「關中遭王莽變亂，宮室焚蕩，民庶塗炭，百不一在。光武受命，更都洛邑」。〔註1〕東漢初年，由於天災人禍，出現「三輔大飢，人相食，城郭皆空，白骨蔽野」的景象。〔註2〕建武后期到和帝時，該地區和其他地區一樣，處於人口增殖，經濟恢復之中。到了安、順兩帝，先後爆發了兩次羌人大起事，戰亂及於三輔，剛剛有所恢復的經濟又重新衰落了。以後桓、靈時代，羌人起事仍綿延不絕。漢靈帝光和五年，京兆尹樊陵在陽陵大興農田水利，創建水渠，「昔日鹵田，化為甘壤，粳黍稼穡之所入，不可勝算。農民熙怡悅豫」，〔註3〕因命名為「樊惠渠」，出現了短期的繁榮。董卓還在郿縣建築郿塢，「積穀為三十年儲……塢中珍藏有金二三萬斤，銀八九萬斤，錦綺續穀紈素奇玩，積如丘山」。〔註4〕但好景不長，很快又被戰火摧毀，「初，帝入關，三輔戶口尚數十萬，自催汜相攻，天子東歸後，長安城空四十

〔註1〕范曄《後漢書》卷五十四《楊震列傳》，中華書局，1965年版，第1786～1787頁。

〔註2〕《後漢書》卷十一《劉玄劉盆子列傳》，第484頁。

〔註3〕蔡邕《京兆樊惠渠頌》，嚴可均《全上古三代秦漢三國六朝文》，中華書局，1958年版。

〔註4〕《後漢書》卷七十二《董卓列傳》，第2332頁。

餘日，強者四散，羸者相食，二三年間，關中無復人跡」，〔註5〕受此重創，元氣大傷，長期難以恢復。因此，東漢時期的關中遠遠落後於西漢，經濟重心的地位被關東地區取代。

京畿三郡：河南、河內、弘農郡。這三個郡在西漢人口密集，除弘農郡四十七萬多人以外，其他兩郡都在百萬以上，而河南郡有一百七十四萬多人，在全國名列前茅。另一特點就是手工業和商業發展比較突出，西漢王室在八個郡設有宮官，其中就有河內和河南郡。到了東漢，這一地區仍然經濟發達，如河內郡。兩漢之際的河內郡，由於沒有遭到兵火損害，以「完富」著稱，「戶口殷實」，人民富庶。東漢建立以後，河內仍發揮著重要的經濟作用，「時軍食急乏，恂以輦車驪駕轉輸，前後不絕」，〔註6〕保障著糧食供給，為穩定新生政權立下了汗馬功勞。進入和平時期以後，朝廷十分重視河內的經濟建設，如漢安帝元初二年，詔令河內等地「修理舊渠，通利水道，以溉公私田疇」。漢順帝時，崔瑗任汲縣令，又開拓稻田數百頃，受到百姓的歌頌。即使在東漢末年的大動盪年代，還保持著一定的經濟實力，「表裏山河，土廣民殷」。

二、戰爭與官員的關係

光武一朝官僚人數之多，主要是因為東漢王朝建立的社會基礎是地方豪強宗族勢力。早在建武之初，三輔人士即已構成劉秀集團中的重要力量，耿弇、方脩、馬援及景丹等，都參與了東漢統一戰爭。劉秀建國集中了一批數代為前朝重臣的世宦家族，所依賴的階級基礎之一，就是以耿弇、竇融、馬援為代表的集團，其成員出身豪富之家，有的本人就是新莽的高級官吏，因此大多具有較高文化素質和儒學修養。

光武朝官員家世見下表：

官僚	地主豪富	貴族	外戚	士人	平民	不明
18	1	1	1	6	2	7

光武朝官員的出仕途徑統計如下：

〔註5〕《後漢書》卷七十二《董卓列傳》，第2341頁。
〔註6〕《後漢書》卷十六《鄧寇列傳》，第622頁。

軍功	徵召	辟除	外戚	任子	孝廉	不明
8	10	2	5	1	1	9

與開國形勢相對應，自然軍功和徵召佔了出仕途徑的主要部分，分別各舉數例，其中軍功出仕的有：

「馬援字文淵，扶風茂陵人也。其先趙奢為趙將，號曰馬服君，子孫因為氏。武帝時，以吏二千石自邯鄲徙焉。曾祖父通，以功封重合侯，坐兄何羅反，被誅，故援再世不顯。援三兄況、余、員，並有才能，王莽時皆為二千石。」馬援「嘗受《齊詩》，意不能守章句……嘗師事楊子阿，受相馬骨法」。〔註7〕

「竇融字周公，扶風平陵人也。七世祖廣國，孝文皇后之弟，封章武侯。融高祖父，宣帝時以吏二千石自常山徙焉。融早孤。王莽居攝中，為強弩將軍司馬，東擊翟義，還攻槐里，以軍功封建武男。女弟為大司空王邑小妻。家長安中，出入貴戚，連結閭里豪傑，以任俠為名；然事母兄，養弱弟，內修行義。王莽末，青、徐賊起，太師王匡請融為助軍，與共東征」。〔註8〕

所謂皇帝徵召，即採取特徵與聘召的方式，選拔某些有名望且品學兼優的人士，在開國時表現尤其明顯，光武徵召出仕的有：

「侯霸字君房，河南密人也。族父淵，以宦者有才辯，任職元帝時，佐石顯等領中書，號曰大常侍。成帝時，任霸為太子舍人。霸矜嚴有威容，家累千金，不事產業。篤志好學，師事九江太守房元，治《穀梁春秋》，為元都講。王莽初，五威司命陳崇舉霸德行，遷隨宰。縣界曠遠，濱帶江湖，而亡命者多為寇盜。霸到，即案誅豪猾，分捕山賊，縣中清靜。再遷為執法刺姦，糾案勢位者，無所疑憚。後為淮平大尹，政理有能名。及王莽之敗，霸保固自守，卒全一郡」。〔註9〕

「郭伋字細侯，扶風茂陵人也。高祖父解，武帝時以任俠聞。父梵，為蜀郡太守。伋少有志行，哀、平間辟大司空府，三遷為漁陽都尉。王莽時為上谷大尹，遷并州牧。更始新立，三輔連被兵寇，百姓震駭，強宗右姓各擁眾保營，莫肯先附。更始素聞伋名，徵拜左馮翊，使鎮撫百姓。世祖即位，拜雍州

〔註7〕《後漢書》卷二十四《馬援列傳》，第827、840頁。
〔註8〕《後漢書》卷二十三《竇融列傳》，第795頁。
〔註9〕《後漢書》卷二十六《侯霸列傳》，第901頁。

牧，再轉為尚書令，數納忠諫爭」。〔註10〕

　　杜林「家既多書，又外氏張竦父子喜文采，林從竦受學，博洽多聞，時稱通儒……光武聞林已還三輔，乃徵拜侍御史，引見，問以經書故舊及西州事，甚悅之，賜車馬衣被。群寮知林以名德用，甚尊憚之。京師士大夫，咸推其博洽」。〔註11〕

　　孔奮「建武五年，河西大將軍竇融請奮署議曹掾，守姑臧長。八年，賜爵關內侯……隴蜀既平，河西守令咸被徵召，財貨連轂，彌竟川澤。惟奮無資，單車就路。姑臧吏民及羌胡更相謂曰：『孔君清廉仁賢，舉縣蒙恩，如何今去，不共報德！』遂相賦斂牛馬器物千萬以上，追送數百里。奮謝之而已，一無所受。既至京師，除武都郡丞」。〔註12〕

三、扶風的官員

　　扶風籍貫官吏分布有一顯著特點，便是故都附近陵縣官吏極多，非陵縣的官吏寥無幾人。如下表所見：

茂陵	平陵	安陵	鄠	漆	不明
46	36	1	1	1	1

　　漢高祖五年，劉邦遷都關中，楚漢戰爭結束時，關中已相當殘破，留下的人口很少，為了充實關中，西漢設置陵縣，移民關中。西漢元帝前的諸帝，即位後就開始修建自己的陵墓，同時在陵墓附近建立居民點，或擴大原來的居民點，移入移民，稱為陵邑，至皇帝死後葬入陵墓，陵邑即開始升格為縣級政區，成為陵縣。陵縣分布在三輔，即京兆尹、左馮翊、右扶風中。當然，此舉還帶有政治目的，《漢書‧地理志下》說：「漢興，立都長安，徙齊諸田，楚昭、屈、景及諸功臣家於長陵。後世世徙吏二千石、高訾富人及豪桀并兼之家於諸陵。蓋亦以強幹弱枝，非獨為奉山園也。是故五方雜厝，風俗不純。其世家則好禮文，富人則商賈為利，豪傑則遊俠通姦」〔註13〕。西漢宣帝以前，政府實行徙關東之民實諸陵、繼而設置陵縣的政策，關東移民率為富室、豪強或二千石之家，他們及其子孫具有較高的文化水平、強烈的參政意識和良好的入仕環境，

〔註10〕《後漢書》卷三十一《郭伋列傳》，第1091頁。
〔註11〕《後漢書》卷二十七《杜林列傳》，第934～936頁。
〔註12〕《後漢書》卷三十一《孔奮列傳》，第1098～1099頁。
〔註13〕《漢書》卷二十八下《地理志第八下》，第1642頁。

西漢後期大量進入統治集團。漢末戰亂期間，他們或投降更始，或西從隗囂，劉秀建國後，又轉投漢室，其官僚世家得以延續，家族成員大量進入仕途。

扶風郡官僚人數之多，還與宗族勢力有關。東漢王朝是宗族勢力得以迅速發展的時期。這一方面表現在東漢王朝本身就建立在豪強宗族的社會基礎之上，豪強宗族構成了東漢王朝的政治支柱。另一方面，東漢朝的政策為宗族勢力的發展創造了十分有利的條件。東漢豪強宗族在官僚化的基礎上普遍世官化，他們或世代出仕地方，把持地方政權，或世代為中央高官，壟斷中央權力。如表現豪族世官性的詞語有「家世州郡」、「世仕州郡」、「家世衣冠」、「家世二千石」、「世為二千石」、「世吏二千石」、「累世二千石」、「五世二千石」、「七世二千石」等，這些詞語在《史記》、《漢書》中沒有出現，在《後漢書》中卻屢見不鮮。這些表示豪族世官性詞語的大量出現和運用，說明到東漢豪族的形態已經發生變化，即由官僚化向世官化演進，豪族向世族轉化。

世官性是東漢豪族的基本特徵。東漢時期，豪族官僚世襲化和官職壟斷家族化十分明顯，有些家族甚至與東漢政權相始終，司隸扶風郡官僚人數之多，就在於耿氏、竇氏和馬氏家族的興盛。

	光武	明帝	章帝	和帝	殤帝	安帝	順帝	桓帝	靈帝	不明	總計
耿氏	6	1	2	2	0	4	2	1	0	2	20
竇氏	3	1	2	7	0	0	1	1	0	3	18
馬氏	1	0	5	2	0	0	1	0	0	2	11

從上表可看出，東漢扶風郡 86 個官員，其中這三大家族就佔了 49 個席位。這三個家族的情況如下：

「耿弇字伯昭，扶風茂陵人也。其先武帝時，以吏二千石自鉅鹿徙焉。父況，字俠游，以明經為郎……耿氏自中興已後迄建安之末，大將軍二人，將軍九人，卿十三人，尚公主三人，列侯十九人，中郎將、護羌校尉及刺史、二千石數十百人，遂與漢興衰云」。〔註14〕

「竇融字周公，扶風平陵人也……融即復遣鈞上書曰：『臣融竊伏自惟，幸得託先后末屬，蒙恩為外戚，累世二千石。至臣之身，復備列位，假歷將帥，守持一隅』……融長子穆，尚內黃公主，代友為城門校尉。穆子勳，尚東海恭王彊女沘陽公主，友子固，亦尚光武女涅陽公主。顯宗即位，以融從兄

〔註14〕《後漢書》卷十九《耿弇列傳》，第 703、724 頁。

子林為護羌校尉，竇氏一公、兩侯、三公主、四二千石，相與並時。自祖及孫，官府邸第相望京邑，奴婢以千數，於親戚、功臣中莫與為此」〔註15〕

「馬援字文淵，扶風茂陵人也……曾祖父通，以功封重合侯，坐兄何羅反，被誅，故援再世不顯。援三兄況、余、員，並有才能，王莽時皆為二千石……四子：廖、防、光、客卿……子豫，為步兵校尉……子康，黃門侍郎……子鉅嗣，後為長水校尉……弟敦，官至虎賁中郎將。嚴七子，唯續、融知名。續字季則……順帝時，為護羌校尉，遷度遼將軍……棱字伯威，援之族孫也……以棱為丹陽太守」。〔註16〕

從上面的情況可以看出，這些都是東漢建國的功臣，如茂陵耿氏是漢武帝時期從冀州鉅鹿郡遷徙過來的，家族在更始時期地位開始顯赫，到了其子耿弇，追隨劉秀平定天下，成為深受器重的開國元勳，此後又審時度勢，一步一步地築起了耿氏一族的勢力範圍，奠定了百年發展的根基。另一方面家族都與皇室聯姻尚公主，鞏固其家族的地位，或者從另一方面說，也許更為重要的是皇族也需要利用聯姻的手段，獲取這些宗族的支持。

四、章帝、和帝朝的官員

漢章帝、和帝時期官員人數多的原因在於處理民族問題的需要以及外戚專權，其中官員很大程度來自於扶風的三大家族。

漢章帝的民族問題：南北匈奴分裂後，南匈奴內附，北匈奴時常南下騷擾邊境，光武帝及明帝前期，天下初定，百廢待興，朝廷沒有精力應付北匈奴，到明帝後期，對「羈縻」的北匈奴有了進擊的打算。明帝章帝起用耿氏、竇氏家族成員竇固、耿秉、耿忠、耿恭等人。三輔豪強竇氏，本是稱霸涼州、曉習邊事的，但在劉秀時，卻是「恩寵備至」而不用。在對北匈奴的征戰中，竇固功績顯著。章帝時，竇氏集團的重要力量，班氏家族的班超，以少數人員，奮戰西域，終始「西域五十餘國悉皆納質內屬」。〔註17〕此外，章帝時還有陸陸續續的羌人叛亂，朝廷起用了耿氏、馬氏家族成員馬防、耿恭等人。

漢和帝時期的竇氏專權：劉秀和明帝實行了幾次「阿附藩王法」，並不斷的調換三公、九卿和二千石郡守，這樣在一定程度上阻止了功臣貴族力量的

〔註15〕《後漢書》卷二十三《竇融列傳》，第795、800、808頁。
〔註16〕《後漢書》卷二十四《馬援列傳》，第827、852～863頁。
〔註17〕《後漢書》卷四十七《班梁列傳》，第1582頁。

發展和世官名儒集團的上升。但是，由此也引起了他們越來越大的不滿，要求有所改變，章帝即位後不得不施行「寬政」，對功臣貴族、世官名儒的控制有所放鬆，但這樣就使得本來不算強固的王朝勢力，開始走向減弱。正由於以上的情況，章帝死後，早在建初二年被漢章帝立為皇后的竇勳之女，以太后的身份臨朝，她的哥哥竇憲、弟弟竇篤、竇景、竇瑰全都被委以重任，其他家族成員也加官進爵，竇氏得以專權，其他的親朋故舊也紛紛被安插在朝廷的重要部門和地方上任職，「威名大盛，以耿夒、任尚等為爪牙，鄧疊、郭璜為心腹。班固、傅毅之徒皆置幕府，以典文章。刺史、守令，多出其門」，〔註18〕一時之間，權勢之盛，超過了南陽地區的豪強集團。

五、三輔地區的文化

西漢時，三輔作為腹畿之地，文化已獲得很大的發展，東漢雖然遷都洛陽，三輔文化仍保持著發達的狀態，在關中研習經學的社會階層非常廣泛，經學世家占相當數量。東漢初杜林、申屠剛、宣秉及王丹等則以儒學而登高位，明、章之際儒學大師賈逵、韋彪、魯恭、魯丕、史學家班固等，也都負有盛名。至和、安之際，人物仍很興盛，出現了東漢一代著名的經學大師馬融，「時三輔多士」，為史籍所稱道。鄭玄、盧植等其他一些大學問家，也都曾在關中受學，所以當地崇尚儒士的風氣盛行。〔註19〕明帝時外戚馬廖、馬防為拉攏關中士人，以布三千四、錢三百萬「私贍三輔衣冠，知與不知，莫不畢給」。〔註20〕京兆趙岐在《三輔決錄》序中說：「余以不才，生於西土，耳能聽聞故老之言，目能視而見衣冠之疇」。陳蕃評價京兆韋著時也說：「著長於三輔禮義之俗，所謂不扶自直，不鏤自雕」。〔註21〕由此可見，後人「三輔饒俊異」之說，的確反映了東漢時的實際狀況。

三輔文化最發達的地區，主要集中在扶風、京兆的諸陵縣區。張衡《西京賦》載：「五縣遊麗辯論之士，街談巷議，彈射臧否，剖析毫釐，擘肌分理」。〔註22〕班固《兩都賦》也描述這一帶「名都對郭，邑居相承，英俊之

〔註18〕《後漢書》卷二十三《竇融列傳》，第 819 頁。
〔註19〕張鶴泉《東漢關中地區文化發展的特徵及影響》，《史學集刊》1995 年第 2 期。
〔註20〕《後漢書》卷四十一《第五倫列傳》，第 1398 頁。
〔註21〕《後漢書》卷五十三《徐穉列傳》，第 1747 頁。
〔註22〕張溥著、殷孟倫注《漢魏六朝百三家集題辭注》之《張河間集》，人民文學出版社，1960 年版。

域，轙冕所興，冠蓋如雲」。〔註23〕《後漢書》三輔列傳士人共 66 人，其中 47 人出身於茂陵、平陵、杜陵、霸陵、安陵諸陵縣地。這一方面因為諸陵縣區自西漢以來，因是都城所在，士人薈萃，官僚集中，逐漸形成了「世家則好禮文」的傳統。另一方面，這一帶自然條件較好，加之西漢多次遷入關東的高級官吏、高資富人，兩漢時一直比較富庶，具有促使文化發展的經濟實力。

東漢的關中再無復昔日的繁華，但其衰落也有一個由漸變到突變的過程。定都洛陽後，東漢初長安還保留著西漢的大部分宮室。由於關中的大族定居已有一二百年，他們的主要財產是土地，所以大多還留在關中。他們不甘心首都地位的喪失，多次向朝廷提出還都長安的請求，如西漢杜周家族的後裔、京兆杜陵人杜篤「以關中表裏山河，先帝舊京，不宜改營洛邑」〔註24〕向光武帝上《論都賦》。直到數十年後的章帝初年，「關中耆老猶望朝廷西顧」，班固為此專門做了《兩都賦》，「盛稱洛邑制度之美，以折西賓淫侈之論」。〔註25〕中國歷史上文化中心轉移過程有這樣一種規律：在政治中心轉移以後，原來依靠政治中心的地位而形成的文化中心一般還能存在相當長一段時間。由於一部分「三輔衣冠」已經遷往洛陽，關中又失去了絕大部分素質較高的新移民和流動人口，依靠原有的人口和人才還維繫著一定的優勢。以上的各項統計中，以右扶風最為集中，基本都出在茂陵、平陵二縣。接著是京兆尹，25 個官員有 15 個分散在杜陵、長陵、霸陵。

杜陵	長陵	霸陵	長安	下邽	不明
8	6	1	6	1	3

這意味著維持關中文化優勢的並不是作為故都的長安，而是幾個陵縣，起作用的已不是現實，而是文化傳統了。中期以後西北的戰亂給關中帶來的移民一般文化素質較低，相反關中的一些士人因避亂而東遷。與此同時，大量羌人和其他少數民族移居關中，更多的漢族士人遷離關中，文化優勢越發削弱。黃巾起義爆發後的戰爭，關中經歷了空前浩劫，文化喪失殆盡。

〔註23〕《後漢書》卷四十上《班彪列傳》，第 1338 頁。
〔註24〕《後漢書》卷八十上《杜篤列傳》，第 2595 頁。
〔註25〕《後漢書》卷四十上《班彪列傳》，第 1335 頁。

六、河南的官員

河南郡是東漢都城洛陽所在地，從表格中可見，河南雖是都城但官員並不很突出。此外，在河南的 21 個官員中，有 6 個是以宦官出仕的，桓靈之際的宦官勢力的發展達到了頂點，他們或是宦官本人，或是宦官的親屬。

單超	中常侍（桓帝）
單安（超弟）	河東太守（桓帝）
單匡（超侄）	濟陰太守（不明）
左悺	中常侍（桓帝）
左敏（悺弟）	陳留太守（桓帝）
呂強	中常侍（桓帝）

到桓靈時，宦官已經完全控制了官吏的選拔。桓帝時「宦官方熾，任人及子弟為官，布滿天下……內外吏職，多非其人……枝葉賓客布列職署，或年少庸人，典據守宰」，〔註26〕造成了「舉秀才，不知書。察孝廉，父別居。寒素清白濁如泥，高第良將怯如雞」的局面。單超等五常侍，「兄弟姻戚皆宰州臨郡」，宦官們「府署第館，棊列於都鄙；子弟支附，過半於州國」。〔註27〕

再次，河南郡自然災害頻繁。據史料記載，除去和帝以前全國災害較少的 64 年，剩下的東漢 132 年中河南郡共發生災害 60 次，平均兩年一次。災害發生最多的時期，是安帝統治時期，共計 20 次，其中在延光四年（125 年）兩次發生大疫，就頻繁程度來看，河南居全國之冠。這似乎也是影響為什麼河南雖是都城但人物並不很突出的原因之一。

七、安順以後的官員情況

	光武	明帝	章帝	和帝	殤帝	安帝	順帝	桓帝	靈帝
京兆	5	0	5	4	0	2	4	1	1
馮翊	4	0	0	0	0	0	0	0	0
扶風	15	2	13	20	0	4	4	3	2

〔註26〕《後漢書》卷五十四《楊秉列傳》，第 1772 頁。
〔註27〕《後漢書》卷七十八《宦者列傳》，第 2510 頁。

從上表統計數據來看，安順之後三輔的官員數受到較大影響，人數較前代減少。

安、順二帝，先後爆發了兩次羌人大起義。徙居內地的羌人，深受豪強和官吏的壓榨。「時諸降羌在郡縣，皆為吏人豪右所徭役，積以愁怨」，〔註28〕安帝永初元年夏，騎都尉王弘強征金城、隴西、漢陽人數百騎出征西域，群羌害怕遠屯不還，行到酒泉，多有散叛，各郡發兵堵擊，激起羌人相聚反叛。武都、北地、上郡、西河等地羌人都起而響應，「眾遂大盛」。他們「東犯趙、魏，南入益州，殺漢中太守董炳，遂寇鈔三輔、斷隴道」，〔註29〕多次擊敗進剿的官軍。該年，龐參說到關中時指出：「三輔山原曠遠，民庶稀疏，故縣丘城，可居者多」。〔註30〕順帝永和四年，新任并州刺史來機、涼州刺史劉秉對待羌人虐刻，又激起羌人反抗。次年夏，且凍、傅難種羌攻金城，與西塞及湟中羌胡聯合，大舉進攻三輔，殺長吏。羌人的第三次大起義，發生於桓帝延熹二年。當時郡縣官吏貪殘暴虐，引起燒當、燒何、當煎、勒姐等八種羌反抗，進兵隴西、金城塞，擴展到三輔及并、涼二州的許多地方。永康元年，西羌各部先後被鎮壓下去，護羌都尉段潁又移兵東討，對三輔、西河、上郡、安定、北地等地的起義羌人進行征討。羌人的三次起義，先後持續了五、六十年，加上統治者的殘酷鎮壓，人口大量流徙，官僚世家逐漸敗落，官吏人數亦隨之大大減少。靈帝時劉陶也說：「今三郡（河東、馮翊、京兆）之民皆以奔亡，南出武關，北徙壺谷（上黨），冰解風散，唯恐在後。今其存者尚十三四，軍吏士民悲愁相守，民有百走退死之心，而無一前鬥生之計」。〔註31〕光和時，京兆領民竟不到四千，僅及西漢平帝元始二年的十分之一。

八、東漢洛陽的功臣官僚

講到司隸的官員情況，不能不特別提到洛陽。光武帝劉秀定都洛陽後，洛陽第一次成了真正的全國性的政治中心，然而在《後漢書》的人物中提到的洛陽籍貫的官員只有一個種暠。以下是河南籍的官員分布：

〔註28〕《後漢書》卷八十七《西羌傳》，第 2886 頁。
〔註29〕《後漢書》卷八十七《西羌傳》，第 2886 頁。
〔註30〕《後漢書》卷五十一《龐參列傳》，第 1688 頁。
〔註31〕《後漢書》卷五十七《劉陶列傳》，第 1850 頁。

密	開封	洛陽	滎陽	緱氏	平陰	鞏	成皋	不明
1	4	1	1	2	2	3	1	6

由於洛陽是都城，所以有它的特殊性。東漢初的功臣和以後的文武大臣，籍貫大多不在洛陽，但其中不少人或他們的後裔實際上已遷入洛陽，成為定居人口。〔註32〕可考的官員及其家族有：

來歙、鄧禹、寇恂、岑彭、賈復、耿弇、任光、朱祐、劉隆、竇融、馬援、卓茂、魯恭、劉寬、宋弘、蔡茂、馮勤、趙熹、牟融、趙典、郭伋、樊宏、郇識、朱浮、馮魴、梁統、張純、鄭眾、張霸、桓榮、丁鴻、劉般、袁安、周榮、郭躬、楊震、李頜、任延、秦彭、王渙、許武、周紆、黃昌、蘇順、劉珍、王逸。

以上這些人物，基本都是東漢初的功臣、位至三公、九卿的大臣或二代以上在京師任職的官員，還不包括本人任職洛陽、後代留在洛陽而未見明確記載者。東漢制度與西漢無異，除非經過特許，任職洛陽的官員戶籍仍在故鄉，退職後就應回原籍，死後或獲罪後家屬也應遷回故郡。但這項制度的執行看來並不嚴格，如李郃是漢中南鄭籍，任司空時其子李固居於洛陽，「司隸、益州並命郡舉孝廉，辟司空掾」。〔註33〕照當時制度，孝廉應由原籍舉薦，李固只能由漢中所屬的益州提名，而洛陽所屬的司隸也提名，實際上就承認了李固擁有的洛陽戶籍。從中可以看出，一部分居住在洛陽的高官已經被視為合法的居民。所以有理由相信，可能有不少功臣官僚的後代擁有洛陽戶籍。

功臣和東漢初的大臣中，來自光武帝的故鄉南陽和西漢舊都長安所在的三輔地區者占多數。試舉數例：

來歙，南陽新野人，孫子娶了明帝之女武安公主，後代一直在朝廷任職，直到靈帝時還有人任司空。

耿弇，扶風茂陵人，「兄弟六人皆垂青紫，省侍醫藥，當代以為榮」，本人「以列侯奉朝請，每有四方異議，輒召入問籌策」，定居洛陽。曾孫在延光年間（122～125）娶安帝妹濮陽長公主，其兄弟後裔中也有多人在朝廷任職或娶公主。整個東漢期間，耿氏有「大將軍二人，將軍九人，卿十三人，尚公

〔註32〕葛劍雄《中國移民史》第二卷，福建人民出版社，1997年版，第131頁。
〔註33〕《後漢書》卷六十三《李杜列傳》，第2073頁。

主三人，列侯十九人，中郎將、護羌校尉及刺史、二千石數十百人」，〔註34〕家族的多數成員自然是居住在洛陽的。

　　楊震，弘農華陰人，元初四年（117 年）任太僕，位至太尉。楊氏子孫「四世太尉」，被稱為「東京名族」。

〔註34〕《後漢書》卷十九《耿弇列傳》，第 713、724 頁。

第二章　東漢一朝豫州的官員情況分析

第一節　豫州官員情況分析

從時間上分析，光武一朝為豫州官員最盛的時期。桓靈之際，出現了另一個高潮，形成了駝峰之局。

州	光武	明帝	章帝	和帝	殤帝	安帝	順帝	桓帝	靈帝	少帝	總計
豫州	28	10	4	12	1	7	8	19	13	0	103

從空間上分析，豫州西部的穎川、汝南二郡，官員籍貫分布十分密集，較西漢有了較大幅度的增加，在全國僅次於南陽郡。沛國的官吏人數也占一定優勢。

豫　州			
	穎川郡	42	7
	汝南郡	41	6
	梁國	4	2
	沛國	23	1
	陳國	4	1
	魯國	6	1

第二節　原因分析

一、豫州的經濟狀況

潁川郡、汝南郡、梁國、沛郡都屬於中部地區，即今天河南省黃河以南及與其相連的山東、江蘇、安徽邊界的地區。這些地區人口很多，西漢時居全國前列：汝南郡二百五十九萬多人，潁川郡二百二十一萬多人，沛郡二百零三萬多人。東漢時都城東遷，汝南和潁川一帶成為近靠京師的腹心地區，四方文士往來，仍然是人口密集，有著相當發達的手工業與商業。

這一地區水利設施很多，農業也比較發達。汝南郡是東漢的新型農業區，西漢前期，司馬遷尚記載這一「西楚」地區「地薄，寡於積聚」，後來有所進步，主要得益於鴻隙大陂，可以保障農田灌溉，「郡以為饒」。東漢初鄧晨任太守，深知這一大型水利設施的重要性，用數年工夫築塘 400 餘里，予以重建，其經濟效益很快便顯示出來，「百姓得其便，累歲大稔」。〔註1〕連年獲得大豐收後，「汝土以殷，魚稻之饒，流衍它郡」。〔註2〕得水田之利的汝南郡，成為富甲一方的農業發達區。漢明帝永平年間，新任太守鮑昱大膽改建了許多經常決口的小型陂池，「上作方梁石洫」，以石砌水門，解決了易被沖壞問題，「水常饒足，溉田倍多，人以殷富」〔註3〕。漢和帝永元年間，汝南太守何敞修理了鮦陽舊渠，百姓賴其利，並增加墾田面積 3 萬餘頃。漢靈帝建寧三年新蔡修復了青陂，灌溉 500 餘頃土地。由此可見，東漢時期汝南農業是持續發展的，社會經濟相當發達。

潁川郡在西漢宣帝時，循吏黃霸為太守，「使郵亭鄉官皆畜雞豚，以贍鰥寡貧窮者。然後為條教，置父老師帥伍長，班行之於民間，勸以為善防姦之意，及務耕桑，節用殖財，種樹畜養，去食穀馬。米鹽靡密，初若煩碎，然霸精力能推行之」。〔註4〕經過這番努力，「戶口歲增，治為天下第一」，可見潁川郡的社會經濟發展在當時非常突出。東漢時，「十七城，戶二十六萬三千四百四十，口百四十三萬六千五百一十三」，〔註5〕依然是人口稠密、經濟發達的地區。

〔註1〕《後漢書》卷八十二《許楊列傳》，第 2710 頁。
〔註2〕《後漢書》卷十五《鄧晨列傳》，第 584 頁。
〔註3〕《後漢書》卷二十九《鮑昱列傳》，第 1022 頁。
〔註4〕《漢書》卷八十九《黃霸傳》，中華書局，1962 年版，第 3629～3630 頁。
〔註5〕《後漢書》卷一百一《志第二十·郡國二·潁川》，第 3421 頁。

二、戰爭與官員的關係

光武一朝為豫州官員最盛的時期，官員的出仕途徑統計結果為：

軍功	徵召	明經	孝廉	不明
11	4	3	3	7

可知，豫州光武朝以軍功出仕的共 11 人，籍貫都是潁川。東漢建國，軍功卓著的「雲臺二十八將」及王常、李通、竇融、卓茂四大家共三十二人中，潁川郡佔據了 8 人，僅次於南陽集團，是光武賴以起家的重要根據地之一。潁川集團是劉秀在潁川駐軍期間參加軍隊的，「光武略地潁川，攻父城不下，屯兵巾車鄉。異閒出行屬縣，為漢兵所執。時異從兄孝及同郡丁綝、呂晏，並從光武，因共薦異，得召見」，〔註6〕又「及光武破王尋等，還過潁陽，遵以縣吏數進見，光武愛其容儀，署為門下史。從征河北，為軍市令」。〔註7〕這批人物中，南陽賈復、潁川馮異、祭遵等人，都是自幼雅好墳典之人。祭遵「少好讀書，家富給」，馮異「好讀書，通《左氏春秋》、《孫子兵法》」，〔註8〕具有較高的文化素質和儒學修養。其餘大部分則「武功有餘而創業不足」，文化素養不高，他們之中封侯者也不乏其人，但建國後少有進入三公行列者。

三、汝潁多奇士

汝潁地區成為東漢列傳人物分布最為密集的地區。據盧雲先生統計，汝南郡在西漢時有士人 11 名，到東漢時增至 89 名，潁川郡在西漢時有士人 6 名，到東漢時增至 69 名，這數字充分說明了東漢時期汝潁地區的士人人數比西漢有了成倍的增長，同時作為一個衡量地域文化發達程度的指標，也充分體現了這一地區的文化水平，有了很大的進步。

東周以來，徐、青、兗州地區儒學最盛，西漢中期以後，政府尊崇儒學，這裡成為全國文化中心區，儒生們以讀經為階梯，大量湧入統治集團的上層。新莽末年，赤眉軍起於齊地，攻戰連年，此後又有張步等軍閥混戰，人民大批死散流亡。社會經濟與封建文化都遭到很大破壞，如西漢文化最發達的魯國，孔子闕里都生滿了荊棘。文化中心出現西移動趨勢，東漢時至政治中心

〔註6〕《後漢書》卷十七《馮異列傳》，第 639 頁。
〔註7〕《後漢書》卷二十《祭遵列傳》，第 738 頁。
〔註8〕《後漢書》卷十七《馮異列傳》，第 639 頁。

附近的南陽、潁川、汝南一帶。西漢初，這一帶的社會經濟雖已相當發達，學術文化還較為落後，民弊鄙樸，風氣強健。昭帝以後，經過韓延壽等地方官大力推行儒家教化，野魯之風逐漸改變。至西漢末年，遊學京師的人已相當多，包括劉秀集團中出身南陽、潁川的骨幹人物。

東漢時，這一帶文化迅速發展，公卿、學者、士人之眾，著述之多，均居於諸郡國的前列。〔註9〕潁川、汝南一帶，更是以多十著稱於世。如朱寵言於潁川人士鄭凱曰：「聞貴郡山川，多產奇士」，〔註10〕東漢末曹操與人書曰「潁汝故多奇士」，這一轉變是有著多方面原因的。首先，東漢時代的都城東遷，這一帶成為近靠京師的腹心地區，四方文士往來薈萃，太學的影響也相當大，以致文風漸被，潛移默化。其次，東漢時，這裡繼續保持著繁榮的社會經濟，有著相當發達的農業、手工業與商業，人口密集，文化發展有著相應的經濟基礎。第三，一些地方官的主觀努力也不容忽視。東漢時，不少地方官在這裡興辦郡學，推廣教化。如東漢初寇恂為潁川太守，「乃修鄉校，教生徒，聘能為《左氏春秋》者，親受學焉」。〔註11〕章帝時，鮑德為南陽太守，「時郡學久廢，德乃修起橫舍，備俎豆黻冕，行禮奏樂。又尊饗國老，宴會諸儒。百姓觀者，莫不勸服」。〔註12〕此外還有汝南太守何敞、王堂、南陽太守劉寬等人，也都曾致力於社會教育，促進了當地文化的發展。

東漢初至順帝年間，汝潁地區曾湧現出一批經學大師，汝南戴憑、鍾興、許慎、周舉、蔡玄，潁川張興、丁鴻等均蜚聲海內。他們或是享有「五經無雙」或者「五經縱橫」之美譽，或是門下弟子無數，成為一代宗師。順帝以後，汝潁地區又湧現出一批名士，風格與前期不同。如荀淑於順、桓之間，知名當時，「博學而不好章句，多為俗儒所非」，八子號稱「八龍」，其中只有荀爽自幼好學，「耽思經書」，潁川語曰「荀氏八龍，慈明無雙」；與荀淑同時代及稍後的汝潁名士如韓韶、鍾皓、陳寔、陳蕃等，在學術上大多沒有或者少有建樹，其中只有汝南袁氏家族可以稱道，袁氏「高祖父安，為漢司徒。自安

〔註9〕盧雲《東漢時期的文化區域與文化重心》，《中國文化研究集刊》第四輯，1987年版。

〔註10〕袁宏撰、周天游校注《後漢紀校注》卷十八《順帝紀上》，天津古籍出版社，1987年版。

〔註11〕《後漢書》卷十六《寇恂列傳》，第624頁。

〔註12〕《後漢書》卷二十九《鮑永列傳》，第1023頁。

以下四世居三公位」，〔註13〕袁安祖父袁良，西漢平帝時習《孟氏易》，袁安、袁安子京、京子彭、彭弟湯均傳家學，但袁湯以下如袁湯之子袁成、袁逢、袁隗及袁成之子袁紹、袁逢之子袁術等不再有傳承家學的記載，家學中衰可以想見。總體而言，東漢後期的汝潁名士缺乏儒者氣象，「張彥真以為汝潁巧辯，恐不及青徐儒雅也」。〔註14〕

隨著郡姓的大量出現，汝潁地區也湧現出一些重要的家族，比如潁川郭氏、韓氏、荀氏、陳氏，汝南郅氏、袁氏、應氏、周氏等。這些門閥大族或為世代顯宦，或為經學世家。應奉、應劭為世家大儒，許劭、許靖所在的許氏家族，其祖上自許敬至許相三世皆位列三公，旁支許慎更是大名鼎鼎《說文解字》的作者。

沛國官員數量次於汝潁，最為重要的家族是龍亢桓氏家族。桓榮是光武帝時有名的經學大師，桓氏家族以經學傳家的，以儒家學說的理論安身立世。東漢龍亢桓氏家族自桓榮至桓典，世代研習歐陽《尚書》，三代之中曾任五朝帝師。家族盛極一時，門生數千人，其中亦多有封侯拜爵者，為家族建立起龐大的關係網絡，對東漢經學及政治影響深遠。此外，宦官曹氏家族也出自沛國。

四、桓靈之際的又一個高峰

漢末的汝潁名士雖然在學術上沒有出眾的表現，但政治上卻人才輩出，在士人群裏享有極高的聲望。《後漢書·黨錮列傳》序中，列舉了黨錮名士核心人物，即所謂「三君」，「八俊」、「八顧」、「八及」、「八廚」等共35名。「三君」中有汝南陳蕃，「八俊」中有潁川李膺、荀翌、杜密，「八顧」中有汝南范滂、蔡衍，「八及」中有汝南陳翔，汝潁名士共7名，占總數的1/5，這是其他地區無法比擬的。而且陳蕃、李膺等人在黨錮名士中佔有非常突出的地位，是士大夫公認的領袖。為什麼漢末以來汝潁名士在政治上有突出的表現呢？這既與汝潁地區的文化面貌有關，也與當時的政治形勢有關。

據《史記》《漢書》記載，可以知道西漢時汝南和潁川不屬於同一文化區。潁川屬韓之故地，汝南在西楚邊界，兩地風俗明顯有別。潁川受法家傳統影響，「高仕宦，好文法」，士人對政治有濃厚興趣。東漢時期，汝南地區

〔註13〕陳壽《三國志》卷六《袁紹傳》，中華書局，1971年版，第188頁。
〔註14〕房玄齡等《晉書》卷七十一《陳頵列傳》，中華書局，1974年版，第1892頁。

的風俗發生了很大變化。汝南士的政治力量愈來愈強，士風的政治色彩也越來越濃，西楚風俗遂成歷史。〔註15〕

　　東漢自和、安以後，外戚宦官輪流執政，政治日益黑暗。安順兩朝，為鎮壓西部羌人的反抗，支出軍費達 300 多億錢，內地農民戰爭也相繼爆發。到桓靈之際，「主荒政繆」，亡國之兆已經顯露，險惡的政治形勢使士人群體不可能再把注意力集中到學術上。順帝以後，士人群體奔走呼號，「激揚名聲，互相題拂，品覈公卿、裁量執政」，〔註16〕力挽狂瀾於既倒。東漢中後期，「刻情修容，依倚道藝，以就其聲價」〔註17〕的名士風氣很流行，而尤以潁川、汝南一帶為盛。桓帝時，牟川上書：「汝、潁、南陽，上采虛譽，專作威福」，〔註18〕品評之風盛行於這一地區。潁川和汝南的諸儒、本有定期晏會之俗，其中就有品評人物的內容，如汝南郅惲在晏會上抨擊督郵，朱寵請公曹鄭凱評論潁川人物。至東漢晚期，此風越演越熾，最為著名的是汝南的「月旦評」，「論鄉黨人物，每月輒更其品題」。〔註19〕當時，汝南許靖、許劭、陳蕃、潁川李膺都以善鑒人物而著名，為天下所景仰，黨議之風也由這一地區而蔓延天下。袁宏《後漢紀》卷22載：「是時太學生三萬餘人，皆推先陳蕃、李膺，被服其行，由是學生同聲競為高論，上議執政，下譏卿士，范滂、岑晊之徒，仰其風而扇之，於是天下翕然，以臧否為談，名行善惡，託以謠言」。汝南「范黨」之議與甘陵南北部之爭，同開黨議之端，經京師太學生的推動而達於高潮，由此影響到全國。

　　士人在政治上的活躍，很大程度上又表現為地方政治的活躍。大姓名士通過壟斷州牧郡守僚佐之職，操縱了地方政治。歌謠稱，「州郡記，如霹靂，得詔書，但掛壁」。〔註20〕中央對地方的控制大大削弱了，各個地區都相對活躍起來。宦官告發黨錮名士「養太學遊士，交結諸郡生徒」，〔註21〕「諸郡生徒」就是黨錮名士在各個地區的政治基礎，而「太學遊士」也大都來自地方。許多地方士人通過遊太學，成為全國著名人物，太學成了各地區士人聯繫的紐帶。

〔註15〕胡寶國《漢晉時期的汝潁名士》，《歷史研究》1991 年第 5 期
〔註16〕《後漢書》卷六十七《黨錮列傳》，第 2185 頁。
〔註17〕《後漢書》卷八十二上《方術列傳》，第 2724 頁。
〔註18〕《後漢書》卷一百一《志第十五·五行一》，第 3283 頁。
〔註19〕《後漢書》卷六十八《許劭列傳》，第 2235 頁。
〔註20〕李昉等《太平御覽》卷四九六《人事部·諺下》，中華書局，1960 年版，第 2268 頁。
〔註21〕《後漢書》卷六十七《黨錮列傳》，第 2187 頁。

　　東漢順帝以後儒風不競，士人興趣由學術轉向政治，各個地區普遍活躍起來。這對於缺乏儒雅之風、熱衷於政治的汝潁名士是天賜良機。在這種條件下，汝潁地區的特殊優勢由隱而顯，汝潁名士遂乘勢而起，雄居士林之首。

第三章　東漢一朝冀州的官員情況分析

第一節　冀州官員情況分析

從時間上分析，光武朝和桓帝朝為冀州官員較多的時期。

州	光武	明帝	章帝	和帝	殤帝	安帝	順帝	桓帝	靈帝	少帝	總計
冀州	9	1	0	2	1	2	1	7	3	0	26

從空間上分析，魏郡和鉅鹿二郡，官員籍貫分布比較密集。

冀　州	魏郡	13	6
	鉅鹿郡	7	0
	常山國	0	0
	中山國	2	0
	安平國	1	0
	河間國	3	0
	清河郡	0	0
	趙國	3	0
	渤海郡	4	1

第二節　原因分析

一、冀州的經濟狀況

　　新莽末年，河北的發達已引人注目。耿弇在邯鄲對劉秀論道：「今定河北，據天府之地。以義征伐，發號響應，天下可傳檄而定」。〔註1〕當時有童謠說：「諧不諧，在赤眉。得不得，在河北」，〔註2〕因而有「世祖自河北興」。漢章帝元和年間，魯丕在趙國（今河北邯鄲）興修水利，「百姓殷富」。漢安帝元初年間，魏郡鄴縣修整了西門豹所建造的引漳水利工程，使之重新發揮灌溉作用，趙國也奉詔修繕了境內舊渠。鉅鹿太守樊準，「課督農桑，廣施方略，朞年閒，穀粟豐賤數十倍」，〔註3〕獲得大面積豐收，成就卓然。漢靈帝時，渤海郡的千童縣已開發成肥沃之地，「其地豐饒，可以安人」，遂改名為饒安縣。以上是個別地區的經濟發展狀況，整體形勢可以從東漢末三國初人盧毓的《冀州論》中瞭解。東漢的冀州大致就是現今的河北，盧毓認為冀州是「天下之上國也……膏腴千里，天地之所會，陰陽之所交，所謂神州也」。具體列舉各地名產有「魏郡好杏，常山好梨……真定好稷，中山好粟，地產不為無珍也」。結合上文以及兩漢之際的「天府」美稱，可知東漢河北經濟之發達，達到了歷史新高峰。東漢末，「冀州民人殷盛，兵糧優足」，〔註4〕即是集中表現。

二、戰爭與官員的關係

　　據表格所載，光武朝的 8 個官員，分別是鉅鹿昌城的劉植一族、鉅鹿宋子的耿純一族和魏郡繁陽的馮勤。

　　除馮勤之外，其餘的人基本都為軍功出仕，全部封侯，屬於河北集團。河北集團是劉秀經營河北時期所依賴的力量，這一集團主要由河北原有的新莽官吏和地方豪族構成。在王莽垮臺和東漢政權的建立過程中，河北集團立下了顯著的功勳。劉秀創業從河北起家，遇到最大的敵人是聚集在王郎周圍的豪族地主集團，劉秀利用聯姻、勸說、利誘等種種手段將其分化瓦解。

　　「劉植字伯先，鉅鹿昌城人也。王郎起，植與弟喜、從兄歆率宗族賓客，

〔註1〕《後漢書》卷十九《耿弇列傳》，第 706 頁。
〔註2〕《後漢書》卷一百一《志第十五·五行一》，第 3280 頁。
〔註3〕《後漢書》卷三十二《樊宏列傳》，第 1128 頁。
〔註4〕《三國志》卷一《武帝紀》注引《英雄記》，中華書局，1959 年版，第 6 頁。

聚兵數千人據昌城」。〔註5〕

「耿純字伯山，鉅鹿宋子人也。父艾，為王莽濟平尹。純學於長安，因除為納言士……世祖自薊東南馳，純與從昆弟訢、宿、植共率宗族賓客二千餘人，老病者皆載木自隨，奉迎於育」。〔註6〕

當時投靠劉秀的豪族大姓有鉅鹿耿純、劉植，上谷寇恂，上黨世族鮑永、田邑，代郡士族蘇竟，魏郡繁陽世官家族出身的馮勤，趙國的大姓張況，漁陽「歷郡列掾」的蓋延，漁陽人狐奴令王梁等。河北豪族對劉秀的支持表現在多方面，有宗族武裝方面的支持、有財物方面的支持、有社會號召力方面的支持。劉秀正是獲得了豪族各方面的支持，才得以很快擊敗王郎，立足河北。

三、光武以後的情況

光武以後，冀州產生的官吏人數明顯下降，原因在於此地區經濟發達水平趕不上司隸、豫、兗、徐等州。冀州西部地區臨太行山，土地貧瘠。東部地區屢受黃河泛濫之災，東漢中後期以後河患減少，但其經濟文化發展水平與前述諸州之差距仍很大。中部地區自然條件好，經濟文化較發達，產生的官吏人數相對多些。

此外，《後漢書》中記載的冀州水災令人印象深刻。這次水災持續時間長，從順帝初期一直到中期，歷時十多年，社會影響程度深。永建六年（131年）冬，「連年災潦，冀部尤甚……其令冀部勿收今年田租、芻稿」，〔註7〕陽嘉二年（133年）二月，政府再次因為「冀部比年水潦，民食不贍，詔案行稟貸，勸農功，賑乏絕」，〔註8〕緊接著三月，又詔「稟冀州尤貧民，勿收今年更、租、口賦」。〔註9〕還沒有恢復元氣的冀州，在永壽元年（155年）二月，發生饑荒，人相食，政府「敕州郡賑給貧弱。若王侯吏民有積穀者，一切貸十分之三，以助稟貸；其百姓吏民者，以見錢雇直。王侯須新租乃償」，〔註10〕災害對冀州對社會正常運轉產生了影響，間接阻滯了人物的成長和官員的產出。

〔註5〕《後漢書》卷二十一《劉植列傳》，第760頁。
〔註6〕《後漢書》卷二十一《耿純列傳》，第761～762頁。
〔註7〕《後漢書》卷六《順帝紀》，第258頁。
〔註8〕《後漢書》卷六《順帝紀》，第259頁。
〔註9〕《後漢書》卷六《順帝紀》，第260頁。
〔註10〕《後漢書》卷六《桓帝紀》，第300頁。

四、魏郡和鉅鹿郡的官員

根據不完全統計，東漢公卿約三分之二出自豪門，出自二千石以上三代為官的家族超過三分之一。西漢時期以豪強的官僚化為主，東漢豪族在官僚化的基礎上普遍世官化。他們多世代出仕地方，把持地方政權，或世代為中央高官，壟斷中央權力，魏郡和鉅鹿郡也是如此。

（一）鉅鹿郡

根據統計可知，光武朝的官員基本都是以軍功出仕，而且集中在鉅鹿郡的耿純和劉植家族。

劉植	耿純
3	4
軍功（光武）	軍功（光武）

耿純家族：西漢初年的幾代皇帝，都採取遷徙強宗大族的政策，把關東強族遷往關中，以削弱當地宗族的根基，實現王權對鄉里的支配。遷徙強宗大族時，並非將所有的宗族成員都遷走。耿弇與耿純同宗且輩份相同，其先人在漢武帝時以吏二千石被從鉅鹿遷徙到茂陵。當時耿氏並未全部被遷徙，只遷走主幹家族，耿純家族一支則仍留居原地，很快又發展起來，成為鉅鹿大姓。

「耿純字伯山，鉅鹿宋子人也。父艾，為王莽濟平尹。純學於長安，因除為納言士……世祖自薊東南馳，純與從昆弟訢、宿、植共率宗族賓客二千餘人，老病者皆載木自隨，奉迎於育。拜純為前將軍，封耿鄉侯，訢、宿、植皆偏將軍，使與純居前，降宋子，從攻下曲陽及中山……植後為輔威將軍，封威邑侯。宿至代郡太守，封遂鄉侯。訢為赤眉將軍，封著武侯，從鄧禹西征，戰死雲陽。凡宗族封列侯者四人，關內侯者三人，為二千石者九人。凡宗族封列侯者四人，關內侯者三人，為二千石者九人」。[註11]

劉植家族屬於鉅鹿的地方宗族。「劉植字伯先，鉅鹿昌城人也。王郎起，植與弟喜、從兄歆率宗族賓客，聚兵數千人據昌城。聞世祖從薊還，迺開門迎世祖，以植為驍騎將軍，喜、歆偏將軍，皆為列侯……建武二年，更封植為昌城侯。討密縣賊，戰歿。子向嗣。帝使喜代將植營，復為驍騎將軍，封觀津侯。喜卒，復以歆為驍騎將軍，封浮陽侯。喜、歆從征伐，皆傳國于後」。[註12]

〔註11〕《後漢書》卷二十一《耿純列傳》，第 761～765 頁。
〔註12〕《後漢書》卷二十一《劉植列傳》，第 760 頁。

（二）魏郡

馮勤	霍諝	欒巴	具瑗
7	2	2	2
外戚	官僚	宦官	宦官

由上表可知，魏郡馮勤一族佔據了官僚的多數，他們的家族與皇室聯姻。

「馮勤字偉伯，魏郡繁陽人也。曾祖父揚，宣帝時為弘農太守。有八子，皆為二千石，趙魏閒榮之，號曰「萬石君」焉……（勤）初為太守銚期功曹，有高能稱……（期）薦於光武。初未被用，後乃除為郎中，給事尚書……職事十五年，以勤勞賜爵關內侯。遷尚書令，拜大司農，三歲遷司徒……勤七子。長子宗嗣，至張掖屬國都尉。中子順，尚平陽長公主，終於大鴻臚。建初八年，以順中子奮襲主爵為平陽侯，薨，無子。永元七年，詔書復封奮兄羽林右監勁為平陽侯，奉公主之祀。奮弟由，黃門侍郎，尚平安公主。勁薨，子卯嗣。卯延光中為侍中，薨，子留嗣」。〔註13〕

五、桓帝朝官員分析

黨人	3
宦官	3
霍諝	1

桓帝朝為冀州官員較多的另一個時期，一共有 7 個官員。其中黨人佔了 3 人，他們是「三君」中的劉淑，「八俊」中的劉祐，「八及」中的苑康。宦官佔了 3 人，他們是具瑗、具恭、欒巴。

東漢晚期，黨議之風也由汝南、潁川而蔓延天下。汝南「范黨」之議與甘陵南北部之爭，同開黨議之端，經京師太學生的推動而達於高潮，由此影響到全國。著名的黨人當時被稱為「三君」，「八俊」、「八顧」、「八及」、「八廚」等。這種以黨群議論為基本方式、以誅除宦官為主要目標的士大夫政治批評及拯救運動，最終導致了兩次黨錮之禍。「自是正直廢放，邪枉熾結，海內希風之流，遂共相摽搒，指天下名士，為之稱號。上曰「三君」，次曰「八俊」，次曰「八顧」，次曰「八及」，次曰「八廚」，猶古之「八元」、「八凱」也。竇武、劉淑、陳蕃為「三君」。君者，言一世之所宗也。李膺、荀

〔註13〕《後漢書》卷二十六《馮勤列傳》，第 909～911 頁。

翌、杜密、王暢、劉祐、魏朗、趙典、朱寓為「八俊」。俊者，言人之英也。郭林宗、宗慈、巴肅、夏馥、范滂、尹勳、蔡衍、羊陟為「八顧」。顧者，言能以德行引人者也。張儉、岑晊、劉表、陳翔、孔昱、苑康、檀敷、翟超為「八及」。及者，言其能導人追宗者也。度尚、張邈、王考、劉儒、胡母班、秦周、蕃嚮、王章為「八廚」。廚者，言能以財救人者也」。〔註14〕

東漢後期的主要特點是宦官和外戚交替擅權。順帝時，出現了梁商專權的局面，維持統治階級內部暫時的穩定。梁商死，子梁冀繼為大將軍，一改乃父的做法，和官僚集團的大部分力量結合起來，擴大自己的力量。及順帝死，桓帝初立，梁太后臨朝，更多次益封梁氏兄弟。這樣就急劇破壞了當時統治階級內部暫時的穩定，引起了以宦官為代表的原統治階級下層力量的堅決反擊。

宦官在得到桓帝的支持後，動員了丞郎、虎賁、羽林等下層官吏和武士的力量，首發其事，「使尚書令尹勳持節勒丞郎以下皆操兵守省閣……具瑗將左右廐騶、虎賁、羽林、都候劍戟士，合千餘人，與司隸校尉張彪共圍冀第……」，〔註15〕誅滅梁氏後，中常侍具瑗與其他幾人單超、徐璜、左悺、唐衡被封侯，世稱「五侯」，時有「左回天，具獨坐，徐臥虎，唐兩墮」〔註16〕之語，為宦官擅權之極。宦官集團通過這場重大鬥爭，使所代表的原統治階級的下層力量又迅速上升了。

〔註14〕《後漢書》卷六十七《黨錮列傳》，第 2187 頁。
〔註15〕《後漢書》卷三十四《梁統列傳》，第 1186 頁。
〔註16〕《後漢書》卷七十八《宦者列傳》，第 2521 頁。

第四章　東漢一朝兗州的官員情況分析

第一節　兗州官員情況分析

從時間上分析，桓靈之際所出官員呈現一個高峰。

州	光武	明帝	章帝	和帝	殤帝	安帝	順帝	桓帝	靈帝	少帝	總計
兗州	6	3	2	1	1	3	2	12	10	2	42

從空間上分析，陳留郡的官員人數顯著領先於各郡，其次為山陽郡。

兗　州			
	陳留郡	27	11
	東郡	8	2
	東平國	2	0
	任城國	4	1
	泰山郡	1	0
	濟北國	1	0
	山陽郡	13	2
	濟陰郡	4	2

第二節　原因分析

一、兗州的經濟狀況

兗州在西漢是人口密集、經濟發達的地區之一，農業生產力水平較高，東漢時仍舊維持著較高的經濟水平。例如東郡，在漢和帝時大力開展農田水利建設，增強了農業實力，因而「百姓殷富」。〔註1〕漢章帝建初年間，秦彭出任山陽郡太守，《後漢書》卷75記載，他提倡禮治，不輕易用刑。在任六年，大力興建稻田，凡數千頃。朝廷以其行事為楷模，通知各地參照實施。陳留郡地理位置優越，軍事、經濟實力強大，陳留雍丘則以生產的優質糧食聞名全國，「新城之粳，雍丘之粱」，說明當地農業生產技術先進，在提高產品質量方面創出了名牌。東漢後期的崔寔，曾對漢桓帝初年的全國經濟形勢做出了宏觀判斷：「今青、徐、兗、冀，人稠土狹，不足相供」。〔註2〕關東大部分地區社會經濟已發達到一定水平，人口發展速度在當時生產力條件下已經達到極限。

二、官員情況分析

西漢時期，齊魯地區（青兗徐地區）產生的官吏最多，到東漢初年，該地區產生的官吏大大減少，總的說來已經由西漢時的官僚密集分布區蛻變為東漢時的官僚次密集分布區，原因主要有兩個。其一，王莽天鳳四年（17年），琅邪郡海曲縣發生呂母領導的農民起義，次年又爆發樊崇等人領導的赤眉農民大起義。在此後的三、四年裏，赤眉軍以泰山為中心，轉戰黃河南北，這一帶官僚、地主、豪強受沉重打擊而元氣大傷，不能夠向政府輸送更多的統治人才。其二，東周以來，此地區儒學最盛，西漢中期以後，政府崇尚儒學，這裡成為全國文化中心區，儒生們以讀經為階梯，大量湧入統治集團中上層。兩漢之交，文化中心出現西移趨勢，東漢時移至政治中心附近的南陽、潁川、汝南一帶。該地區的文化優勢既已喪失，這裡人入仕便不再是很容易的事情，此地官吏人數銳減，根本原因在於此。

兗州為齊魯故地，儒學傳統源遠流長。兗州以經學興家的官員，有東郡

〔註1〕《後漢書》卷二十五《魯丕傳》，第884頁。
〔註2〕徐天麟《東漢會要》卷三十一「食貨」，上海古籍出版社，1978年版，第451頁。

索盧㽦《尚書》、陳留楊匡、吳祐、史弼等。也有一些名士出身卑微、家境貧寒，他們多由於在孝道、德行等某一方面有突出表現而被人們所熟知，因此名聲鵲起，如東郡燕縣趙謤、東郡武陽謝弼、山陽高平仲氏、陳留濬儀邊韶等，到東漢中後期以名士途徑興家的人有所增多。宗族勢力進入官場者也有不少，如陳留蔡邕為世代官宦之家，山陽王龔家族世為豪族。總的來說，陳留的官員相對來說分布比較密集。陳留農業商業發達，地理位置優越，軍事、經濟實力強大，不僅為上層人物的政治活動提供了必要的物質條件，而且對於文化的發展水平、人物行政能力的提高，起了基礎的作用。東漢時位於首都洛陽附近，是全國的政治中心區。當地人物在行政技能培養、仕進環境和入仕升遷機遇諸多方面皆居優越地位，進入官僚群體的人數自然要多些。

三、桓靈之際的政治與人物

桓靈之際所出人物再度呈現高潮，與當時清議、黨錮的政治鬥爭有密切關係。宦官侯覽出自山陽郡，桓帝時因誅梁冀有功，進封高鄉侯，後遷為長樂太僕。任官期間，專橫跋扈，貪婪放縱，大肆搶掠官民財物。先後奪民田地一百一十八頃，宅第三百八十一所，模仿宮苑興建府第十六處。他還掠奪婦女，肆虐百姓。為其母大起冢墓，督郵山陽張儉破其家宅，藉沒資財。侯覽為了報復，誣張儉與長樂少府李膺、太僕杜密等為黨人，造成歷史上有名的黨錮之禍，先後被殺被流放者三百餘人，被囚禁者六、七百人。在士人與宦官勢力的鬥爭中，士大夫砥礪名節，激濁揚清，互相援結，湧現出一大批名士，又一次形成了人物繁茂的局面。

東漢中後期，「刻情修容，依倚道藝，以就聲價」〔註3〕的名士風氣很流行，至東漢晚期，此風越演越熾，最為著名的是汝南的「月旦評」，「論鄉黨人物，每月輒更其品題」。〔註4〕當時，陳留符融、田盛以善鑒人物而著名，為天下所景仰，黨議之風也由這一地區而蔓延天下。汝南「范黨」之議與甘陵南北部之爭，同開黨議之端，經京師太學生的推動而達於高潮，由此影響到全國。著名的黨人當時被稱為「三君」，「八俊」、「八顧」、「八及」、「八廚」等。這種以黨群議論為基本方式、以誅除宦官為主要目標的士大夫政治批評

〔註3〕《後漢書》卷八十二《方術列傳》，第2724頁。
〔註4〕《後漢書》卷六十八《許劭列傳》，第2235頁。

及拯救運動，並最終導致了兩次黨錮之禍。「自是正直廢放，邪枉熾結，海內希風之流，遂共相摽搒，指天下名士，為之稱號。上曰「三君」，次曰「八俊」，次曰「八顧」，次曰「八及」，次曰「八廚」，猶古之「八元」、「八凱」也」，〔註5〕其中度尚、羊陟、劉儒、王暢、檀敷五人是桓靈之際的。

〔註 5〕《後漢書》卷六十七《黨錮列傳》，第 2187 頁。

第五章　東漢一朝徐州的官員情況分析

第一節　徐州官員情況分析

從時間上分析，光武朝和桓靈朝為徐州官員人數較多的時期。

州	光武	明帝	章帝	和帝	殤帝	安帝	順帝	桓帝	靈帝	少帝	總計
徐州	6	3	3	2	0	0	1	5	8	0	28

從空間上看，琅邪和下邳的官員人數相對領先。

徐　州	東海郡	5	1
	琅邪國	15	3
	彭城國	5	1
	廣陵郡	4	1
	下邳國	12	7

第二節　原因分析

一、徐州的經濟狀況

徐州刺史部包括現山東東南及長江北沿海地區，與西漢相比，東漢時期的關東東部地區，仍在發展，並擴展到淮北地區。下邳國的徐縣有一方圓百里的大型水利設施蒲陽陂，至東漢初因年久失修而廢棄，漢章帝元和年間重

新修復，「遂成孰田數百頃……大收穀實」。鄰郡的貧民紛紛前來投奔，多達1000餘戶，新興出一個「室廬相屬，其下成市」〔註1〕的村市。以此為起點，歲歲擴大，灌溉面積增至1000餘頃，得穀百萬餘斛，「民用溫給」，可見修復開發蒲陽陂的水利，促進墾殖了不少良田。徐州刺史部在東漢末年的戰亂中，仍以「殷富」著稱，戶口百萬，「百姓殷實，穀實甚豐」，〔註2〕成為周邊流民彙集的地方，和平時期的徐州想必就更為繁榮了。

二、官員情況分析

西漢時期，徐州產生的官吏較多，到東漢初年，該地區產生的官吏大大減少，總的說來已經由西漢時的官僚密集分布區蛻變為東漢時的官僚次密集分布區，原因主要有兩個。其一，王莽天鳳四年（17年），琅邪郡海曲縣發生呂母領導的農民起義。五年，琅琊人樊崇率領一百多人在莒縣起義，他們以泰山為根據地，轉戰於黃河南北，得到青、徐一帶饑民的響應，民多棄鄉里流亡，義軍很快在一年時間內便發展到萬餘人。次年，東海人徐宣、謝祿、楊音等聚眾數萬人，一起歸附樊崇，起義隊伍迅速擴大。赤眉軍轉戰黃河南北，這一帶官僚、地主、豪強受沉重打擊而元氣大傷，不能夠向政府輸送更多的統治人才。其二，東周以來，此地區儒學較盛，西漢中期以後，政府崇尚儒學，這裡成為全國文化中心區，儒生們以讀經為階梯，大量湧入統治集團中上層。兩漢之交，文化中心出現西移趨勢，東漢時移至政治中心附近的南陽、潁川、汝南一帶。該地區的文化優勢既已喪失，這裡人入仕便不再是很容易的事情，導致此地官吏人數減少。

三、琅邪伏氏和下邳陳氏

文化的發展具有繼承性，儘管此地儒學文化衰退，但仍不失為全國重要的文化區域，琅邪的學術文化仍比較興盛，官吏籍貫分布相對密集，其中13個官員中有8個是伏氏家族的。

東漢入仕的途徑察舉徵辟重要內容之一是「明經取士」，學經—通經—入仕就成為時人追逐名利的最佳途徑。學經有官學和私學兩大途徑，無論是哪一種，都十分重視師學傳承。一般以授業之姓氏為名，如治《易》有「梁

〔註1〕《後漢書》卷四十四《張禹列傳》，第1498頁。
〔註2〕《後漢書》卷七十三《陶謙列傳》，第2367頁。

氏之學」、「公孫之學」；治《尚書》有「伏氏學」，「歐陽氏學」；治《詩》有「韋氏學」、「匡氏學」、「伏氏學」等等。這種師承往往以家世相襲，被稱為「累世經學」。這種累世經學的家族一旦形成，則可以通過「明經取士」而累世做官，琅邪伏氏即是如此。

「伏湛字惠公，琅邪東武人也。九世祖勝，字子賤，所謂濟南伏生者也。湛高祖父孺，武帝時，客授東武，因家焉。父理，為當世名儒，以《詩》授成帝，為高密太傅，別自名學。湛性孝友，少傳父業，教授數百人。成帝時，以父任為博士弟子……光武即位，知湛名儒舊臣，欲令幹任內職，徵拜尚書。

二子：隆，翕。翕嗣爵，卒，子光嗣。光卒，子晨嗣。晨謙敬博愛，好學尤篤，以女孫為順帝貴人，奉朝請，位特進。卒，子無忌嗣，亦傳家學，博物多識，順帝時，為侍中屯騎校尉。永和元年，詔無忌與議郎黃景校定中書《五經》、諸子百家、藝術。元嘉中，桓帝復詔無忌與黃景、崔寔等共撰《漢記》。又自采集古今，刪著事要，號曰《伏侯注》。無忌卒，子質嗣，官至大司農。質卒，子完嗣，尚桓帝女陽安長公主。女為孝獻皇后。曹操殺后，誅伏氏，國除」。〔註3〕

「伏恭字叔齊，琅邪東武人，司徒湛之兄子也。湛弟黯，字稚文，以明《齊詩》，改定章句，作《解說》九篇，位至光祿勳，無子，以恭為後。恭性孝，事所繼母甚謹，少傳黯學，以任為郎。建武四年，除劇令。視事十三年，以惠政公廉聞。青州舉為尤異，太常試經第一，拜博士，遷常山太守。敦脩學校，教授不輟，由是北州多為伏氏學……子壽，官至東郡太守」。〔註4〕

下邳的家族：下邳的官員主要由一些世家組成。其中最重要的是陳球家族。

「陳球字伯真，下邳淮浦人也。歷世著名。父疊，廣漢太守。球少涉儒學，善律令。陽嘉中，舉孝廉，稍遷繁陽令……（熹平）六年，遷球司空，以地震免。拜光祿大夫，復為廷尉、太常。光和元年，遷太尉，數月，以日食免。復拜光祿大夫。

子瑀，吳郡太守；瑀弟琮，汝陰太守；弟子珪，沛相；珪子登，廣陵太守：並知名」。〔註5〕

〔註3〕《後漢書》卷二十六《伏湛列傳》，第893～898頁。
〔註4〕《後漢書》卷七十九《伏恭列傳》，第2571～2572頁。
〔註5〕《後漢書》卷五十六《陳球列傳》，第1831～1835頁。

第六章 東漢一朝青州的官員情況分析

第一節 青州官員情況分析

從時間上分析，光武一朝為青州官員最盛的時期。

州	光武	明帝	章帝	和帝	殤帝	安帝	順帝	桓帝	靈帝	少帝	總計
青州	7	4	3	1	0	1	3	2	0	0	21

從空間上看，北海的官員人數明顯領先於其他各郡。

青　州	濟南國	0	0
	平原郡	3	0
	樂安國	2	0
	北海國	13	2
	東萊郡	3	0
	齊國	2	0

第二節 原因分析

一、青州的經濟狀況

齊魯地區是黃河流域最東面的一個富庶農業區，政府對該地區發展非常

關注，西漢曾三次大規模治理黃河。東漢永平十二年（69年）夏，明帝在此基礎上，命王景和王吳兩人進行第四次黃河治理。此次治黃用時一年，耗費百億，動用民工達十萬人，「修渠築隄，自滎陽東至千乘海口千餘里。景乃商度地勢，鑿山阜，破砥磧，直截溝澗，防遏衝要，疏決壅積，十里立一水門，令更相洄注，無復潰漏之患」，〔註1〕此後黃河沒有發生大的水患。人民安心從事農業生產，形成了「區種法」、「溲種法」等先進的生產方法，促進了農業發展。到漢平帝元始二年，「郡國大旱，蝗，青州尤甚，民流亡」，〔註2〕水、旱等災害對青州影響極大。但是相對來說，東漢時青州仍然是人口密集，經濟比較發達的地區。

二、官員情況分析

西漢時期，齊魯地區（青兗徐地區）產生的官吏最多，到東漢初年，該地區產生的官吏大大減少，總的說來已經由西漢時的官僚密集分布區蛻變為東漢時的官僚次密集分布區，原因主要有兩個。其一，西漢末年的赤眉軍，主要由青州、徐州饑民組成。王莽天鳳五年（18年），琅邪人樊崇率領一百多人在莒縣起義，他們以泰山為根據地，轉戰於黃河南北，得到青、徐一帶饑民的響應，民多棄鄉里流亡，義軍很快在一年時間內便發展到萬餘人。赤眉軍轉戰黃河南北，官僚、地主、豪強受沉重打擊而元氣大喪，不能向政府輸送更多的統治人才。其次，東周以來，此地區儒學最盛，西漢中期以後，政府崇尚儒學，這裡成為全國文化中心區，儒生們以讀經為階梯，大量湧入統治集團中上層。兩漢之交，文化中心出現西移趨勢，東漢時移至政治中心附近的南陽、潁川、汝南一帶。該地區的文化優勢既已喪失，這裡人入仕便不再是很容易的事情，導致了此地官吏人數減少。

三、以文化興家

青州歷來是文化學問的中心之地，自古賢豪輩出。西漢時，青州文化發達，西漢末年的戰爭，使社會經濟與文化都遭到很大破壞，東漢時代，這一地區文化上的優勢地位大大下降，但傳統猶在，文風未泯，仍不失為文化發達之地。《世說新說·言語第二》注載伏滔論青州人物，東漢一代很可觀，列

〔註1〕《後漢書》卷七十六《王景列傳》，第2465頁。
〔註2〕《漢書》卷十二《平帝紀》，第353頁。

舉了伏三老、江革、蓬萌、禽慶、徐防、薛方、鄭康成、周孟玉、劉祖榮、郎宗等十九位人物，都是些碩學大儒或茂才文士。

以經學興家的途徑是青兗地區最為主要的興家途徑，但經學的具體類別略有不同，青州地區以《尚書》興家的勢族為最多。如千乘歐陽氏家族早在西漢時已經走上了習讀經學之路，形成了自己家族的《尚書》體系——歐陽氏《尚書》。至東漢歐陽歙時，已經八世皆為博士。歐陽歙先後擔任河南尹、揚州牧、汝南太守等職，後被徵為大司徒，封夜侯，位列三公。

四、北海的官員

山東半島中部的北海國一帶，西漢時還較落後，此時獲得了很大發展。北海人士著書65種，在諸州郡國中居第二。〔註3〕從附表中的情況可知，北海的官員大都是經學大師。北海私家教授也特別興盛，收徒千百人的經學大師就有9例，東漢初有周澤、牟融，此後又有徐房、甄寧、甄承、郎顗、邊韶、邴原等。牟融習《尚書》，郎顗習《易》，公沙穆習《公羊春秋》、周澤習《公羊嚴氏春秋》，甄承祖父甄宇習《嚴氏春秋》，教授數百人，建武時拜博士，為太子少傅。宇傳業子甄普，普再傳甄承，「諸儒以承三世傳業，莫不歸服之」。甄承官至梁相，「子孫傳學不絕」。〔註4〕這些家族往往聚眾講學，廣收門徒。至東漢末，北海產生了兼通今古文，以五經教授的鴻儒鄭玄，「齊魯閒宗之」，〔註5〕他的門徒幾乎遍天下。

此外，還有以名士起家的，例如淳于氏家族。淳于氏家族的崛起主要即憑藉其家族成員淳于恭的名士聲譽。據《後漢書‧淳于恭傳》記載：「家有山田果樹，人或侵盜，輒助為收採」，這種謙讓、寬厚、仁義的美德使其名聲越來越大。建初元年，漢章帝因其「美恭素行」，下詔「除為議郎」，不久又被遷為侍中騎都尉，其子淳于孝亦被任命為太子舍人。

五、齊國的官員

值得注意的是，齊國只有兩位官員，明帝時期的吳良任議郎、司徒長史，

〔註3〕盧雲《東漢時期的文化區域與文化重心》，《中國文化研究期刊》第四輯，1987年版。

〔註4〕《後漢書》卷七十九下《甄宇傳》，第2580頁。

〔註5〕《後漢書》卷三十五《鄭玄傳》，第1212頁。

江革明帝時擔任楚太僕，章帝時為五官中郎將，俱出於臨淄。臨淄在戰國時代已是工商業集中的大都會，人口達 7 萬，皆殷實富足。漢代盛況如前，武帝時仍是天下名都，人口達 44 萬，〔註6〕更是漢代齊王的都城，政治、經濟、文化中心，理應人才輩出，但記載臨淄只有兩位官員，與同一時期的平原郡相比，同為兩位官員，但平原郡面積遠小於齊國，凸顯出官員人數與齊國的地位甚不相匹配。究其原因，漢武帝實行推恩令，對諸侯王的政治經濟權力進行剝奪，齊國由原來強大的諸侯國變為齊郡，臨淄城由一個方圓兩千里的中心城市演變為一個只有原 1/18 面積的城市，原來集中於臨淄城的人口也被分割到幾個相同行政等級的區域之中，〔註7〕人口明顯減少，班固以 4 萬戶為底限記載了西漢後期十個城市的戶數，臨淄不在其中。經濟上，西漢初齊國擁有治民權，選擇黃老之術治理齊國，促進了齊國社會經濟的發展，齊國農業、手工業、商業、城市發達興盛；東漢雖然也分封了齊國，但封域狹小、僅有衣食租稅的權力，與漢郡縣無異，隨著齊國權力的喪失和削弱，齊國對齊地經濟發展的影響漸失，齊都臨淄也逐漸衰落。

〔註6〕韓光輝《齊都臨淄戶口考辯》，《管子學刊》1996 年第 4 期。
〔註7〕肖愛玲《西漢城市地理研究》，陝西師範大學博士學位論文，2006 年，第 179 頁。

第七章　東漢一朝荊州的官員
情況分析

第一節　荊州官員情況分析

從時間上分析，光武一朝為荊州官員最盛的時期。

州	光武	明帝	章帝	和帝	殤帝	安帝	順帝	桓帝	靈帝	少帝	總計
荊州	32	16	5	15	4	13	11	7	10	0	110

從空間上分析，南陽籍官吏獨佔鰲頭，人數居全國之首。

荊　州	南陽郡	117	12
	南郡	2	0
	江夏郡	5	1
	零陵郡	0	0
	桂陽郡	2	0
	武陵郡	0	0
	長沙郡	0	0

南陽籍官吏獨佔鰲頭，人數遙遙領先於其他郡，對他們分布的朝代進行
進一步的統計，結果如下：

州	光武	明帝	章帝	和帝	殤帝	安帝	順帝	桓帝	靈帝	少帝	總計
南陽	31	17	4	13	3	13	9	5	7	0	102

從上表看出，南陽籍官吏的人數獨佔鰲頭的局面經久不衰，到東漢中期仍舊如此。東漢後期，人數有所下降。

第二節　原因分析

一、荊州的經濟狀況

荊州的經濟在東漢一代有了較快的發展：牛耕已相當普遍，私鹽業也迅速發展。《後漢書‧郡國志》「桂陽郡」「郴縣下」注引《荊州記》說「城南六里縣西北有溫泉，其下流有數十畝田，常十二月下種，明年三月新穀便登，一年三收」，這當是我國一年三熟的最早記載。雖有溫泉，但如果沒有水田耕作技術的相當進步，也是不可能有三熟的。將《地理志》與《郡國志》記載的兩漢人口數字作一比較，可以看出，東漢時期荊州的人口的增長幅度呈突飛猛進之勢。西漢平帝元始二年（公元 2 年），人口為 3597258，到東漢順帝永和五年（公元 140 年）的人口上升為 6265959，增長率為 42.6%。這主要是由於當時的氣候條件較好，物產豐富，而且與北方迭遭兵燹之災相比，「避亂江南者多」。

南陽郡在西漢元帝的時任太守召信臣，經過調查在當地大興水利，移風易俗，鼓勵農耕，取得良好成效，「其化大行，郡中莫不耕稼力田」，[註1] 不僅戶口倍增，而且南陽郡因此而殷富。在這一環境中，興起了莊園經濟。如劉秀的外祖父樊重，在湖陽擁有 300 頃土地，其間「高樓連閣，波陂灌注，竹木成林，六畜放牧，魚嬴梨果，檀棘桑麻，閉門成市，兵弩器械，貲至百萬，其興工造作，為無窮之工，巧不可言，富擬封君」，[註2] 發達的莊園經濟，儼然獨立王國。建立東漢的劉秀集團，就是在此基礎上形成的，在以往發達的基礎上，東漢又得到諸多優惠，發展勢頭更健。建武七年（31）杜詩任太守，先是「誅暴立威」，「省愛民役」，繼之改進生產技術，製造生產工具，「造作水排，鑄為農器，用力少，見功多，百姓便之」。[註3] 然後興修農田水利，「修治陂池，廣拓土田」，經濟建設大見成效，「郡內比室殷足」。受益匪

〔註1〕《漢書》卷八十九《召信臣傳》，第 3642 頁。
〔註2〕酈道元著、陳橋驛注釋《水經注校釋》卷二十九，杭州大學出版社，1999 年版，第 520～521 頁。
〔註3〕《後漢書》卷三十一《杜詩傳》，第 1094 頁。

淺的當地百姓把他比作西漢召信臣，稱之為「前有召父，後有杜母」。生產力的發展，把南陽郡社會經濟推向一個新階段，並具備了可持續發展的能力。漢章帝是全國多處發生自然災害，而南陽因為農業基礎設施優良，抗災能力強，仍能保證豐收，「惟南陽豐穰」。張衡描繪這裡「其水則開竇灑流，浸彼稻田，溝澮脈連，堤塍相輞……冬稌夏穱，隨時代熟。其原則有桑漆麻苧，菽麥稷黍，百穀蕃廡，翼翼與與」，〔註4〕顯示了農業全面發展的景象。

二、戰爭與官員的關係

　　經過統計發現荊州光武一朝 31 個可考官員，全部出於南陽，其中以軍功出仕者有 22 人。

軍功	徵召	任子	不明
22	3	1	5

　　新莽末年，劉秀在其家鄉倡舉義兵，南陽人風從響應，隨之南征北戰，成為劉秀軍事集團的核心力量。南陽集團由兩部分人構成，一是以劉秀為代表的劉姓宗室貴族，一是南陽地區的地方豪族宗族勢力。所謂的劉姓宗室貴族，實際上與劉漢末年的宗室血緣已經相當疏遠了。劉秀在河北創業之時，劉氏宗親追隨者並不多，相反，倒是南陽集團中的異姓功臣構成為劉秀集團的中堅力量。這些異姓功臣主要是南陽地方的豪族宗族勢力。如鄧晨、鄧禹、張堪、卓茂、樊宏、來歙、杜茂、趙熹、馮魴等，大都是地方富有並具有相當勢力的大宗族，屬於「武斷鄉曲」的豪強。他們的家世統計如下為：

官僚	地主豪富	地方宗族	貴族	外戚	士人	平民	不明
7	3	1	2	2	3	2	11

　　「卓茂字子康，南陽宛人也。父祖皆至郡守。茂，元帝時學於長安，事博士江生，習《詩》、《禮》及歷筭。究極師法，稱為通儒。性寬仁恭愛。鄉黨故舊，雖行能與茂不同，而皆愛慕欣欣焉」。〔註5〕

　　「張堪字君游，南陽宛人也，為郡族姓。堪早孤。讓先父餘財數百萬與兄子。年十六，受業長安，志美行厲，諸儒號曰『聖童』」。〔註6〕

〔註4〕張溥著、殷孟倫注《漢魏六朝百三家集題辭注》之《張河間集》，人民文學出版社，1960 年版。
〔註5〕《後漢書》卷二十五《卓茂列傳》，第 869 頁。
〔註6〕《後漢書》卷三十一《張堪列傳》，第 1100 頁。

「馮魴字孝孫，南陽湖陽人也。其先魏之支別，食菜馮城，因以氏焉。秦滅魏，遷於湖陽，為郡族姓」。〔註7〕

這一集團在劉秀建國之後，構成東漢政權的重要支柱。劉秀當國期間，朝廷任命三公以上的官員，即太傅、大司徒、大司馬、大司空等28人，南陽集團占11人，超過了1/3。

在開國之初政權不甚鞏固的情況下，帝王選官任職，最重視姻親關係，南陽集團的不少人又與劉秀一家有姻親關係，如劉秀的外祖父樊氏、岳丈家陰氏、來歙之母是劉秀的姑祖母，鄧晨之妻是劉秀之姐劉元，劉秀的髮妻是南陽陰氏之女陰麗華。

「鄧晨字偉卿，南陽新野人也。世吏二千石。父宏，豫章都尉。晨初娶光武姊元」。〔註8〕

「樊宏字靡卿，南陽湖陽人也，世祖之舅。其先周仲山甫，封于樊，因而氏焉，為鄉里著姓……宏少有志行。王莽末，義兵起，劉伯升與族兄賜俱將兵攻湖陽，城守不下。賜女弟為宏妻」。〔註9〕

「來歙字君叔，南陽新野人也。六世祖漢，有才力，武帝世，以光祿大夫副樓船將軍楊僕，擊破南越、朝鮮。父仲，哀帝時為諫大夫，娶光武祖姑，生歙。光武甚親敬之，數共往來長安」。〔註10〕

東漢政權建立後這些將帥中有些人又承受宰相之任，掌管相印，像吳漢、鄧禹、李通、韓歆、趙熹等南陽籍宰相就是這樣致位通達的，以致東漢時南陽籍貫宰相人數躍居全國之首。

三、南陽官吏的情況分析

從表格中可以看出，南陽籍官吏人數獨佔鰲頭的局面經久不衰，到東漢中期仍舊如此。東漢後期，人數有所下降。

張衡在《南都賦》中曾描述了南陽功臣麇集朝中的情況，其實在東漢之初，郭汲就向光武帝指出這一狀況，提出「選補眾職，當簡天下賢俊，不宜專用南陽人」。〔註11〕光武的確也對功臣尊而不用，但這些功臣宿舊與西漢初的

〔註7〕《後漢書》卷三十三《馮魴列傳》，第1147頁。
〔註8〕《後漢書》卷十五《鄧晨列傳》，第582頁。
〔註9〕《後漢書》卷三十二《樊宏列傳》，第1119～1120頁。
〔註10〕《後漢書》卷十五《來歙列傳》，第585頁。
〔註11〕《後漢書》卷三十一《郭伋列傳》，第1092頁。

不同。西漢初年豐、沛功臣壟斷政權，不過豐、沛功臣壟斷政權的局面只維持了 20 多年，南陽籍官吏的人數獨佔鰲頭的局面經久不衰。因為南陽的這些功臣宿舊大多數是受過教育的知識分子，故能順應時流，棄武修文。如南陽賈復，「知帝欲偃干戈，修文德，不欲功臣擁眾京師，乃與高密侯鄧禹並剽甲兵，敦儒學」。〔註12〕南陽鄧禹「常欲遠名勢。有子十三人，各使守一藝，修整閨門，教養子孫，皆可以為後世法」。〔註13〕南陽郡勳戚、功臣多，官僚世家多，其子孫入仕陞官者亦多。官僚世家的大量存在，如鄧氏（鄧禹之後），來氏（來歙之後），樊氏（樊宏家族）、岑氏（岑彭家族）等等，是導致南陽籍官吏人數眾多且久不衰減的根本原因。

　　「鄧禹字仲華，南陽新野人也⋯⋯永平元年，年五十七薨，諡曰元侯。帝分禹封為三國：長子震為高密侯，襲為昌安侯，珍為夷安侯。禹少子鴻⋯⋯肅宗時，為度遼將軍⋯⋯高密侯震卒，子乾嗣。乾尚顯宗女沁水公主⋯⋯元興元年，和帝復封乾本國，拜侍中。乾卒，子成嗣。成卒，子襃嗣。襃尚安帝妹舞陰長公主，桓帝時為少府。襃卒，長子某嗣。少子昌襲母爵為舞陰侯，拜黃門侍郎。昌安侯襲嗣子藩，亦尚顯宗女平皋長公主，和帝時為侍中。夷安侯珍子康，少有操行。兄良襲封，無後，永初六年，紹封康為夷安侯⋯⋯安帝徵康為侍中。順帝立，為太僕⋯⋯訓字平叔，禹第六子也⋯⋯元和三年⋯⋯拜張掖太守⋯⋯訓五子：騭、京、悝、弘、閶。騭字昭伯，少辟大將軍竇憲府。及女弟為貴人⋯⋯及貴人立，是為和熹皇后。騭三遷虎賁中郎將，京、悝、弘、閶皆黃門侍郎。京卒於官。延平元年，拜騭車騎將軍、儀同三司⋯⋯悝虎賁中郎將，弘、閶皆侍中。殤帝崩，太后與步騭等定策立安帝，悝遷城門校尉，弘虎賁中郎將⋯⋯鄧氏自中興後，累世寵貴，凡侯者二十九人，公二人，大將軍以下十三人，中二千石十四人，列校二十二人，州牧、郡守四十八人，其餘侍中、將、大夫、郎、謁者不可勝數，東京莫與為比」。〔註14〕

　　「來歙字君叔，南陽新野人也⋯⋯帝見歙，大歡，即解衣以衣之，拜為太中大夫⋯⋯歷字伯珍，少襲爵⋯⋯（延光）二年，遷歷太僕⋯⋯永建元年，拜歷車騎將軍，弟祉為步兵校尉，超為黃門侍郎⋯⋯子定嗣。定尚安帝妹平氏長公主，順帝時，為虎賁中郎將。定卒，子虎嗣，桓帝時，為屯騎校尉。弟

〔註12〕《後漢書》卷十七《賈復列傳》，第 667 頁。

〔註13〕《後漢書》卷十六《鄧禹列傳》，第 605 頁。

〔註14〕《後漢書》卷十六《鄧禹列傳》，第 599～619 頁。

豔，字季德，少好學下士，開館養徒，少歷顯位，靈帝時，再遷司空」。〔註15〕

「樊宏字靡卿，南陽湖陽人也……世祖即位，拜光祿大夫，位特進，次三公。建武五年，封長羅侯……儵字長魚，謹約有父風……永平元年，拜長水校尉……長子汜嗣，以次子郴、梵為郎……梵字文高……官至大鴻臚。汜卒，子時嗣。時卒，子建嗣。建卒，無子，國絕。永寧元年，鄧太后復封建弟盼。盼卒，子尚嗣……準字幼陵，宏之族曾孫也……五年，轉河內太守……元初三年，代周暢為光祿勳」。〔註16〕

「岑彭字君然，南陽棘陽人也……建武二年，使彭擊荊州……遷征南大將軍……子遵嗣，徙封細陽侯。十三年，帝思彭功，復封遵弟淮為穀陽侯。遵永平中為屯騎校尉。遵卒，子伉嗣。伉卒，子杞嗣，元初三年，坐事失國。建光元年，安帝復封杞細陽侯，順帝時為光祿勳。杞卒，子熙嗣，尚安帝妹涅陽長公主。少為侍中、虎賁中郎將，朝廷多稱其能。遷魏郡太守……熙卒，子福嗣，為黃門侍郎」。〔註17〕

到了東漢後期，與幾乎每個朝代的後期一樣，帝鄉對官僚籍貫分布的影響力明顯減弱，官吏人數有所下降。

〔註15〕《後漢書》卷十五《來歙列傳》，第585～593頁。
〔註16〕《後漢書》卷三十二《樊宏列傳》，第1119～1129頁。
〔註17〕《後漢書》卷十七《岑彭列傳》，第653～664頁。

第八章　東漢一朝揚州的官員情況分析

第一節　揚州官員情況分析

　　從時間上看，東漢揚州的官員數量呈現緩慢發展的趨勢，但是總體說來人數不多。

州	光武	明帝	章帝	和帝	殤帝	安帝	順帝	桓帝	靈帝	少帝	總計
揚州	1	3	3	3	0	2	5	5	11	0	33

　　從空間上看，會稽郡的官吏人數較多，明顯領先於其他各郡。

揚　州	九江郡	3	1
	丹陽郡	3	1
	廬江郡	5	0
	會稽郡	23	7
	吳郡	6	2
	豫章郡	6	2

第二節　原因分析

一、揚州的經濟狀況

　　揚州的經濟在東漢一代有了較快的發展，農業生產力提高。鐵器牛耕的

推廣，促使耕地面積擴大。當時不少官吏，在擴大耕地面積方面頗有成效。如李忠遷丹陽太守，教民墾殖，「墾田增多，三歲間流民占著者五萬餘口」。〔註1〕王景為廬江太守，「教用犁耕，由是墾田倍多」。〔註2〕同時，興修水利受到重視。和帝永元中，豫章太守張躬在南昌附近「築塘以通南路」，〔註3〕便於灌溉。順帝永和五年（公元140年），「會稽太守馬臻創立鏡湖，在會稽、山陰兩縣界築塘蓄水……溉田九千餘頃」。〔註4〕北方各郡國出現災荒時還有調江南各郡租米來贍給的事，《後漢書‧安帝紀》載，永初元年「調揚州五郡租米，贍給東郡、濟陰、陳留、梁國、下邳、山陽」〔註5〕。永初七年，「調零陵、桂陽、丹陽、豫章、會稽租米，贍給南陽、廣陵、下邳、彭城、山陽、廬江、九江饑民，又調濱水縣穀輸敖倉」〔註6〕。由此可見，江南這些郡的農業生產水平和經濟實力已漸居優勢地位，和西漢時的情況已然不同，它在一定程度上為東漢末季孫吳在江南立足奠定了物質基礎。

揚州的發展，與兩漢之際人口大批南移也有很大關係。王莽時期的混亂，只限於黃河流域，長江流域大都未受到影響，從而黃河流域的難民，大量向長江流域移動，帶來北方的先進技術，成為了南方開發的勞動力。《地理志》與《郡國志》記載的兩漢人口數字作一比較，可以看出東漢順帝永和五年（公元140年）的人口上升到4338538，增長率為26.1%。這其中南遷的官僚和大族明顯增多，「范平字子安，吳郡錢塘人也。其先錙侯馥，避王莽之亂適吳，因家焉」，〔註7〕「漢平帝時丘俊持節安撫江淮，王莽篡位後，俊遂留居江左居吳興」，〔註8〕這些移居到江南的大族，子孫繁衍，歷經數代便成長為吳地豪族。

二、會稽的官員

會稽地區，西漢時產生的官吏很少，至東漢人數急劇增加、高官輩出，

〔註1〕《後漢書》卷二十一《李忠列傳》，第756頁。

〔註2〕《後漢書》卷七十六《王景列傳》，第2466頁。

〔註3〕酈道元著、陳橋驛注釋《水經注校釋》三十九《贛水》，杭州大學出版社，1999年版。

〔註4〕杜佑《通典》卷一八二《州郡十二‧會稽郡》，中華書局，1988年版，第4832頁。

〔註5〕《後漢書》卷五《孝安帝紀》，第208頁。

〔註6〕《後漢書》卷五《孝安帝紀》，第220頁。

〔註7〕《晉書》卷九十一《范平傳》，第2346頁。

〔註8〕林寶《元和姓纂》卷五《丘氏》，中華書局，1994年版。

究其原因，不出以下幾點：

第一，會稽一帶具有悠久的文化傳統，西漢時為一重要文化區域，但這裡辭賦文化發達而儒學不昌，與政府的文化取向不同，因而當地士人入仕困難。由辭賦轉向經學，乃輕車熟路，易見成效。因此，到東漢初，這裡便成為儒學比較發達的地區，讀經入仕的道路開通了。

該地區學風十分熾熱。士人們或就學於本地學宮、師館，或負笈治裝，千里遊學。例如：餘姚黃昌，昌「本出孤微，居近學官，數見諸生修庠序之禮，因好之，遂就經學」。〔註9〕

《儒林列傳》中提到會稽顧奉、趙曄不僅遊學於文化發達之地，而且還遊學至一些偏僻之地。顧奉曾赴豫章師事程曾，趙曄更遠至犍為受業於杜撫。

《後漢書·張霸傳》記載了和帝年間吳、會的文化狀況。「永元中（張霸）為會稽太守，表用郡人處士顧奉、公孫松等。奉後為潁川太守，松為司隸校尉，並有名稱。其餘有業行者，皆見擢用。郡中爭厲志節，習經者以千數，道路但聞誦聲」。〔註10〕

這種濃厚的學風導致了吳會地區文士輩出，著述豐富。吳、會兩郡的《後漢書》列傳人士共達22人，著書籍23種，公卿、博士與私家教授也都有一定的數量。

西漢之初，北方長期戰亂，不少中下級官吏和士人南遷避難。黃巾起義後，為躲避戰亂遷居長江流域的北方士人更多。《後漢書·任延傳》記載，更始元年，「天下新定，道路未通，避亂江南者皆未還中土，會稽頗稱多士」。東漢末年北方士人等避亂會稽者，《三國志·吳書》所載頗多。北方士人官吏南遷，促進了長江流域文化的發展，刺激了當地人物的入仕熱情，也有一些北方人在此著籍定居，而後步入了仕途。

南方高溫潮濕，風俗習尚與北方不同，北人皆視南下做官為畏途。秦與西漢政府多次對南方用兵，在被征服地區實行原始「殖民」統治，造成南北之間相當嚴重的民族隔閡與區域隔閡。為解決上述問題，實現對江南廣大地區的有效行政管理，漢武帝元光元年，詔郡國舉孝廉一人，後每年推舉，成為定制，這意味著政府力圖從全國範圍內選拔官吏。此後，官吏籍貫的分布區域逐漸擴大。西漢中期政府便通過調整選官政策，吸收邊遠地區人物為官

〔註9〕《後漢書》卷七十七《黃昌列傳》，第2496頁。
〔註10〕《後漢書》卷三十六《張霸傳》，第1241頁。

吏。至東漢初，南方籍官吏人數有了明顯的增加，長江流域乃南北文化的交匯處，這裡的上層人物既具備入仕居官的文化修養和政治素質，又適應南方的習俗環境，入仕升遷者尤多。

東漢會稽郡的 23 個官吏入仕途徑分類如下：

孝廉	辟除	災異	帝師	不明
10	3	1	1	8

通過察舉的形式被國家選用而得以重用，文獻記載有東漢前期的鍾離意、程曾、張武、陸康、許武、許荊、謝夷吾等，東漢後期的鄭弘、陶謙、楊琁、朱軍、孟昶、戴就、雷義、唐檀、韓說等，其中很大一部分出身會稽郡，通過舉孝廉入仕。隨著社會的發展，會稽出現了一批具有特殊身份的勢家大族。例如，陸續「世為族姓，祖父閎，字子春，建武中為尚書令……長子稠，廣陵太守，有理名。中子逢，樂安太守。少子襃，力行好學，不慕榮名，連徵不就。」〔註11〕（襃子康）「光和元年，遷武陵太守，轉守桂陽、樂安二郡，所在稱之」。〔註12〕沈戎「（沈氏）靖子戎，因避地徙居會稽烏程縣之餘不鄉，遂世家焉」，〔註13〕自晉宋齊梁以下，凡余不之沈，皆其所出。這些大族不僅對州郡甚至對國家都有一定的影響力。

三、江南文化的普及

高敏在《從東漢時期入仕者與知名人士出生地的分布狀況看東漢江南經濟的發展》一文中，通過詳實可靠的數據得出東漢時期江南地區入仕者與知名人士的湧現數量大大超過西漢時期的狀況。東漢時期江南地區的入仕者中，高官人數高於西漢時的入仕者，這表明東漢時期江南地區的入仕者在政治素質與文化修養等諸多方面優於西漢的江南入仕者。〔註14〕入仕者這種素質的提高，無疑來源於江南地區文化的普及程度。結合《後漢書》的有關資料，可以得到文化提高的原因。

《桓榮傳》中說道，精通《歐陽尚書》的桓榮，歸事九江人博士朱普，朱

〔註11〕《後漢書》卷八十一《陸續列傳》，第 2682～2683 頁。
〔註12〕《後漢書》卷三十一《陸康列傳》，第 1113 頁。
〔註13〕沈約《宋書》卷一百《自序》，中華書局，1974 年版，第 2443～2444 頁。
〔註14〕高敏《從東漢時期入仕者與知名人士出生地的分布狀況看東漢江南經濟的發展》，《鄭州大學學報》2003 年 3 期。

普死後，「榮奔喪九江，負土成墳，因留教授，徒眾數百人」。〔註15〕西漢末年社會動亂，桓榮抱其經書與弟子「復客授江淮間」。後來桓榮的弟子，有「都講生八人補二百石」、「其餘門徒多至公卿」。〔註16〕又如惲郅，曾客居江夏教授，後遷長沙太守，「後坐事左轉芒長，又免歸，避地教授」〔註17〕。還有王望和張霸，其中張霸於「永元中為會稽太守」，隨之「習經者以千數」。〔註18〕至於王望，亦曾「客授會稽」。〔註19〕所有這些到江南講學的北方學者，都對江南地區文化水平的提高起到了促進作用。

四、江南地區的發展情況

隨著中央政府對江南行政管轄的加強，到東漢時期，儘管江南經濟發展的不平衡性在逐漸改變，江南經濟的戰略地位逐漸提高，但由於歷史、政治等原因，當時全國的經濟重心，仍在黃河中下游的中原地區。從人口密度、土地開發、城市布局諸方面都可以看出。

人口密度，中原地區比江南為高。西漢人口，主要在司隸、豫、兗、冀、青、徐等州，東漢人口分布的密度雖有變動，大量人口南下，但它仍然密集於黃河中下游的中原地區。據《續漢書‧郡國志》：豫州面積 188276 平方公里，人口 3179139，每平方公里人口為 38.13 人。其中的潁川郡每平方公里 123.35 人，陳國每平方公里高達 63.77 人。冀州面積 93020 平方公里，人口 5931919 每平方公里人口達 63.77 人。至於中原地區的兗、青、徐等州之人口密度也都較高。但江南地區的荊、揚二州，人口密度的絕對數字卻比較低，以戶口數字計算出來的郡國人口密度至多不超過每平方公里 20 人（南陽除外），低的僅每平方公里 1.98 人。江南人口儘管在上升，但與中原人口密度相比還差得多。〔註20〕在古代，人口是社會經濟發展的標誌之一，人口密度的高低與經濟發展的先進或落後往往成對應關係，中原地區人口密集，在一定程度上反映了當時社會經濟的發展水平。

土地資源的開發和利用，中原地區比江南充分。黃河流域，開發較早，

〔註15〕《後漢書》卷三十七《桓榮列傳》，第 1249 頁。
〔註16〕《後漢書》卷三十七《桓榮列傳》，第 1253 頁。
〔註17〕《後漢書》卷二十九《郅惲列傳》，第 1032 頁。
〔註18〕《後漢書》卷三十六《張霸列傳》，第 1241 頁。
〔註19〕《後漢書》卷三十九《王望列傳》，第 1297 頁。
〔註20〕葛劍雄《中國人口發展史》，福建人民出版社，1991 年版，第 334～342 頁。

人口集中，自西漢中期以後，人多田少，常有地不足用之患，土地兼併較為激烈，所謂「關東富人益眾，多規良田，役使貧民」。〔註21〕張禹「內殖貨財，家以田為業，及富貴，多買田至四百頃」，〔註22〕他人兼併者類此，人們對土地的追求甚為迫切。當時「畝價一金」的說法雖有誇大之嫌，但三輔、洛陽、河東的膏腴之地，地價很高乃為事實。由於土地價格昂貴，所以注重精耕細作，先進的「代田法」、「區種法」得到推廣。但江南地區，「地廣人稀」，隨後雖然逐步開發，墾田多有，這只是在局部地區，整個江南空地仍多，人們改造與利用土地的成就，遠遠不及中原地區。〔註23〕在中國古代的農業社會中，土地資源是經濟發展的基本條件之一，中原地區由於土地資源得到開發利用，所以生產力水平和經濟實力，大大優於江南。

再從工商業城市看，中原地區也比江南更多。西漢平帝時，「凡郡國一百三，縣邑千三百一十四，道三十二，侯國二百四十一」。〔註24〕當時全國郡縣級城市約有 1600 餘個，其中司隸、豫、兗、冀、青、徐等州的城市竟達 530 餘個，而江南荊、揚二州的城市僅 180 餘個。東漢時期，光武帝雖然在北方裁併了一些縣，然城市的地域空間布局，主要還是集中在黃河中下游地區。中原地區城市布局密集，反映了其經濟發展狀況和工商業的繁榮，說明中原具有廣泛的「商流」、「物流」條件，集結了大量的物資財富，同時有方便的交通運輸，活躍的商品流通，眾多的商人集團，廣闊的國內外市場。所有這些，當時的江南都無法與中原相比。

綜上所述，東漢之時，江南經濟雖然獲得了重大發展，成為全國經濟重心南移的孕育期，然而全國的經濟重心卻仍在黃河流域的中原地區。

〔註21〕《漢書》卷七十《陳湯傳》，第 3024 頁。
〔註22〕《漢書》卷八十一《張禹傳》，第 3349 頁。
〔註23〕李劍農《先秦兩漢經濟史稿》，中華書局，1962 年版，第 147 頁。
〔註24〕《漢書》卷二十八《地理志》，第 1640 頁。

第九章　東漢一朝益州的官員情況分析

第一節　益州官員情況分析

從時間上看，益州的官員數量呈現逐步發展的趨勢，但是到了後期，產生的官吏人數減少。

州	光武	明帝	章帝	和帝	殤帝	安帝	順帝	桓帝	靈帝	少帝	總計
益州	2	3	2	6	0	6	10	2	2	0	33

從空間上看，官員主要集中在益州北部，南部較少，廣漢郡的人數較多。

益　州	漢中郡	6	2
	巴郡	9	3
	廣漢郡	15	6
	蜀郡	10	3
	犍為郡	7	0

第二節　原因分析

一、益州的經濟狀況

益州地區曾是秦的重要經濟支柱，漢高祖起家之國，也是公孫述割據之

地，漢末更出現了鼎立一方的蜀漢政權。經濟上，益州沃野千里，號為天府，以富裕稱。兩漢之際，巴蜀的經濟破壞也不算很大，依然農業發達，非常殷實。公孫述自立為蜀王、建都成都的重要憑藉就是「蜀地沃野千里，土壤膏腴，果實所生，無穀而飽。女工之業，覆衣天下。名材竹幹，器械之饒，不可勝用。又有魚鹽銅銀之利，浮水轉漕之便」〔註1〕的農業經濟條件。建武末年，第五倫任蜀郡太守時，就稱「蜀地肥饒，人吏富實，掾史家貲多至千萬，皆鮮車怒馬，以財貨自達」。〔註2〕以地勢論，與江南地區對外的交通便利、中原地區的四通八達都不同，它形勢封閉，地方色彩也較濃厚。益州地區的交通情況，僅與幽、涼相併，較交州略勝而已。益州與關中、關東的交通，北出惟賴褒斜、子午諸道（以褒斜為主），險峻不便，東下水道亦險。內部交通多賴水路，城市亦分布於水道沿岸。然而益州南部多山谷，東部亦屬山區，僅西部平原交通稍便，因此全國的發展並不平衡，這種情形至後世尤然。

二、益州的官員

　　益州北部地區的情況與會稽郡頗相似。西漢時，這裡經濟文化都比較發達，但與政治中心地帶之間的區域聯繫不密切，文化優勢主要集中在辭賦和文字方面，與政府的文化取向不同，所以產生的官吏甚少。兩漢之際，這裡受戰爭破壞甚小，經濟持續發展，關中、關東地區有不少人入蜀避亂，對於刺激蜀人的入仕欲望，培養其行政技能，都有一定的作用。劉秀滅巴蜀公孫述政權後，對當地上層人物實行安撫政策，從此，巴、蜀、廣漢等郡人物入仕者日漸增多。文化上，代表中原文化的經史子集，逐漸成為了巴蜀人士學習的重要內容，已具備向政府輸送統治人才的基礎。

　　東漢初至安帝前，興起的巴蜀豪族中，為官二千石以上者有：宕渠李氏，安漢張氏，雒縣翟氏、郭氏、折氏，郪縣王氏、梓潼雍氏，南安費氏，資中董氏，南鄭李氏。巴、廣漢、漢中在東漢新起明顯，〔註3〕出現了諸如董扶、楊厚之類聞名全國的高宦名士。在「通經—致仕」的背景之下，儒學化的發展為巴蜀豪族打開了仕途大門，而私學、家學的興盛是儒家化發展的重要表現。蜀

〔註1〕《後漢書》卷十三《公孫述列傳》，第535頁。
〔註2〕《後漢書》卷四十一《第五倫列傳》，第1398頁。
〔註3〕劉增貴《漢代益州士族》，收入《家族與社會》，中國大百科全書出版社，2005年版。

郡張霸「七歲通《春秋》……後就長水校尉樊鯈受《嚴氏公羊春秋》，遂博覽五經……以樊鯈刪《嚴氏春秋》猶多繁辭，乃減定為二十萬言，更名為張氏學」，其子張楷「通《嚴氏春秋》、《古文尚書》，門徒常百人。賓客慕之，自父黨夙儒，偕造門焉」，〔註4〕家學傳承如此。其餘如杜撫、楊仁、郭賀、李尤之類皆出於此一時期。正是這些儒學精英主導的私學的發展擴大了入仕官員的規模。

安帝以後，朝廷平西羌之亂，巴蜀豪族以此為契機得以更多地參與到中央事務中。巴蜀地區由於蠻夷眾多、民風彪悍，反叛事件時有發生，選擇巴蜀豪族中有能力者並委以重任，成為了政府平定地方叛亂的重要手段。如「元初元年春……零昌遣兵寇雍城，又號多與當煎、勒姐大豪共脅諸種，分兵鈔掠武都、漢中。巴郡板楯蠻將兵救之，漢中五官掾程信率壯士與蠻共擊破之……蜀人陳省、羅橫應募，刺殺叔都，皆封侯賜錢」，〔註5〕政府起用廣漢王堂為巴郡太守，在平叛中起到了關鍵性作用。

這一時期豪族官至二千石及公卿者數量猛增，反映了巴蜀豪族整體得到了進一步發展，同時也出現了若干勢力強大的豪族，如成都趙氏，趙戒、趙典、趙溫、趙謙連續三代四人相繼為三公，三人被封侯；廣漢新都楊氏，自春卿至楊厚，數世稱望；犍為武陽楊氏，自西漢楊莽之後至東漢延續數世，二千石以上之官不絕；廣漢郪縣王氏，王堂官至司隸校尉，後代多仕官宦，「內外冠冕，百有餘人」。

三、各郡的官員情況

漢中由於居益州對外樞紐，地近關中，《華陽國志》卷二《漢中志》：「自建武以後，群儒修業……其州牧郡守，冠蓋相繼，於西州為盛」。不過，漢中比起三蜀地區，仕宦自然不如。《華陽國志》卷三《蜀志》：「益州以蜀郡、廣漢、犍為為三蜀，土地沃美，人士俊乂，一州稱望」，大姓多集中於三蜀。至於巴郡官閥雖盛，但性質與三蜀不同。三蜀文教興盛，仕宦者多以經術文章，故云「漢徵八士，蜀有四焉」。〔註6〕東漢時期，蜀郡是文化發達的全國四大重點區域之一，湧現出一大批為全國所景仰的文學巨儒。蜀地士人多得德行高尚、文學出眾，多出任朝廷文臣，其中任為郎的士人占多數。而巴郡屬賨

〔註4〕《後漢書》卷三十六《張霸列傳》，第 1241～1242 頁。
〔註5〕《後漢書》卷八十七《西羌列傳》，第 2889 頁。
〔註6〕《華陽國志》卷三《蜀志》。

人地區，自古以來以勇武稱，武王伐紂、高祖平秦，皆得巴人之助。《華陽國志》卷三《巴志》：「巴有將，蜀有相也」，巴郡之士族眾多，與後漢中期後羌、蠻多變，有賴巴人撫戰有相當關係，故多忠貞烈士，以文學著稱者極少。

《華陽國志》卷十《先賢士女總贊》載有巴蜀人物小傳，從中可以看出西漢獨有蜀郡人才眾多，東漢廣漢、犍為都出了較多的人才，廣漢人物也超過了蜀郡。廣漢為何會獲得如此迅速的發展呢？這是因為，自漢武帝以後，蜀地學術文化主要與關中保持著密切的關係，而廣漢正位於川陝交通幹線上，文人、官僚往返於此，必然促進當地文化的迅速發展。官學和私學也得到發展，楊宣「少受學於楚國王子張，天文圖緯於河內鄭子侯，師楊公叔，能暢鳥言，長於災異。教授弟子以百數」；任安在綿竹推行儒學教育，士人眾多；什邡在章帝時曾大興義學。新都「多名士，有楊厚、董扶」。[註7] 涪縣「於蜀為東南之要……人物多見於《耆舊傳》也」，[註8] 這些地區的廣漢士人有沿交通線分布的趨勢。[註9]

四、益州官員的時段分布

為便於估計，將後漢粗略地分為光武到和帝、安帝到順帝、順帝到靈帝三個階段。表格如下：

	萬石	中二千石	二千石	比二千石	千石	千石以下
光武—和帝	0	2	3	1	3	4
安帝—順帝	3	1	5	2	0	4
桓帝—靈帝	1	0	1	1	0	1

首就人數來看，前期益州沒有三公，三公的秩祿是萬石，三公出現於安帝以後，前期九卿也只有二人。分別是趙典，蜀郡成都人，光武時任太常，王渙，廣漢郪益人，和帝時任大司農。益州的官宦尤其是高官主要出現在安順兩帝。事實上，益州官僚公卿的興起，正是在安帝時期以後。而到了東漢後期的桓靈時期，益州產生的官吏人數減少。

〔註7〕《華陽國志》卷三《蜀志》。

〔註8〕《華陽國志》卷二《漢中志》。

〔註9〕常璩撰、劉琳校注《華陽國志》卷十中《先賢士女總贊（中）》，巴蜀書社，1984 年版。

某些州有任用本州人任郡守的傾向。〔註10〕這些州除司隸情況特殊外，還包括荊、揚、益、涼、交五州，五州出身的郡守皆以任本州者占多。這五州或為邊區，或雖非邊區，但內有蠻夷，亦具邊區性質，用本州人便於解決地方事務。五州中尤以益州為明顯，益州出身的守相中很多任在本州，中央對益州人士的藉重之處正是本州解決問題的關鍵。中央對益州的控制南北不同，益州北部常用他州人為郡守，益州南部則多用益州北部出身的人，而且官員人數比例較多。這是因為南部多蠻夷變亂之故。在此情況下，若地方問題不嚴重，則益州人士的仕宦也就受到限制。安帝永初二年，羌亂起於涼州，有寇掠三輔、南下益州之勢，帝國西部備受威脅，益州士族李郃、張皓、陳禪等於此時透過其師魯恭的推介，為大將軍鄧騭所辟薦。次年，羌亂波及益州，益州各地的蠻夷也蜂起響應，在此情況下，更需借助於益州出身的官員，於是陳禪被任為漢中守，王堂被任為巴郡守，平定了兩郡的變亂。羌亂平定後，益州士族也都各自以功升遷。益州士族在安順之間聲勢最盛，順帝即位事件前後的活動是其著例。安帝廢太子為濟陰王（即後之順帝）到順帝即位這一過程中，益州出身的官員李尤、李郃、張皓、陳禪皆站在順帝一邊。

東漢後期，益州北部地區產生的官吏人數減少，主要原因是劉焉割據巴蜀，張魯佔據漢中，限制了這個地區對中央政府的人才輸出。《後漢書·劉焉傳》「劉焉字君郎，江夏竟陵人也，魯恭王後也。肅宗時，徙竟陵。焉少任州郡，以宗室拜郎中。去官居陽城山，精學教授。舉賢良方正，稍遷南陽太守、宗正、太常。時靈帝政化衰缺，四方兵寇，焉以為刺史威輕，既不能禁，且用非其人，輒增暴亂，乃建議改置牧伯，鎮安方夏，清選重臣，以居其任。焉乃陰求為交阯，以避時難」〔註11〕，這時董扶告訴劉焉，「益州分野有天子氣」，〔註12〕劉焉於是要求擔任益州牧。到益州後，劉焉採取了一系列試圖達到割據稱雄的做法，一方面利用張魯在漢中的五斗米道勢力，斷絕與中

〔註10〕一般情況下，漢代為加強對官吏的管理，實行官吏籍貫迴避制度。西漢武帝中後期已經在地方官吏的任命中加以施行，籍貫迴避指任官者不得在本州郡縣或與其鄰近的州郡縣任官。在漢代，主要指前者。《後漢書》記載「東漢刺史可考者凡二百八十人，知籍者百六十七人，無一本籍，是避本州也」；「洛陽令知籍者十人，亦無一本籍」；「縣令長其籍貫可考者二百五十九人，丞尉籍貫可考者二十六人，不但非本縣，且非本郡人」，可見對地方長官的限制更嚴。

〔註11〕《後漢書》卷七十五《劉焉列傳》，第2431頁。

〔註12〕《後漢書》卷八十二《董扶列傳》，第2734頁。

原王朝的聯繫，從而形成割據的雛形；另一方面，劉焉嚴厲打擊益州士族，企圖用刑罰建立自己的權威，「託他事殺州中豪強王咸、李權等十餘人，以立威刑」，〔註13〕士民皆怨。《華陽國志‧公孫述劉二牧志》對劉焉濫殺無辜有更清楚的記載，「焉既到州，移治綿竹，務行小惠。時南陽、三輔民數萬家避地入蜀，焉恣饒之，引為黨與，號『東州士』」。劉焉欲建立獨立王國，對曾經支持他進入益州的土著士族恩將仇報，採取了重用外來士族——「東州士」，嚴厲打擊益州士族勢力的做法。

史載「沛人張魯，母有姿色，兼挾鬼道，往來焉家，遂任魯以為督義司馬，與別部司馬張脩將兵掩殺漢中太守蘇固，斷絕斜谷，殺使者。魯既得漢中，遂復殺張脩而並其眾」〔註14〕，這段史料告訴我們，張魯利用劉焉割據益州的企圖，一步一步地實現著自己的願望。「斷絕斜谷」，就是切斷了溝通西北、西南的官驛大道——「褒斜道」，隔斷了西北與西南的聯繫，為其割據漢中創造了條件，對東漢末年的西部政局產生了深刻的影響，朝廷任命的官員被拒於千里之外。由此可見，在漢末社會動盪之時，朝廷無暇西顧，而西部又是多事之秋。以關中盆地為核心的西北和以四川盆地為核心的西南又各自封閉割據，介於二者之間相對閉塞的漢中盆地，在張魯斷絕褒斜道，就自然成為割據稱雄的天堂。

〔註13〕《三國志》卷三十一《劉二牧傳》，第 867 頁。
〔註14〕《後漢書》卷七十五《劉焉列傳》，第 2432 頁。

第十章　東漢一朝涼州的官員情況分析

第一節　涼州官員情況分析

從時間上分析，涼州的官員數量不多，比較集中在中後期。

州	光武	明帝	章帝	和帝	殤帝	安帝	順帝	桓帝	靈帝	少帝	總計
涼州	3	1	1	1	0	4	2	4	7	0	23

從空間上分析，安定郡的官員人數遠遠超過附近各郡。

涼　州	隴西郡	2	0
	漢陽郡	1	0
	金城郡	0	0
	安定郡	19	4
	北地郡	3	1
	武威郡	1	0
	酒泉郡	0	0
	敦煌郡	4	2

第二節　原因分析

一、涼州的經濟狀況

建武后期到和帝時，涼州與其他地區一樣，處於人口增殖、經濟恢復之中，不過在明帝時、和帝初兩次大擊北匈奴，又相當程度影響了它恢復的速度，因此永元十三年的詔書中就講到「幽、并、涼州戶口率少，邊役眾劇」。〔註1〕及安、順二帝，先後爆發了兩次羌人大起事，東漢王朝先後將金城郡、安定郡、北地郡等徙於三輔，用割倒青苗，燒毀房屋等辦法強迫這些地方的漢民遷移內地，這樣剛剛有所恢復的經濟又重新衰落了。以後桓靈時代，羌人其事仍延綿不絕，涼州的經濟就一直處於殘破的情況。涼州的衰落情況也可由《後漢書‧郡國志》所載各郡的人口情況看到一個大概。將《漢書‧地理志》中的人口與《郡國志》中順帝永和五年的人口相比（表格略），順帝永和五年是在羌人第一次大起事後，而第二次大起事還沒有開始的時候，兩相對比，可以看出減少最多的是羌人第一次大起事的主要地區，即隴西、金城、安定、北地四郡，人口都減少了90%左右，比三輔地區減少的還嚴重。其次是羌人第一次大起事波及的地區漢陽郡，人口減少60～70%。河西四郡則大致減少四分之一到一半，呈現一個越往西越減少的現象。（即武威減少一半以上，到敦煌則減少四分之一）。

武威、酒泉是所謂的河西四郡之二，自武帝時起，訖於西漢之末，河西四郡日趨繁榮，這些城市，不僅是漢朝往來西域的吏卒的補給站，也是國際貿易的商人寄頓之所。當時國際貿易的商人，由長安出發前往西域，都必須經過河西四郡。漢末戰亂後，到東漢中葉，又成為西北國際商路上的重要城市。東漢初，「時天下擾亂，唯河西獨安，而姑臧稱為富邑，通貨羌胡，市日四合，每居縣者，不盈數月輒致豐積」。〔註2〕顯示了它潛在的交通樞紐和貿易中心地位。惟至順帝以後，因為羌族的「叛亂」，商路斷絕，因而又蕭條起來。

二、安定郡的官員

從上表看出，安定郡的官員人數遠超其他各郡，經過進一步分析，發現主要分布在梁統家族：

〔註1〕《後漢書》卷四《和帝紀》，第189頁。
〔註2〕《後漢書》卷三十一《孔奮列傳》，第1098頁。

梁統一族	皇甫規一族	盧芳	李恂
11	4	1	1

　　涼州地處西北邊陲，俗習射獵，自然環境兼利農牧，不同於內地純農業區，民風強悍，喜習騎射。一方面人口甚少，另一方面外患頻仍，立功邊域者往往成為公卿。西漢中期將才輩出。後來戰爭減少，其人無用武之地，入仕者驟然減少，兩漢之際，天水（東漢改稱漢陽郡）人隗囂割據涼州，「謙恭愛士」，更始敗後，「三輔耆老士大夫皆奔歸囂」，〔註3〕涼州人物更不會越三輔而東向求官，所以劉秀手下戰將初無涼州人。明、章二代，偃武修文，涼州人入仕之途不暢，於是尚文讀經之風隨之興起，出現了梁氏、皇甫氏等儒學世家，王符、侯瑾等著名學者，文化進步尤其突出，在《後漢書》列傳的士人有16人，公卿有11人，涼州人著書也有16種。涼州公卿中期以前的皆為安定涼氏（梁統之族，卿占6人），梁氏為外戚，據經術入仕，依椒房發跡，宗族居高官者甚多，遂使安定籍官吏人數遠遠超過附近各郡。

　　安定梁氏在西漢時就是三輔巨族，「以貲千萬徙茂陵」，「至哀、平之末，歸安定」。〔註4〕以後梁統為酒泉太守，與竇融共霸河西。及隗囂覆滅後，與竇融同時徵回洛陽，也是倍加恩賞，但不重用。梁統子梁竦曾作《悼騷賦》，「繫玄石而沉之」，〔註5〕又作《七序》，班固見而稱曰『孔子著春秋而亂臣賊子懼，梁竦作《七序》而竊位素餐者慙」，〔註6〕是一個長期不得志的巨族。但他仍是列於「功臣貴族」之內，累世與東漢王朝通婚姻，如梁統子梁松「尚光武女舞陰長公主」，章帝梁貴人是和帝生母。由於不得志，就注意儒術，與名儒們常有往來，如梁松「博通經書，明習故事，與諸儒修明堂、辟雍、郊祀、封禪禮儀，常與論議」。〔註7〕梁竦也是「少習《孟氏易》，弱冠能教授」，〔註8〕與當時涼州豪強的代表人物「涼州三明」中的張奐有密切聯繫。當時農民起義運動正逐漸高漲，南起北繼，已有燎原之勢，而不久羌人的第二次大起事又形展開，統治階級內部急需一個穩定的局面以集中力量進行鎮壓，因此維持當時統治階級內部暫時穩定的事就落在梁氏身上。

〔註3〕《後漢書》卷十三《隗囂列傳》，第521頁。
〔註4〕《後漢書》卷三十四《梁統列傳》，第1165頁。
〔註5〕《後漢書》卷三十四《梁統列傳》，第1170頁。
〔註6〕《後漢書》卷三十四《梁統列傳》，第1171頁。
〔註7〕《後漢書》卷三十四《梁統列傳》，第1170頁。
〔註8〕《後漢書》卷三十四《梁統列傳》，第1170頁。

陽嘉元年，順帝立梁氏為皇后，不久又拜梁商為大將軍。這就是梁氏專權。梁氏的主要人物梁商（竦孫）是「虛己進賢」「慎弱無威」的八面玲瓏的人物。梁商死後，子冀繼為大將軍。及順帝死，桓帝初立，梁太后臨朝，更多次益封梁氏兄弟。元嘉元年，「有司奏冀入朝不趨，劍履上殿，謁贊不名，禮儀比蕭何；悉以定陶、成陽餘戶增封為四縣，比鄧禹；賞賜金錢、奴婢、綵帛、車馬、衣服、甲第，比霍光；以殊元勳。每朝會，與三公絕席。十日一入，平尚書事。宣布天下，為萬世法。冀猶以所奏禮薄，意不悅。專擅威柄，凶恣日積，機事大小，莫不諮決之。宮衛近侍，並所親樹。禁省起居，纖微必知。百官遷召，皆先到冀門牋檄謝恩，然後敢詣尚書」。〔註9〕這樣就急劇地破壞了當時統治階級內部暫時的穩定，引起了宦官集團的堅決反擊。桓帝也感到了梁冀專權的壓力，因而與宦官合謀誅滅梁氏，梁冀自殺，梁氏子弟及「中外宗親送詔獄，無長少皆棄市」，「其它所連及公卿列校刺史二千石死者數十人，故吏賓客免黜者三百餘人，朝廷為空，唯尹勳、袁盱及廷尉邯鄲義在焉。是時事卒從中發，使者交馳，公卿失其度，官府市里鼎沸，數日乃定，百姓莫不稱慶」。〔註10〕

三、戰爭與官員的關係

涼州公卿中期以前的大多為安定涼氏，但是到了安帝時，由於戰爭形勢的需要，為涼州之士的興起準備了條件。東漢安帝永初年間，西北「羌患」驟然升級，帝國則開始對羌人大規模用兵，訖於桓靈之際，「羌患」始告弭平。「羌患」的蔓延，一方面造成了東漢國力的衰竭，另一方面卻孕育出涼州的強勁武力。皇甫規、張奐、段熲等涼州將領，在對羌戰爭中脫穎而出。

本來桓帝以上諸帝發兵西討「叛羌」，一般不用涼州人擔任主將，意在防範割據形勢的出現。然而，由於永初之後「邊難漸大」，鄧騭等一班朝廷指派的將領，大多難於應付局面。《資治通鑒》胡三省曰：「謂鄧騭敗於冀西，任尚敗於平襄，司馬鈞敗於丁奚山，馬賢敗於射姑山，趙沖敗於鸇陰河」，鑒於如此嚴峻的形勢，東漢政府不得不調整以往的用人之策。

皇甫氏為安定朝那大姓，《後漢書·皇甫規傳》載其祖父棱為度遼將軍，父旗為扶風都尉。皇甫規被辟為本郡功曹，就其家庭背景來說，是很夠資格

〔註9〕《後漢書》卷三十四《梁冀列傳》，第1183頁。
〔註10〕《後漢書》卷三十四《梁統列傳》，第1186～1187頁。

的。然而安定太守「知規有兵略」，顯然更看重皇甫規的軍事才能，而不僅僅是他的出身。皇甫規在安帝時另有一篇求乞自效的上書，他說：「臣比年以來，數陳便宜。羌戎未動，策其將反，馬賢始出，頗知必敗……土地山谷，臣所曉習；兵勢巧便，臣已更之」，[註11]可見皇甫規所言並非虛飾之辭。安定太守「命為功曹」，皇甫規一旦應辟，馬上就要率軍「與羌作戰」。

另外，從選舉制度看，東漢中期以降，由於戰爭形勢的需要，「武猛」之選日漸頻繁，也為涼州將領的升進創造了條件。漢代的選官制度的主體是察舉和徵辟，選舉的對象多為文職。而自東漢安帝時起，「武猛」之舉屢見不鮮。安帝建光元年（公元 121）詔三公、特進、侯、卿、校尉舉「武猛堪將帥者」，[註12]順帝永和三年（公元 138）令大將軍、三公、特進、卿、校尉從故刺史、二千石及現任令、長、郎、謁者、四府掾屬之中舉「剛毅武猛有謀謨任將帥者」，[註13]漢安元年（公元 142）詔大將軍、三公選「武猛試用有效驗任為將校者」，[註14]桓帝延熹九年（公元 166）詔三公、卿、校尉舉「武猛」，靈帝中平元年（公元 184）詔公卿從列將子孫及吏民之中舉「明戰陣之略者」。[註15]至於選舉的對象，無疑都是武官。此科通行於安、順時期，大概與「羌患」的升級有關。此科之設，無疑使「習兵壯勇」的涼州人士，得到更多的入選將帥的機會。東漢中後期的邊患則主要來自西北的羌人，西北諸郡處勢接近羌胡，民俗修習戰備，善於鞍馬騎射，因而東漢朝廷的「武猛堪將帥」之選，也應集中於西北邊陲尤其是涼、并二州。

《後漢書·段熲傳》載，「段熲字紀明，武威姑臧人也。其先出鄭共叔段，西域都護會宗之從曾孫也。熲少便習弓馬，尚遊俠，輕財賄，長乃折節好古學。初舉孝廉，為憲陵園丞、陽陵令，所在有能政」。桓帝時「太山、琅邪賊東郭竇、公孫舉等聚眾三萬人，破壞郡縣，譴兵討之」[註16]。「永壽二年，桓帝詔公卿選將有文武者，司徒尹頌薦熲，乃拜為中郎將。擊竇、舉等，大破斬之，獲首萬餘級，餘黨降散」[註17]。桓帝詔公卿選「將有文武」，其實偏

〔註11〕《後漢書》卷六十五《皇甫規列傳》，第 2129～2130 頁。
〔註12〕《後漢書》卷五《孝安帝紀》，第 234 頁。
〔註13〕《後漢書》卷六《孝順帝紀》，第 268 頁。
〔註14〕《後漢書》卷六《孝順帝紀》，第 272 頁。
〔註15〕《後漢書》卷八《孝靈帝紀》，第 348 頁。
〔註16〕《後漢書》卷六十五《段熲列傳》，第 2145 頁。
〔註17〕《後漢書》卷六十五《段熲列傳》，第 2146 頁。

重的是「武」，段熲得以入選中郎將，正是由於他「武猛任將帥」，不過，本傳緊接著又說，「延熹二年，遷護羌校尉」，段熲最終還是回到對羌作戰的前線。

東漢還有一個鎮壓羌亂的主將是張奐。張奐是敦煌淵泉人，父親是漢陽太守，本人「少游三輔，師事太尉朱寵，學《歐陽尚書》……後辟大將軍梁冀府……復舉賢良，對策第一，擢拜議郎」，完全是在關中和洛陽受教育並任職的。「永壽元年，遷安定屬國都尉……遷使匈奴中郎將。時休屠各及朔方烏桓並同反叛，燒度遼將軍門，引屯赤阬，煙火相望。兵眾大恐，各欲亡去。奐安坐帷中，與弟子講誦自若，軍士稍安。乃潛誘烏桓陰與和通，遂使斬屠各渠帥，襲破其眾。諸胡悉降。延熹元年，鮮卑寇邊，奐率南單于擊之，斬首數百級……」，〔註18〕也是兼資文武的人物。

總之，東漢中後期的戰爭形勢，促成選官制度的變化，選官制度的變化，又為涼州之士的興起準備了條件。〔註19〕

四、涼州官員的特點

涼州地處半農半牧地區，鞍馬射獵，民習戰事，素來尚武不修文。直到西漢結束，涼州的文化還相當落後，沒有出現有重大影響的人物。東漢期間，情況有了變化，涼州的文化進步尤其突出，在《後漢書》列傳的士人有16人，公卿有11人，涼州人著書也有16種。但分析這些人的經歷，可以發現一個明顯的特徵：絕大多數人實際上居住在內地，或者是在內地接受教育，舉例如下：

安定梁氏，自梁統以下世代多習經者，堪稱士族。但梁氏自漢武帝時已遷居茂陵，梁統本人在關中長大，東漢初又在朝廷任職。其子梁松「博通經書，明習故事，與諸儒修明堂、辟雍、郊祀、封禪禮儀，常與論議」。〔註20〕松子扈亦敦《詩》、《書》，一直在京任職。松弟竦也是「少習《孟氏易》，弱冠能教授」，〔註21〕頗多著述。梁氏家族的文化地位實際應屬洛陽，與安定關係不大。

後期的「涼州三明」之成為名人，與內地也有密切關係。皇甫規是安定朝那人，但祖父是度遼將軍，父親任扶風都尉，很可能有在關中受教育的機會。以後作為安定郡的上計掾，舉賢良方正，徵拜議郎，都有在洛陽的經歷。

〔註18〕《後漢書》卷六十五《張奐列傳》，第2138～2139頁。
〔註19〕陳勇《「涼州三明」論》，《中國史研究》1998年2期。
〔註20〕《後漢書》卷三十四《梁統列傳》，第1170頁。
〔註21〕《後漢書》卷三十四《梁統列傳》，第1170頁。

張奐的情況上面講的很明白，完全是在關中和洛陽受教育並任職的。段熲倒是生長在武威姑臧的，「長乃折節好古學」，看來他的向學是長大後的事，並且不久任職關中，當地的文化傳統對他當然不無影響。

　　總之，涼州地區的文化人物絕大多數還是直接間接由內地培養或受內地文化強烈影響的，完全在本地成長的很少，而且有全國性影響的人物都產生在東漢的中後期。

第十一章 東漢一朝并州的官員 情況分析

第一節 并州官員情況分析

從時間上分析，并州的官員集中在光武朝。

州	光武	明帝	章帝	和帝	殤帝	安帝	順帝	桓帝	靈帝	少帝	總計
并州	7	2	0	1	0	0	0	0	2	0	12

從空間上分析，并州的官員分布在上黨和太原兩郡。

並　州	上黨郡	5	1
	太原郡	8	0
	西河郡	0	0
	五原郡	0	0
	雲中郡	0	0
	雁門郡	0	0

第二節 原因分析

一、并州的經濟狀況

并州在西漢的經濟發展情況，用新莽末年馮衍的話總結就是「并州之地

東帶名關，北逼彊胡，年穀獨孰，人庶多資」。[註1] 至少可以說，大部分地區擺脫了貧困，農業豐收，人口眾多，多有資產。并州經濟發展的瓶頸問題是缺水，東漢政府重視開發利用并州的水利資源，曾於漢安帝元初二年（115）、三年連續下詔，指令上黨、太原等地修繕河渠水道，灌溉更多的農田。建武后期到和帝時，并州與其他地區一樣，處於人口增殖，經濟恢復之中，不過在明帝時、和帝初兩次大擊北匈奴，又相當地影響了它恢復的速度，因此和帝永元十三年的詔書中就講到「幽、并、涼州戶口率少，邊役眾劇」。[註2] 及安、順二帝，先後爆發了兩次羌人大起事，東漢王朝將上郡徙於三輔，用割倒青苗，燒毀房屋等辦法強迫這些地方的漢民遷移內地，以後桓靈時代，羌人其事仍延綿不絕，并州的經濟就一直處於殘破的情況。并州的衰落情況也可以由《後漢書・郡國志》所載其各郡的人口情況看到一個大概。將《漢書・地理志》中的人口與《郡國志》中順帝永和五年的人口相比（表格略），順帝永和五年是在羌人第一次大起事後，而第二次大起事還沒有開始的時候，并州西北的西河、五原、雲中、雁門人口減少除雁門較少外，其餘約在90%左右，較之涼州還要嚴重。東漢末崔寔為五原太守，那裡的居民冬天沒有衣服穿，還不會織布，藏在乾草堆裏取暖，其經濟衰困的情況可見一斑。至於南邊太原、上黨二郡，人口遠未達到西漢水平，河東減少了40%，太原減少了70%，除受到羌人第一次大起事波及以外，可能與豪強力量巨大，少報人戶口有關。

二、上黨的鮑永一族和太原的溫序一族

從空間上分析，并州的官員分布在上黨和太原兩郡。其中主要是上黨的鮑永一族和太原的溫序一族。

鮑永家族（上黨）	陳龜（上黨）
4人	1人

鮑永家族有4人，佔了上黨郡官員的4/5。

鮑宣：渤海高城人，好學明經，一代名儒。曾任司隸校尉，漢哀帝時徵召為諫議大夫，為人正直，言語實在，以直諫知名。後因故被流放到上黨長

〔註1〕《後漢書》卷二十八上《馮衍列傳》，第968頁。
〔註2〕《後漢書》卷四《和帝紀》，第189頁。

子，終為王莽所害，從此子孫在上黨扎根。東漢建武元年（25年），光武帝劉秀登基，大赦天下。劉秀為樹立一批忠於劉姓的典型，大力宣揚忠君觀念，出於這種政治需要，他特下詔褒揚鮑宣，並準蔭其子孫。

劉秀在任命鮑宣之子鮑永為司隸校尉時，還特意將鮑宣的名字在檄書上顯露出來，「欲令天下知忠臣之子復為司隸也」。〔註3〕意思是說，大漢的忠臣鮑宣，過去官職是司隸，他死了，就讓他的兒子來當司隸。後來，鮑宣的孫子鮑昱，也同樣被任命為司隸校尉。

漢樂府中就有一首詩是說鮑氏三代的。《樂府廣題》曰：「《列異傳》云：鮑宣，宣子永，永子昱，三世皆為司隸，而乘一驄馬，京師人歌之。詩云：『鮑氏驄，三人司隸再入公。馬雖瘦，行步工』」。〔註4〕這首歌謠式的詩是說，漢代鮑宣和其子鮑永、孫子鮑昱，三世都做過司隸官，都愛騎一匹「青白」色的瘦馬，而且為官清白正直。

鮑德：鮑昱子，南陽太守，時各地多荒旱，唯南陽豐收，時人稱之為「神父」，後徵拜大司農。至此，祖孫四代皆顯官。

溫序家族	郭太	王柔	王澤	劉茂	王烈	王霸
4人	1人	1人	1人	1人	1人	1人

溫序家族也是4人，佔了太原郡官員的1/2。

溫姓歷史名家在秦末漢初已開始見於史料之中。劉邦起義反秦過溫縣時，收將軍溫疥。在楚漢相爭時於氾水河畔，溫疥立下大功，奮勇率軍擊殺了司馬欣、曹咎等楚軍，任燕相為大將軍。後在燕地發現燕王造反陰謀，暗告漢王劉邦，又協劉邦平叛了燕王，因功又封栒頃侯，采邑於山西祁縣。其後代溫何世居祁縣，溫氏在山西繁衍起來。

「溫序字次房，太原祁人也。仕州從事。建武二年，騎都尉弓里戍將兵平定北州，到太原，歷訪英俊大人，問以策謀。戍見序奇之，上疏薦焉。於是徵為侍御史，遷武陵都尉，病免官。

六年，拜謁者，遷護羌校尉。序行部至襄武，為隗囂別將苟宇所拘劫。宇謂序曰：『子若與我並威同力，天下可圖也。』序曰：『受國重任，分當效死，義不貪生苟背恩德。』宇等復曉譬之。序素有氣力，大怒，叱宇等曰：『虜

〔註3〕《後漢書》卷二十九《鮑永列傳》，第1022頁。

〔註4〕《太平御覽》卷二百五十《職官部・司隸校尉》，第1182頁。

何敢迫脅漢將！』因以節檛殺數人。賊眾爭欲殺之。宇止之曰：『此義士死節，可賜以劍。』序受劍，銜鬚於口，顧左右曰：『既為賊所迫殺，無令鬚汙土。』遂伏劍而死。

序主簿韓遵、從事王忠持屍歸斂。光武聞而憐之，命忠送喪到洛陽，賜城傍為冢地，賻穀千斛、縑五百匹，除三子為郎中。長子壽，服竟為鄒平侯相。夢序告之曰：『久客思鄉里。』壽即棄官，上書乞骸骨歸葬。帝許之，乃反舊塋焉」。〔註 5〕

〔註 5〕《後漢書》卷八十一《溫序列傳》，第 2672～2673 頁。

第十二章　東漢一朝幽州的官員
情況分析

第一節　幽州官員情況分析

　　從時間上看，光武時期官吏人數相對多些，之後人數減少，後期又有所增加。

州	光武	明帝	章帝	和帝	殤帝	安帝	順帝	桓帝	靈帝	少帝	總計
幽州	4	1	1	0	0	1	2	2	5	0	15

　　從空間上看，幽州的官員為涿郡最多，另外漁陽、上谷、右北平、代郡和遼西也有分布。

幽　州	涿郡	8	1
	廣陽郡	0	0
	代郡	1	0
	上谷郡	2	0
	漁陽郡	3	0
	右北平	1	0
	遼西郡	1	0
	遼東郡	0	0
	樂浪郡	1	0

第二節　原因分析

一、幽州的經濟狀況

　　《漢書・地理志》說：「邯鄲北通燕、涿」，又說「薊，南通齊、趙，勃、碣之間一都會也」，〔註1〕薊、涿是當時的重要都市，在經濟上既和邯鄲有聯繫，又和東部的齊地有聯繫，農業、畜牧業、紡織業都有一定的發展，故而「燕之涿、薊，趙之邯鄲，富冠海內，皆為天下名都」，〔註2〕城市經濟位居全國前列。代郡地處桑乾河上游，和涿郡的經濟聯繫比較密切。由此而北，便是河北邊境到遼東的邊郡。漁陽、右北平、遼東三郡都設有鐵官。《漢書・地理志》說：「上谷至遼東、地廣民稀，數被胡寇，俗與趙、代相類，有魚鹽棗栗之饒。北隙烏丸、夫餘，東賈真番之利」〔註3〕，這五郡在北部的邊郡中同樣也屬於經濟較發展的地區。新莽末年，劉秀據有河內以後即向河北發展，正是為了增強經濟實力。圍攻邯鄲時，有賴於漁陽太守彭寵供應軍糧，「前後不絕」，又利用舊鹽鐵官，「轉以貿穀，積珍寶，益富彊」。〔註4〕建武初，漁陽太守張堪在狐奴（今北京順義東北）修建稻田8000餘頃，當地人民因此致殷富，歌頌道：「桑無附枝，麥穗兩歧。張君為政，樂不可支」。〔註5〕在原有的桑蠶業、麥子種植業良好基礎上，新增的大面積水稻為其帶來富裕。建武五年（29）郭伋繼任漁陽太守，對外抗禦匈奴，對外抗禦匈奴，對內強化治安，「民得安業」，「戶口增倍」。〔註6〕幽州是東漢的邊防重鎮，軍費開支浩大，經常需要從青、冀州調撥賦稅供給。黃巾起義時，卻由於動亂而斷絕，幽州只得自給自足，反而因此發展壯大起來。一方面「勸督農植」，一方面「開上谷胡市之利，通漁陽鹽鐵之饒」，促進了農業，搞活了商業和手工業，不久便「民悅年登，穀石三十」。〔註7〕除解決本地財政經濟之外，居然還能吸納外地100餘萬流民，並且為其安立生業，說明幽州經濟獲得了大發展。

〔註1〕《漢書》卷二十八《地理志》，第1657頁。
〔註2〕《太平御覽》卷四百七十二《人事部・富下》，第2166頁。
〔註3〕《漢書》卷二十八《地理志》，第1657頁。
〔註4〕《後漢書》卷十二《彭寵列傳》，第503頁。
〔註5〕《後漢書》卷三十一《張堪列傳》，第1100頁。
〔註6〕《後漢書》卷三十一《郭伋列傳》，第1091～1092頁。
〔註7〕《後漢書》卷七十三《劉虞列傳》，第2354頁。

二、光武時期的官員

光武時期的四個官員全部都是以軍功出仕，他們是漁陽王梁、蓋延，上谷寇恂和右北平郭涼，光武經略河北時，投身軍旅，以軍功為公卿，王梁居二十八功臣之列而被畫於雲臺。

「王梁字君嚴，漁陽要陽人也。為郡吏，太守彭寵以梁守狐奴令，與蓋延、吳漢俱將兵南及世祖於廣阿，拜偏將軍。既拔邯鄲，賜爵關內侯。從平河北，拜野王令，與河內太守寇恂南拒洛陽，北守天井關，朱鮪等不敢出兵，世祖以來梁功。及即位，議選大司空，而《赤伏符》曰「王梁主衛作玄武」，帝以野王衛之所徙，玄武水神之名，司空水土之官也，於是擢拜梁為大司空，封武強侯」。〔註8〕

「寇恂字子翼，上谷昌平人也，世為著姓。恂初為郡功曹，太守耿況甚重之……遂與況子弇等俱南及光武於廣阿。拜恂為偏將軍，號承義侯，從破群賊……建武二年，恂坐繫考上書者免。是時潁川人嚴終、趙敦聚眾萬餘，與密人賈期連兵為寇。恂免數月，復拜潁川太守，與破姦將軍侯進俱擊之。數月，斬期首，郡中悉平定。封恂雍奴侯，邑萬戶」。〔註9〕

「蓋延字巨卿，漁陽要陽人也。身長八尺，彎弓三百斤。邊俗尚勇力，而延以氣聞，歷郡列掾、州從事，所在職辦。彭寵為太守，召延署營尉，行護軍。及王郎起，延與吳漢同謀歸光武。延至廣阿，拜偏將軍，號建功侯，從平河北。光武即位，以延為虎牙將軍。建武二年，更封安平侯。遣南擊敖倉，轉攻酸棗、封丘，皆拔」。〔註10〕

「（郭）涼字公文，右北平人也。身長八尺，氣力壯猛，雖武將，然通經書，多智略，尤曉邊事，有名北方。初，幽州牧朱浮辟為兵曹掾，擊彭寵有功，封廣武侯」。〔註11〕

三、涿郡的官員

東漢中期，這裡因為經濟文化落後，產生的官吏有所減少。東漢後期，官吏有所增加，順帝、桓帝、靈帝時期的 9 個官吏中，涿郡人佔了 7 位。

〔註 8〕《後漢書》卷二十二《王梁列傳》，第 774 頁。
〔註 9〕《後漢書》卷十六《寇恂列傳》，第 620～623 頁。
〔註 10〕《後漢書》卷十八《蓋延列傳》，第 686 頁。
〔註 11〕《後漢書》卷二十二《杜茂列傳》，第 777 頁。

崔瑗一族	盧植	孫程
5	1	1

以崔篆、崔駰、崔瑗、崔琦、崔寔為代表的崔氏家族，是東漢文壇上較為著名的一個經學和文學家族，它歷經整個東漢王朝，東漢後該家族仍出了不少經學家和文學家。崔駰、崔瑗、崔琦、崔寔的散文涉及銘、箴、書、記、表、碑、誌、歎詞、移社文、悔祈文、論、答，祠、義等十幾種文體，創作之豐與文學才能可見一斑。他們本著「學以致用」的原則，用文字表達著他們對時政的溫和規戒和勸諫、對社會的關注和批判。

《後漢書・崔駰傳》「論曰：崔氏世有美才，兼以沉淪典籍，遂為儒家文林。駰、瑗雖先盡心於貴戚，而能終之以居正，則其歸旨異夫進趣者乎！李固，高潔之士也，與瑗鄰郡，奉贄以結好。由此知杜喬之劾，殆其過矣。寔之《政論》，言當世理亂，雖祐錯之徒不能過也。

贊：崔為文宗，世禪雕龍。建新恥潔，摧志求容。永矣長岑，於遼之陰。不有直道，曷取泥沈。瑗不言祿，亦離冤辱。子真持論，感起昏俗」。

盧植是海內大儒，「涿郡涿人也。身長八尺二寸，音聲如鍾。少與鄭玄俱事馬融，能通古今學，好研精而不守章句。融外戚豪家，多列女倡歌舞於前。植侍講積年，未嘗轉眄，融以是敬之。學終辭歸，闔門教授。性剛毅有大節，常懷濟世志，不好辭賦，能飲酒一石……建安中，曹操北討柳城，過涿郡，告守令曰：「故北中郎將盧植，名著海內，學為儒宗，士之楷模，國之楨幹也。昔武王入殷，封商容之閭；鄭喪子產，仲尼隕涕。孤到此州，嘉其餘風。《春秋》之義，賢者之後，宜有殊禮。亟遣丞掾除其墳墓，存其子孫，並致薄醊，以彰厥德」。〔註12〕

孫程，字稚卿，涿郡新城人也。安帝時，為中黃門，給事長樂宮。從安帝末到順帝立的短短六年中（121～126），發生了三次大的統治階級內部的鬥爭，第三次是帝位之爭。延光四年，安帝死，閻太后臨朝，為打擊閻氏專權的局面，以中黃門孫程為首等十九人和官僚李固等謀立濟陰王為帝。宦官集團首先發動，順帝即位後，即封孫程等十九人為侯。

〔註12〕《後漢書》卷六十四《盧植列傳》，第2113～2119頁。

附論 東漢一朝交州的官員情況分析

一、交州官員情況分析

無論從時間上還是空間上來看，交州都沒有官員的記錄。

州	光武	明帝	章帝	和帝	殤帝	安帝	順帝	桓帝	靈帝	少帝	總計
交州	0	0	0	0	0	0	0	0	0	0	0

交　州	南海郡	0	0
	蒼梧郡	0	1

二、交州的經濟文化狀況

東漢時，交州的社會經濟有所發展，人口較西漢有了不同程度的增長。《後漢書・郡國志》所載永和五年交州七郡和《漢書・地理志》所載同郡的人數相比較，有了一定的增長。

郡　名	西漢人數	東漢人數	增加情況
南海	9 萬	25 萬	增長 16 萬，約 1.8 倍
蒼梧	14 萬	46 萬	增長 22 萬，約 1.6 倍

東漢時，雖然交州沒有官員的歷史記錄，但是交州的文化有了明顯的發展。地方文化也開始有了比較明顯的發展。一批有文化的地方官，廣泛推行封建教化。除了推廣牛耕，蠶絲等生產技術外，文化上禁止淫祀，制定婚喪嫁娶的制度禮儀。興辦學校，推廣教育，發展地方文化。東漢時，也出現了不少學者儒生。

陳元，蒼梧廣信人。父子二人，在兩漢之交同為著名學者。其父陳欽治《左氏春秋》，別自名家曰「陳氏春秋」，陳元「少傳父業，為之訓詁」，建武時「與桓譚、杜林、鄭興俱為學者所宗」。〔註 13〕

南海陳臨「學覽經典」，徐徵「通書傳，尤明律令」，黃豪「年十六，能通《論語》、《毛詩》」。〔註 14〕

〔註 13〕歐大任撰、劉漢東校注《百越先賢志校注》卷二《陳元》，廣西人民出版社，1992 年版，第 35 頁。

〔註 14〕《百越先賢志校注》卷二《陳臨》，第 55 頁；卷三《徐徵》，第 64 頁；卷四《黃豪》，第 89～90 頁。

第十三章　東漢官僚地域分布探析

第一節　東漢官僚地域分布特點

　　以上是按照東漢的十三州進行的分析，總的來說，東漢人物主要集中於關中，中原和齊魯地區，南方官僚人數相較於西漢有了較大提升。我們要看到的是，東漢不是獨立的存在，是前朝歷史的延續，在人才分布上必然受到歷史傳統的影響，因此，還需要用更開闊的眼光來看待官僚分布的情況。古代的地域觀念有幾種說法，比較重要的有山東山西（即關東關西）之分，狹義的山東是指太行山、函谷關以東、淮河以北的區域，主要為冀州、豫州、兗州、青州、徐州，山西指太行山、函谷關以西、秦嶺以北的區域，有河東、上黨、弘農、三輔、西河、隴西、安定、北地、上郡與天水等郡。

　　西漢的山東是全國精華所在，大都市、人口、人才集中於此，山西因為是都城所在，屬於政治性的開發，無法與山東相比。西漢末，因為長安在王莽末期，更始軍隊及赤眉數十萬眾進入關中互相攻伐，遭到嚴重性都破壞，光武的功臣多為山東特別是南陽的人士，因此選擇定都洛陽。傅樂成先生曾論述其發展及影響：「東漢皇室尊崇儒術，以文治國，山東的經學，在西漢時已盛，到東漢而益盛……山西在人文上既居劣勢，而政府又加以輕視，因此山東儒學特別發達，山西無法抗衡。山西地區的有志之士，唯有以軍功自奮……東漢的傑出軍人，仍以山東軍人占絕大多數。光武起兵時，相從的武將，率皆山東之士，但才具特出者不多……光武以後，山東軍人大半凋謝，山西軍人乃代之而興。明、章、和三代的武功，泰半由他們建立。明帝時，竇

固伐北匈奴於天山……班超出使西域……和帝時，竇憲西伐北匈奴……東漢後期的山西，軍事人才益盛，諸如皇甫規、張奐、段熲、皇甫嵩等，均是傑出的將才」。〔註1〕

東漢一朝，山東大族對政權對控制力很強，與西漢初期的豐、沛功臣不同，他們多數是知識分子，有的在太學讀書，有的是光武同學，如鄧禹、寇恂、馮異、賈復、王霸、耿純、景丹、劉隆等。而且光武特別喜歡用家鄉南陽人，不僅光武朝南陽人任職者多，而且終東漢一朝南陽的官員都是首屈一指的。官員升遷的因素有很多，地理因素或者說空間因素是其中經常發揮作用的一項。與皇帝距離越近越容易獲得皇帝的青睞，根深蒂固的鄉土觀念，類似的生活習慣使得從感情上有一種天然的親切感。

軍事將領在光武朝以後，山西軍人逐漸興起登上歷史舞臺，這與東漢對北匈奴及西北邊郡的戰爭政策有關。明帝以後開始對北匈奴用兵，扶風人耿秉、班超、耿夔立下汗馬功勞。羌亂是東漢一朝最大的邊患，山東與山西人士對西羌政策有著明顯的分歧。主張對西北邊郡採取消極政策的，以山東人士為主，如鄧騭（南陽人）、龐參（河南緱氏）、樊準（南陽武陽）、崔烈（涿郡安平）都是山東人。主張採取積極政策，提出各種舉措如廣設屯田、積極富邊，或堅決反對放棄涼州的，除虞詡是關東陳國武平人，其他如班彪（扶風）、馬援（扶風）、王符（安定臨涇）、馬融（扶風）、傅燮（北地靈州）、皇甫規（安定朝那）都是山西人。東漢後期平定羌亂、戰功卓著者如皇甫規、段熲（武威姑臧）、張奐（敦煌淵泉）、蓋勳（敦煌廣至）、傅燮，也全都是山西人士。這樣的情況不得不說是有著各自不同立場和利益因素的。

自春秋戰國以來，齊魯就是學術的中心，流風所及，山東的文化遠遠高於山西，學術人才的分布也大部分在山東。漢建都長安，漢武以後又設置太學，漸次亦成學術中心之一。西漢全國丞相45人，山東區域多達31人，山西區域7人，北方邊郡1人，籍貫不詳者6人。〔註2〕東漢時期，關東地區作為全國人文中心的地位並沒有改變，仍然是學者、士大夫較為集中的地區，只是文化區域格局和人才中心略有遷移，主要表現為齊魯故地人文教育的衰落和中州地區儒學的發展和繁榮，所謂「中州」，就是以洛陽為中心，以兗州、

〔註1〕傅樂成《漢代的山東與山西》，收入《漢唐史論集》，聯經出版事業公司，1977年版。

〔註2〕金發根《中國中古地域觀念之轉變》，蘭臺出版社，2014年版，第74頁。

豫州等地區為主體的中原地區。實際上，南陽也是中州或廣義中原的一部分。

　　山西地區氣候乾旱少雨，迫近戎狄，尚武勇敢之風自古有之，子弟最好的出路就是以軍功起家出仕，「關西出將」與他們的價值追求及家風傳統有關，山西的軍事人才多是世代的將家。當然，西漢武帝尊崇儒學，東漢一朝大興儒學，通經即可入仕，使得這種狀況一定程度上得到了改變。比如弘農楊氏被稱為「關西孔子」，「受《歐陽尚書》於太常桓郁，明經博覽，無不窮究」。〔註3〕耿氏家族滿門名將，為東漢建立、保衛西北邊境做出了傑出的貢獻，但也不乏明經者，耿況「以明經為郎」，其子耿弇「少好學、習父業」。馬氏家族中的馬援為東漢立下赫赫戰功，他的侄子馬嚴「從平原楊太伯講學，專心墳典，能通《春秋左氏》，因覽百家群言」，馬嚴之子馬融更是著名的經學大師。可見，關西人士也逐漸注重文化素質的培養，很多武將世家開始向士家大族化方向發展。

　　從西漢到東漢，各州官員人數都有一定程度增加，西漢時期分布較少的州如益州、揚州、荊州、涼州、幽州等這些邊緣地區的州，到了東漢時期也有一定程度的增加。尤其是益州、荊州、揚州這些長江以南的南方各州，官員數量增加明顯，甚至有的州超過了具有人才優勢的北方中原地區的一些州。研究表明，至遲在東漢前期中國氣候發生了重大變化，史書中有關西漢氣候的記載多為「南方卑濕」、「江南卑濕」，南方溫度太高，北方人不願意居住在南方。到東漢這種記載減少了許多，隨著氣候的變冷，南方溫度降低，適宜農業發展，南方的州郡長官們重視發展本地農業，北方氣候太冷反而有些不適應了。加之自然災害、戰亂和少數民族的侵襲，遷往南方的北方人不在少數，因此，到了東漢，人物分布區域有向南發展的趨勢。不過，這種轉變是比較漫長的。不過，西南、西北、吳楚越南部出現的官員較少甚至沒有，是由於處在遠離傳統政治文化的邊緣地帶，受到交通、地理等因素的制約，接受傳統文化的同化本來就十分困難，再加上邊郡「習俗頗殊」，處於邊緣少數民族文化的影響之下，所以就傳統文化而言，西南、西北、吳楚越南部相當落後，與傳統文化發達地區缺乏認同，官員很少也是可以理解的。

　　總之，終東漢一朝，官員籍貫的分布呈現出的區域特點與經濟發展成呼應狀態。全國經濟以處在黃河流域的關中、中原和齊魯三個地區最為發達，這些地區的人才也是最為集中的。

〔註3〕《後漢書》卷五十四《楊震列傳》，第1759頁。

第二節　東漢官僚地域分布影響因素

　　丁文江發表《中國歷史人物與地理的關係》〔註4〕一文，文章對二十四史中闢有列傳的 5769 個歷史人物的地理分布進行了研究，指出都城所在、皇室籍貫、經濟發展、「生存優勢」變遷、殖民與避亂是造成各地歷史人物興衰變化的原因。每一個地區產生人數多少，往往是由兩種或兩種以上的因素決定的，同時還是諸種因素作用的結果。一般來說，經濟發展水平和地理環境是起主導作用的因素，從根本上制約著其他因素的形成和發揮作用的程度。在特殊的歷史條件下，諸如自然災害、權臣的出現對個別地區也發揮著十分重要的作用。同時也看到，文化底蘊具有很強的慣性力量。關於東漢官僚地域分布因素，試選取較為重要者分析如下：

一、經濟與地理的影響

　　經濟的發展是人才成長的基礎，經濟發達地區，不僅物質條件優越，而且社會環境相對穩定，對人才的出現和成長提供了良好的條件。關中、中原和齊魯的農業，繼承了西漢，並改良農具、修建溝渠，在深度上有所拓展。其他地區的農業或是在廣度上有所發展，更加偏遠地區甚至剛剛起步，引進中原先進的生產方式。宏觀地看，東漢官僚地域分布情況是全國各區域經濟發展狀況的一個表徵，中原發達的州郡由於經濟的發達，政治上佔有明顯的優勢，所以人才分布自然較多，而一些原本欠發達的地區，經過積極的開發，經濟發展起來，隨之人才的數量也增加起來。

　　地理環境是影響人類歷史發展的重要因素，優越的地理環境給經濟、文化的發展造就了天然的便利條件。尤其在科學技術不發達的古代社會，交通費用、路程遠近、消息靈通等都是產生影響的因素。東漢遊學之風盛行，李固貴為三公子弟，「常步行尋師，不遠千里」，〔註5〕方便的交通條件成了尋訪名師的重要憑藉。地理位置在一定程度上影響了學子求學目的地的遠近和難易程度，影響了各地區人才出現的多寡。

　　東漢時，首都附近的士人顯然有更多參與政治的機會，成本也更小。中原地區具有最佳的地理位置和交通條件，多平原，交通暢便。不僅是太學所在地，更是毗鄰的齊魯之地名師高士求官的目的地，文人學士求學可以左右

〔註4〕丁文江《中國歷史人物與地理的關係》，《科學》第 8 卷第 1 期，1923 年。
〔註5〕《後漢書》卷六十三《李固列傳》，第 2073 頁。

逢源，尋覓到當時最好的老師，因而東漢時該區域官員在數量和密度上都處於領先位置。關中地區作為秦和西漢都城，雖經過兩漢之際的戰亂，良好的人文基礎，輻射全國各地的水陸交通網，還是為東漢官員繁盛提供了優越的環境。隨著政治中心和文化中心的東移，再加上儒學發祥地的優勢，齊魯地區官員仍舊保持了次密集分布區的地位。幽冀地區南部毗鄰中原和齊魯，人物阜盛，北部不論地理位置還是交通條件均不能與南部相匹敵，官員出現較少。荊揚地區則是北部條件較為優越，越往南人物分布越少。益州地區有優越的地理位置，處於盆地之中，物產富饒，但巫山江峽險阻，文化發展較晚。並涼地區只有靠近關中的部分地理位置和交通較好，其餘多為戎狄等少數民族和中原征戰之地，不利於官員的出現。西南地區距經濟文化中心較遠，交通不暢，官員數量更少。

二、政治的影響

光武帝是南陽人，南陽作為帝鄉，有著天然的政治優勢。追隨光武帝南征北戰，創立帝業的多是南陽人。他在位期間，南陽的官員人數大大超過其他郡國。此外，山西的三輔人士是構成劉秀集團的重要力量，耿弇、方脩、馬援及景丹等，都參與了東漢統一戰爭。劉秀建國所依賴的階級基礎之一，就是以耿弇、竇融、馬援為代表的集團，其大多數出身豪富之家，有著世宦之家的宗族背景，這些權臣對於區域官員產出的帶動也是不容忽視的。扶風耿氏「自中興以後迄建安之末，大將軍二人，將軍九人，卿十三人，尚公主三人，列侯十九人，中郎將、護羌校尉及刺史、二千石數十百人，遂與漢興衰云」，與竇氏和馬氏家族佔據了司隸扶風郡官僚人數的半數之多，對東漢官員地域分布產生了較大影響。

東漢初期，政治較為清明，官員的選任受到重視，因此，任此職者多為能力突出、政績良好者。東漢中期以後，外戚與宦官相繼專權，為了一己之私，操控官員的選任，選拔親近自己的人來擔任其職，導致了選任的畸形化。對東漢政局產生重要影響的外戚是扶風馬氏和竇氏、南陽賈氏、鄧氏和陰氏，安定梁氏。外戚籍貫的影響還會延及妻族、母族等，如順帝時，梁冀兄弟權重於主，「諸梁姻族冠冕盈朝」，〔註6〕梁冀的妻子孫壽一族就有 10 多人為侍中、中郎、校尉、太守等。對於偏居西北的安定郡，出產官員如此之多，其為

梁氏籍貫地無疑具有決定性作用。

　　戰爭因素對官員地域分布發生影響比較大的地區是並涼地區、幽冀地區北部和關中地區。東漢放棄了西域後，對西本經營的力度和強度均不如西漢，從安帝永初年間開始三次羌族大起義，西北人口大量減少。據《後漢書・地理志》的記載，順帝永和五年（140年），第二次羌族大起義才開始，涼州人口總數就僅剩下西漢後期的 27.6%。東漢後期，中央政府的統治事實上已經形同虛設。而關中毗鄰西北，戰火也多次波及這裡，導致「關中膏腴之地，頃遭荒亂，人民流入荊州者十萬餘家」〔註7〕，與西漢的繁華相比，東漢時關中已十分蕭條，不過因為繼承了西漢文化繁榮的影響，官員仍然出現較多。幽冀地區北部與鮮卑和烏桓相連，政府貧弱的情況下，該地區屢戰屢亂。戰爭對官員地域分布的影響，在戰場所在地表現得最為突出。一方面是官員數量比例大幅度下降，一方面使得富有軍事才能的人有了用武之地，因軍功升遷的機會大大增加，如上文所述，山西以軍功起家的官員迅猛增加。

三、世家大族的影響

　　據學者統計，在東漢進入官場的士人中，祖輩有仕宦資歷者幾乎達到了一半，與出身普通家庭的士人相差不多，可見家世背景作為重要的先賦條件，很大程度影響了官員向官場的流動。〔註8〕

　　從西漢起，中央政府為防止官吏在地方上形成朋黨勢力，開始採取任官迴避本籍的制度。東漢時，又出臺了「三互法」，指婚姻之家及兩州人不得交互為官。於是，地方守相一律由朝廷外派，而曹掾屬吏由守相自辟，基本上從本郡人士中選拔。問題在於，外派的長官在當地既無社會基礎，又不熟悉一方人情，因此他們到任之後，在大多數情況下，都要依靠、利用當地的豪族勢力。在徵辟掾屬時，豪族大姓及其子弟自然是優先考慮的對象。如董宣出任北海相後，「以大姓公孫丹為五官掾」。〔註9〕《隸釋》卷1《成陽靈臺碑》所記載的濟陰成陽仲氏宗族成員任吏職者有30人之多，其中縣以下地方官吏27人，呂長1人，五官掾1人，從事1人，督郵4人，主吏20人。從仲氏宗族成員出任地方官吏的數量看，仲氏宗族曾長期把持著當地政權。又如《隸

〔註7〕《三國志》卷二十一《衛覬傳》，第610頁。
〔註8〕馬德青《漢代士人社會流動研究》，山東大學博士學位論文，2018年，第49頁。
〔註9〕《後漢書》卷七十七《董宣列傳》，第2489頁。

釋》卷 5《酸棗令劉熊碑》中所載李、蘇、王、仇、顏、楊、尹、左、馬、張等家族中都曾出現過多位郡縣官吏掾屬，有的家族有大小官吏掾屬 15 人，少者也有 3 人，他們幾乎佔據了酸棗縣所有掾屬的位置。其他一些碑文記載也反映了同樣的情況。〔註 10〕儘管東漢以來，在郡縣掾屬的人選上也不乏「單家」及貧寒之士，但豪姓大族在數量上無疑占絕對優勢。

擔任郡縣屬吏可以說是地方豪族官僚化的一個起點，而從郡縣掾屬向中央官僚的升遷過程中，一般由郡太守舉孝廉，經郎官而後逐漸晉升。察舉制度講求「以德舉人」，並非簡單考察個人的人格德性，更要根據鄉黨聲望，但由於地方政權實際上已被豪族勢力所把持，因此，鄉黨輿論也自然為其所控制，閥閱功勞、門第族望就成了選舉的主要依據。因此，中下層官員的選拔，豪族大姓無疑具有優勢。

公府辟召是繼孝廉察舉之後豪族大姓子弟進一步升遷的重要途徑。徐天麟《東漢會要》卷 27 云：「公府有辟命，自西京則然矣。然東漢之世，公卿尤以辟士為高。卓茂習《詩》、《禮》為通儒，而辟丞相府史；蔡邕少博學，好辭章，而辟司徒橋玄府；周舉博學洽聞為儒士宗，而辟李膺府。又有五府俱辟如黃瓊者，四府並命如陳紀者。往往名功臣卿，以能致賢才為高，而英才俊士，以得所依秉為重」，〔註 11〕公府辟召的屬吏多從郡掾中選拔，而由公府歲舉或皇帝下詔特舉的官員則多從公府掾屬中選出，通過公府辟召也可以獲得比孝廉察舉更快的升遷機會，被眾多公卿子弟或豪族大姓視為通往利祿之途的捷徑，競相請託、舉薦，進入的人選一般都有特殊社會背景，貧寒之士很難躋身其間。

由此，地主階級經戰國、秦漢，發展到東漢進入了一個新的階段，出現了累世貴盛的世家地主，試舉地方著姓有：河東馬氏、南陽樊氏、涿郡崔氏、弘農楊氏、汝南袁氏。潁川韓棱，上黨陳龜，山陽王功、洛陽種暠等等。有些家世淵源早的可追溯到戰國，比如京兆杜陵廉范，是戰國趙將廉頗之後。廉范是明帝時人，上距廉頗有三百年之久。「漢興，以廉氏豪宗，自苦陘徙焉……范世在邊，廣田地，積財粟，悉以賑宗族朋友」。〔註 12〕東漢名臣馬援也是戰國趙將趙奢之後代。涿郡崔駰，高祖父崔朝西漢昭帝時為侍御史，

〔註10〕崔向東《漢代豪族研究》，崇文書局，2003 年版，第 244 頁。
〔註11〕徐天麟《東漢會要》卷二十七「選舉下」，上海古籍出版社，1978 年，第 404 頁。
〔註12〕《後漢書》卷三十一《廉范列傳》，第 1101、1104 頁。

朝子舒，歷任四郡太守。舒子發，為王莽時大司空。發是駰的伯祖父。駰的
兒子瑗，是東漢思想家崔寔的父親，官至濟北相，可謂是二千石世家。自漢
武帝「罷黜百家、獨尊儒術」以後，「自此以來，公卿大夫士吏，彬彬多文
學之士」，儒學成了知識分子的利祿之途，「公卿各舉明經及舊儒子孫，進其
爵位，使纘其業」，〔註13〕崇尚儒學，讚揚讀經，是地主階級知識分子進入
仕途的階梯。此外，這些世家大族在政治上還享有特權，二千石以上的官員
子弟有任子令可進入仕途，子弟以父兄任郎、以祖父任郎、以外戚宗家任郎
等。這就形成了大大小小的血緣、地緣官僚集團，是世家地主能世代為官的
重要原因，也造成了中高級官員籍貫分布極不平衡。

〔註13〕《後漢書》卷三十二《樊準列傳》，第 1126 頁。

第十四章　東漢官僚籍貫分布
對政治社會的影響

　　官僚籍貫分布對於政治社會有很多方面的影響，如：統治集團內部關係、區域關係、文化傳播等都有影響。本文就官員與地方治理、社會矛盾的激化與農民起義、軍閥割據等問題，探討東漢官僚籍貫分布的影響。

第一節　官員與地方治理

　　從積極的方面來看，東漢官員具有濟世治國的人生理想。他們在道德上、官場中嚴於律己，給社會樹立了優秀的榜樣，造就了良好的社會風氣。尤其是循吏群體，進行禮儀道德教化、發展地方經濟、提倡教育、整頓社會風俗，實行「以教為治」的治理方式。

　　扶風張湛「矜嚴好禮，動止有則，居處幽室，必自修整，雖遇妻子，若嚴君焉。及在鄉黨，詳言正色，三輔以為儀表」，〔註1〕躬身施禮，為民之表率。東漢明、章二帝時期，黃河經常泛濫，對沿岸百姓的生活造成了很大影響，「遣景與王吳修渠築堤，自榮陽東至千乘海口千餘里……無復遺漏之惠」，後王景出任廬江太守，面對當地生產工具和技術落後的情況，「景乃驅率吏民，修起蕪廢，教用犁耕，由是墾闢倍多，境內豐給」。〔註2〕彭城劉平為全椒長，讓掾吏五日一來治所，其餘時間各就農桑，以此「官閒事簡，民人懷感，盜賊

<hr>

〔註1〕《後漢書》卷二十七《張湛列傳》，第928頁。
〔註2〕《後漢書》卷七十六《王景列傳》，第2466頁。

屏息，資賦增益，為諸邑最」。上級官員巡行檢查境內犯罪審判情況，全椒「無囚徒，民各自以得職，不知所問」。〔註3〕穎川太守黃霸為政寬和，將儒家「以教為治」的思想運用到地方治理中，「力行教化而後誅罰」。治穎川八年「百姓鄉化，孝子弟弟貞婦順孫日以眾多，田者讓畔，道不拾遺，養視鰥寡，贍助貧窮，獄或八年亡重罪囚」。〔註4〕

　　循吏自身受儒家思想影響較深，他們對百姓進行教化內容主要是儒家所倡導的：仁義禮智信、忠孝廉恥勇。主要措施有：

　　1. 創立學校。光武帝時期任延出任武威太守，「造立校官，自掾史子孫，皆令詣學受業」；〔註5〕建武六年（公元30年），李忠任丹陽太守，「以丹陽越俗不好學，嫁娶禮儀，衰於中國，乃為起學校，習禮容，春秋鄉飲，選用明經，郡中向慕之，墾田增多，三歲間流民占著者五萬餘口。十四年，三公奏課為天下第一」；〔註6〕陳留仇香四十歲始為縣吏，察選為蒲亭長，任職期間他勸農桑、合婚嫁。「農事既畢，乃令子弟群居，就鬠學」，對少年兒童及百姓進行教育，提高文化素質，和睦鄰里關係。他還令宗人贍助同族貧窮孤寡者。結果鄉里大化，任滿一月「里無盜賊」。〔註7〕

　　2. 移風易俗。建武末，會稽太守第五倫針對該地「多淫祀，好卜筮」的惡俗，嚴厲糾察巫祝利用鬼神愚弄百姓的事件，後會稽風俗為之一變。江南有些地區的少數民族，禮儀法度在百姓的日常生活中，還沒有得到廣泛的普及，「不識父子之性，夫婦之道」。任延以太守的身份下文書通告，要求男子年齡在二十到五十之間，女子在十五到四十之間，都按照年齡大小婚配。許荊為桂陽太守時，「郡濱南州，風俗脆薄，不識學義。荊為設喪紀婚姻制度，使知禮禁」，〔註8〕以儒家禮法化邊地蠻夷之風。

　　這些官員很多踐行孔孟之道，但又懂得適時通變，治理手段以教化為主、刑罰為輔，推崇德治。治理地區戶口增加，田地開墾，社會關係和諧，民風淳樸，百姓安居樂業，對東漢的統治做出了重要貢獻。

〔註3〕《後漢紀校注》卷九《明帝紀上》，第254頁。
〔註4〕《漢書》卷八十九《黃霸傳》，第3631頁。
〔註5〕《後漢書》卷七十六《任延傳》，第2463頁。
〔註6〕《後漢書》卷二十一《李忠列傳》，第756頁。
〔註7〕《後漢紀校注》卷二十三《靈帝紀上》，第653頁。
〔註8〕《後漢書》卷七十六《許荊列傳》，第2472頁。

第二節　社會矛盾的激化與農民起義

　　消極方面來看，部分官吏是以負面形象出現在文獻之中的。會稽孟嘗任合浦太守以前，諸太守多貪污之行，採求珠寶，導致當地百姓用珠寶交換交趾糧食貿易途徑中斷，「人物無資，貧者餓死於道」。〔註9〕左雄提到，順帝時仕宦風氣是「下肆其詐，上肆其殘」、「廉者取足，貪者充家」。〔註10〕桓帝時「牧守長吏，上下交競，封豕長蛇，蠶食天下」。〔註11〕到益州西部做官的人，聚斂金銀財寶，「皆富及世」。〔註12〕文獻記載中，官員們在任職地為非作歹、聚斂錢財的事蹟不在少數。

　　官吏們聚斂得財產後，小部分被揮霍，大部分則車輦歸鄉，建置房舍，購買土地。王充曾指責文吏徇私舞弊，田宅併兼。皇親國戚、高官們分布的地區土地兼併的現象尤其嚴重。建武十五年（40年），光武帝詔天下諸郡檢查土地開墾數和戶口數，陳留吏牘上有「穎川、弘農可問，河南、南陽不可問」，光武帝問東海公劉莊，答說「河南帝城，多近臣，南陽帝鄉，多近親，田宅踰制，不可為準」。〔註13〕桓帝時王暢為南陽太守，立志糾發豪黨，而「前後二千石逼懼帝鄉貴戚，多不稱職」，〔註14〕可見地方官員對於權貴的違禁犯法大多不敢過問。

　　在官吏籍貫密集分布的地區，官吏子弟、親屬、賓客及致仕官吏在其家鄉橫行不法，侵漁百姓，也是一個嚴重的社會問題。東漢建立之初，便有官吏子弟為害鄉里的事情，「（建武年間）將兵長史田紺，郡之大姓，其子弟賓客為人暴害」。〔註15〕「頃者貴戚椒房之家，數因恩勢，干犯吏禁，殺人不死，傷人不論。」〔註16〕。東漢世家大族是政府高官的主要來源，史書記載，琅邪大姓李子春「豪猾并兼，為人所患」，〔註17〕京兆「多彊豪，姦暴不禁」，〔註18〕下邳

〔註 9〕　《後漢書》卷七十六《孟嘗列傳》，第 2473 頁。
〔註10〕　《後漢書》卷六十一《左雄列傳》，第 2017 頁。
〔註11〕　《後漢書》卷五十七《劉陶列傳》，第 1843 頁。
〔註12〕　《華陽國志》卷三《蜀志》。
〔註13〕　《後漢書》卷二十二《劉隆列傳》，第 781 頁。
〔註14〕　《後漢書》卷五十六《王暢列傳》，第 1823 頁。
〔註15〕　《後漢書》卷七十六《任延列傳》，第 2463 頁。
〔註16〕　《後漢書》卷二十六《蔡茂列傳》，第 907 頁。
〔註17〕　《後漢書》卷二十六《趙憙列傳》，第 913 頁。
〔註18〕　《後漢書》卷二十九《郅惲列傳》，第 1033 頁。

戴閏「權動郡內」，〔註19〕河間「多豪右，共為不軌」。〔註20〕中期以後，這種現象更嚴重，尤以外戚、宦官兩大集團在鄉里危害最大。和帝時，竇氏專權，威震海內，「州郡望風，天下騷動，競侵陵小民，掠奪財物，攻亭毆吏，略人婦女，暴虐日甚，百姓苦之」，〔註21〕外戚胡作非為大大損害了政府的公信力。宦官掌權之後，肆弄權柄，為害家鄉百姓。宦官山陽侯覽，奔母喪還家，大起墳塋，郡人張儉為東部督郵，奏劾侯覽「貪侈奢縱，前後請奪人宅三百八十一所，田百一十八頃。起立第宅十有六區，皆有高樓池苑，堂閣相望，飾以綺畫丹漆之屬，制度重深，僭類宮省。又豫作壽冢，石椁雙闕，高廡百尺，破人居室，發掘墳墓。虜奪良人，妻略婦子」。〔註22〕南陽曹節把持選舉，「素所親厚布在州郡，或登九列，或據三司」，「辟召選舉，釋賢取愚」，〔註23〕宦官子弟賓客「虐遍天下，民不堪命，起為寇賊」，黃巾起義發生後，亦有人將張角起義的原因歸結為宦官侵害百姓。

官吏在其籍貫分布區域中的土地兼併和種種越軌行為固然是激化社會矛盾，引起農民反抗的重要原因。但是官吏處在政治社會中樞地位，以維護統治秩序為基本職責；他們以宗族、賓客為主體組成部曲家兵，作為政府的軍事輔助力量，對於鎮壓農民的反抗，起了重要的作用。由此可見，地方官吏一是代表政府權益履行其職責，維持統治秩序；一是超越政府禁令，為害鄉里，兼併土地，造成社會矛盾激化。因此農民起義與官吏籍貫分布發生了對應的關係。

在安帝時已是百姓流亡，盜賊並起，見於記載的有青州的張伯路起義，冀州的寧季起義。

張伯路起義。據《法雄傳》載，「永初三年，海賊張伯路等三千餘人，冠赤幘，服絳衣，自稱『將軍』，寇濱海九郡，殺二千石令長」，「明年，伯路復與平原劉文河等三百餘人稱『使者』，攻厭次城，殺長吏，轉入高唐，燒官寺，出繫囚，渠帥皆稱『將軍』，共朝謁伯路。伯路冠五梁冠，佩印綬，黨眾浸盛。」〔註24〕可見張伯路等並不是什麼「海賊」，而實是青冀兩州農民起義的領袖。

〔註19〕《後漢書》卷四十四《張禹列傳》，第 1498 頁。
〔註20〕《後漢書》卷五十九《張衡列傳》，第 1939 頁。
〔註21〕《後漢紀校注》卷十三《和帝紀上》，第 377 頁。
〔註22〕《後漢書》卷七十八《侯覽列傳》，第 2523 頁。
〔註23〕《後漢書》卷七十八《曹節列傳》，第 2526 頁。
〔註24〕《後漢書》卷三十《法雄列傳》，第 1277 頁。

寧季起義。「朝歌賊甯季等數千人攻殺長吏，屯聚連年，州郡不能禁」。〔註25〕

張伯路起義，寧季起義被鎮平後，長江流域的農民起義卻以更大的聲勢展開，中心是長江下游的揚州六郡（九江、丹陽、廬江、會稽、吳郡、豫章）及屬於徐州的廣陵郡。

陽嘉元年「揚州六郡妖賊章河等寇四十九縣，殺傷長吏」。〔註26〕

陽嘉元年「海賊曾旌等寇會稽，殺句章、鄞、鄮三縣長，攻會稽東部都尉」。〔註27〕

永嘉元年「丹陽賊陸宮等圍城、燒亭寺」。〔註28〕

張嬰大概在順帝初期就起義了，「眾數萬人，殺刺史、二千石，寇亂揚徐間，積十餘年，朝廷不能討」，〔註29〕到永嘉元年，攻殺堂邑、江都長，據廣陵。

蔡伯流起於永和三年，「寇郡界，及廣陵，殺江都長」。〔註30〕

建康元年「九江范容、周生等相聚反亂，屯據歷陽，為江淮巨患，遣御史中丞馮緄將兵督揚州刺史尹燿、九江太守鄧顯討之。燿、顯軍敗，為賊所殺。」〔註31〕

這時，徐鳳、馬勉也一時並起，「鳳衣絳衣，帶黑綬，稱『無上將軍』，勉皮冠黃衣，帶玉印，稱『黃帝』，築營於當塗山中。乃建年號，置百官，遣別帥黃虎攻沒合肥」。〔註32〕

在長江中游的荊州、上游的益州也有農民起義的記載，如陽嘉三年，「益州盜賊劫質令長，殺列侯」，永和元年，「江夏盜賊殺邾長」，〔註33〕《後漢書·李固傳》也載「永和中，荊州盜賊起，彌年不定」。

以上的農民起義多集中在青冀徐揚州，次數多，規模大，延續時間長。造成這種局面的原因甚複雜，諸如自然條件、地理位置、區域關係等等，但無可否認，這些地區官吏人數較多，對社會的危害甚大，距政治中心較遠，

〔註25〕《後漢書》卷五十八《虞詡列傳》，第 1867 頁。
〔註26〕《後漢書》卷六《孝順帝紀》，第 260 頁。
〔註27〕《後漢書》卷六《孝順帝紀》，第 259 頁。
〔註28〕《後漢書》卷六《孝質帝紀》，第 278 頁。
〔註29〕《後漢書》卷五十六《張綱列傳》，第 1818 頁。
〔註30〕《後漢書》卷六《孝順帝紀》，第 267 頁。
〔註31〕《後漢書》卷三十八《滕撫列傳》，第 1279 頁。
〔註32〕《後漢書》卷三十八《滕撫列傳》，第 1279 頁。
〔註33〕《後漢書》卷六《孝順帝紀》，第 263、267 頁。

中央統治力量弱，對地方官吏和土著官吏集團的控制力弱，其越軌行為必甚劇烈。同時期官吏籍貫分布最密集的司隸、豫州一帶，階級對抗甚嚴重，但是統治階級的中心地帶，所以對農民的壓迫超過他們的反抗，因而這些地區農民起事次數少，且不能形成較大規模。冀州附近、北方沿邊諸郡、西北地區和南方諸郡官吏籍貫分布不密集，階級對抗不嚴重，農民的反抗則較少或根本沒有發生。

不過官吏籍貫密集分布階級對抗最嚴重，只是由於官方力量大，因而沒有爆發為武裝衝突。這種對抗不斷加劇，達到這一極限後，農民的反抗力就會衝破官方的壓制，形成比其他地區更劇烈、規模更大的反政府暴動。黃巾起義就是例證。黃巾主力共三部，其中兩部起事於官吏籍貫分布最密集的區域潁川郡和南陽郡，汝南郡也是黃巾起事的重要地區。

第三節　軍閥割據

東漢時期，知識分子、士大夫多集中在中州，這對東漢一代乃至漢末三國時期的政治和文化都產生了極大的影響。東漢末年對抗宦官專權、發起黨人清議的士人領袖和幫助漢政府剿滅黃巾起義的軍閥官僚大多都是解除黨錮禁令之後的中州士人。而其後的軍閥混戰和三國分裂也是中州士人勢力分化組合的結果。如《三國志·武帝紀》載：「初平元年春正月，後將軍袁術，冀州牧韓馥、豫州刺史孔伷、兗州刺史劉岱、河內太守王匡、勃海太守袁紹、陳留太守張邈、東郡太守橋瑁、山陽太守袁遺、濟北相鮑信同時俱起兵，眾各數萬，推紹為盟主。太祖行奮武將軍」〔註34〕。以上諸將中，曹操、袁紹、袁術、袁遺、韓馥、橋瑁均為豫州人，張邈、孔伷、鮑信、王匡均為兗州人，只有劉岱是青州人，這些人中很多都是累世名家。可以看出，討伐董卓的關東聯軍基本上是由中州士人領導的，這些人也恰恰是其後軍閥混戰的主要參加者。這以後，中州士人內部又發生了分裂。曹操割據於兗、豫，袁紹稱霸於河北，袁術佔據南陽，劉表控制荊州，中州士人彼此之間的分裂和戰爭最終導致了東漢的覆亡和三國鼎立局面的出現。

東漢末年的軍閥混戰，對於士大夫而言，一方面處境艱難，飄搖不定，另一方面也存在許多機會讓他們選擇。各割據政權為了鞏固自己的統治，力

〔註34〕《三國志》卷一《武帝紀》，第 6 頁。

求在競爭中處於不敗之地，發展勢力，都急切地需要具有政治素養的士大夫們為他們出謀劃策。當時，除了一部分士人選擇歸隱，其他大部分士人包括享譽天下的大名士多歸順於各地軍閥名下。除了天下名士外，網羅起用土著官吏更重要，他們當中不少人出自世家大族，擁有私人武裝，是地方實力派。如上所見，東漢官吏籍貫分布很不平衡，有些地方官吏籍貫分布密集，割據軍閥易於求得各種人才，他的勢力便日趨壯大。有些地方官吏籍貫分布稀疏，在當地找不到需要的統治人才，須靠從外地輸入人才支撐局面，這樣割據政權就難維持長久了。事實證明了這一點，東漢末年脫穎而出的曹操、孫權、劉備所佔據的地盤，都是東漢一帶產生官吏較多的地區。曹操佔據了官吏籍貫分布最密集的司隸東部、豫州地區，此外還有徐州、兗州，勢力最為強大。孫權和劉備分別佔據了官吏籍貫次密集分布的吳郡會稽地區和益州北部地區，其勢力雖不如曹操強大，但他們憑自然險阻，靠苦心經營，亦可暫時與曹氏抗衡。其餘大小軍閥割據的區域，全是官吏籍貫分布一般或稀疏的地區，其中雖有人稱雄一時，但為時一久，便因人才匱乏而顯露頹勢，最終難免於失敗。拿袁紹來說，他佔據冀、幽、青三州，地盤不比曹操小，兵力不比曹操弱，但官渡一戰失利，便潰敗不可收拾。古今論者都把袁紹失敗的原因歸結為他氣量窄小，不善於用人之良謀，這固然不錯，但是袁氏所佔的地區，官吏籍貫分布甚不密集，人才匱乏，難以網羅高級參謀人才和行政人才。袁紹的謀士、部將，籍貫可考者十人，其中六人來自官吏籍貫分布密集的潁川、南陽、陳留三郡，四人出自冀州。〕〔註35〕看來他主要是靠中原籍人作為政權的支柱，而中原籍貫官吏為了躲避戰亂，往往南遷江左、巴蜀，無人渡河北去。袁氏難以獲得足夠的優秀政治人才，不可能建立起強大而穩定的政權。官渡之戰的失利，戰後袁氏政權就迅速崩潰了。袁術、劉表、公孫瓚、公孫度、韓遂、馬騰、陶謙、呂布等大小軍閥的失敗，無不與該地區統治區域人才匱乏有關係。

〔註35〕據《後漢書》卷七十四上《袁紹列傳》，袁紹謀士、部將籍貫可考者十人：郭圖、辛毗、辛評、苟湛，潁川人；許攸，南陽人；高幹，陳留人。田豐，鉅鹿人；審配，魏郡人；沮授，廣平人；張郃，河間人。

結　語

　　本文是在碩士論文的基礎之上修改而成的，時隔十四年，再回頭看這個
題目的時候，發現了很多不足和稚嫩之處。而這些年來，關於區域人物的研
究也有了很多新的成果，在學習新知識的過程中，讓我對東漢官僚的地域構
成有了新的想法和認知，對原文進行了兩三萬字的訂補。

　　筆者所選取的課題，需要對東漢中央官員和地方郡守級別的官員人數按
照州郡進行統計，因此引進數量分析，是一種自然的需要。在具體的操作上，
是非常簡單而實在的。將《漢書》、《後漢書》、《八家後漢書輯注》、《三國志》、
《隸釋》中的官員以個人檔案的形式，全部輸入電腦建立數據庫。然後，根
據需要調出，製成表格，根據表格數據加以分析說明。在這個工作中，數據
之輸入最費時間和精力。在表格項目的設定上，主要有郡望、家世、出仕類
型、師承、舉主、起家官、最高官這幾個方面。在具體輸入的時候，會遇到一
些問題，比如有的官員僅有起家官而最高官不明；有些官員仕宦經歷跨越幾
個朝代、在歸類上模棱兩可；還有一些僅有爵位記載、沒有任官記載的，如
鄧禹的三子鄧震封為高密侯，鄧襲封為昌安侯，鄧珍封為夷安侯，如扶風耿
氏家族子弟，「忠卒，子馮嗣。馮卒，子良嗣，一名無禁。延光中，尚安帝妹
濮陽長公主，位至侍中。良卒，子協嗣。隃糜侯霸卒，子文金嗣。文金卒，子
喜嗣。喜卒，子顯嗣，為羽林左監」，「××嗣」的字樣，屬於貴族爵位的繼
承，故此耿良和耿顯是明確有任官記載的，而耿馮、耿協、耿文金、耿喜僅有
繼承貴族爵位的記載而無任職記載，這種情況就不列入表格的統計之中。

　　在統計製作的過程中，也感到使用必須慎重。對於古代史研究者來說，
原始史料信用度有限是很難克服的困境。很難把所有的史料毫無遺漏地搜集

全面。由於史料有限，數據不能完全說明問題，解釋的餘地也相當大，所以在論題的選取上只能從比較大的方面著手。

　　由於本人功力學識、能力有限，有一些問題沒有能很好地解決。比如，原本表格中有「爵位」一欄，但是在文章的分析中，發現很難落實到各州郡，所以就省略了。在製作總表時，雖然花費了不少時間，但是具體分析東漢官僚地域構成研究時，覺得很難細化，難免失之粗疏。例如：總表在最高官一欄中對每個官員的秩祿都進行標注（萬石、二千石、一千石以下等），但是具體到分析時，並不能細化分層。又例如：總表在家世一欄對所有人物進行了身份認證（平民、官僚、地主豪富、士人等），但是具體到分析時，其實真正用到的地方不是很多。在根據總表進行統計得出的統計表中，在分析不同朝代官員的變化時，一般考慮的是開國皇帝，另外就是明顯的高峰，至於其他朝代的關係和變化分析就相對薄弱，說明對一些問題的分析還有深入的空間，這就留待以後作為研究的方向吧。

參考文獻

一、古代典籍

1. （漢）班固：《漢書》，（唐）顏師古注，北京：中華書局，1975。

2. （南朝宋）范曄：《後漢書》，（唐）李賢等注，北京：中華書局，1965。

3. （晉）袁宏：《後漢紀校注》，周天游校注，天津：天津古籍出版社，1987。

4. （清）王先謙：《後漢書集解》，北京：中華書局，1984。

5. 周天游：《八家後漢書輯注》，上海：上海古籍出版社，1986。

6. （宋）徐天麟：《東漢會要》，上海：上海古籍出版社，1978。

7. （宋）洪适：《隸釋》，北京：中華書局，1985。

8. （晉）陳壽：《三國志》，（宋）裴松之，北京：中華書局，1959。

9. （唐）房玄齡等：《晉書》，北京：中華書局，1974。

10. 盧弼：《三國志集解》，北京：中華書局，1982。

11. （梁）沈約：《宋書》，北京：中華書局，1974。

12. （北魏）酈道元：《水經注校釋》，陳橋驛注釋，杭州：杭州大學出版社，1999。

13. （清）張溥：《漢魏六朝百三家集題辭注》，北京：人民文學出版社，1960。

14. （東漢）蔡邕：《全上古三代秦漢三國六朝文》，北京：中華書局，1958。

15. （晉）常璩：《華陽國志》，劉琳校注，成都：巴蜀書社，1984。

16. （唐）林寶：《元和姓纂》，北京：中華書局，1994。

17. （漢）趙岐：《三輔決錄》，（晉）摯虞注，北京：中華書局，1991。

18. （明）顧祖禹：《讀史方輿紀要》，北京：中華書局，2005。

19. （唐）虞世南：《北堂書鈔》，北京：學苑出版社，1998。

20. （宋）李昉：《太平御覽》，北京：中華書局，1960。

21. （唐）杜佑：《通典》，北京：中華書局，1988。

22. （宋）司馬光：《資治通鑑》，北京：中華書局，1987。

23. （清）王夫之：《讀通鑑論》，北京：中華書局，1975。

24. （明）歐大任：《百越先賢志校注》，劉漢東校注，廣西人民出版社，1992。

二、現代著作

1. 傅樂成：《漢唐史論集》，聯經出版事業公司，1977。

2. 黃留珠：《秦漢仕進制度》，西北大學出版社，1998。

3. 閻步克：《察舉制度變遷史稿》，遼寧大學出版社，1997。

4. 陳蔚松：《漢代考選制度》，崇文書局，2002。

5. 安作璋、雄鐵基：《秦漢官制史稿》，齊魯書社，1984。

6. 于迎春：《秦漢士史》，北京大學出版社，2000。

7. 林劍鳴：《秦漢史》，上海人民出版社，2003。

8. 閻步克：《士大夫政治演生史稿》，北京大學出版社，1995。

9. 毛漢光：《中國中古社會史論》，上海書店出版社，2002。

10. 毛漢光：《兩晉南北朝士族政治之研究》，臺北：中國學術著作獎助委員會，1996。

11. 唐長孺：《魏晉南北朝史論拾遺》，中華書局，1983。

12. 唐長孺：《魏晉南北朝史論叢》，河北教育出版社，2000。

13. 嚴耕望：《中國地方行政制度史》，臺北：中央研究院歷史語言研究所，1961。

14. 尹建東：《關東豪族研究》，四川大學出版社，2007。

15. 尹建東：《秦漢史論叢》。

16. 陳仲安、王素著：《漢唐職官制度研究》，中華書局，1993。

17. 楊鴻年：《漢魏制度叢考》，武漢大學出版社，2005。

18. 卜憲群：《秦漢官僚制度》，社會科學文獻出版社，2002。

19. 黃惠賢，陳鋒主編：《中國俸祿制度史》，武漢大學出版社，1996。

20. 白鋼主編：《中國政治制度通史》，人民出版社，1991。

21. 曾延偉：《兩漢社會經濟發展史初探》，中國社會科學出版社，1989。

22. 程民生：《河南經濟簡史》，中國社會科學出版社，2005。

23. 程民生：《中國北方經濟史：以經濟重心的轉移為主線》，人民出版社，2004。

24. 黃今言：《秦漢江南經濟述略》，江西人民出版社，1999。

25. 李學勤、徐吉軍：《黃河文化史》，江西教育出版社，2003。

26. 張澤咸：《漢晉唐時期農業》，中國社會科學出版社，2003。

27. 閻愛民：《漢晉家族研究》，上海人民出版社，2005。

28. 趙沛：《兩漢宗族研究》，山東大學出版社，2002。

29. 崔向東：《漢代豪族研究》，崇文書局，2003。

30. 李卿：《秦漢魏晉南北朝時期家族、宗族關係研究》，上海人民出版社，2005。

31. 葛劍雄：《中國人口史》，復旦大學出版社，2005。

32. 葛劍雄：《中國移民史》，福建人民出版社，1997。

33. 黃留珠：《周秦漢唐文明》，陝西人民出版社 1999。

34. 徐復觀：《兩漢思想史》，華東師範大學出版社，2001。

35. 王子今：《秦漢區域文化研究》，四川人民出版社出版，1998。

36. 劉厚琴：《儒學與漢代社會》，齊魯書社，2002。

37. 孫筱：《兩漢經學與社會》，中國社會科學出版社，2002。

38. 金發根：《中國中古地域觀念之轉變》，蘭臺出版社，2014。

三、相關論文

1. 丁文江：《中國歷史人物與地理的關係》，《科學》第 8 卷第 1 期，1923年。

2. 李泉：《東漢官吏籍貫分布之研究》，《秦漢史論叢》，1992 年第五輯。

3. 高敏：《從東漢時期入仕者與知名人士出生地的分布狀況看東漢江南經濟的發展》，《鄭州大學學報》，2003 年 3 期。

4. 趙儷生：《試論兩漢的土地所有制和社會經濟結構》，《文史哲》，1982 年 5 期。

5. 劉增貴：《漢魏士人同鄉關係考論》，收於邢義田、林麗月《社會變遷》，中國大百科全書出版社，2005。

6. 劉增貴：《漢代的益州士族》，收於黃寬重、劉增貴《家族與社會》，中國大百科全書出版社，2005。

7. 盧云：《東漢時期的文化區域與文化重心》，《中國文化研究集刊》第四輯，1987。

8. 王曉毅：《東漢安順之際的汝穎名士》，《山東大學學報》，1992 年 2 期。

9. 胡寶國：《漢晉時期的汝穎名士》，《歷史研究》，1991 年 5 期。

10. 張鶴泉：《東漢關中地區文化發展的特徵及影響》，《史學集刊》，1995 年 2 期。

11. 張鶴泉：《東漢故吏問題試探》，《吉林大學學報》，1995 年 5 期。

12. 張鶴泉：《東漢時代的遊學風氣及社會影響》，《求是學刊》，1995 年 2 期。

13. 張鶴泉：《東漢時代的私學》，《史學集刊》，1993 年 1 期。

14. 張鶴泉：《東漢宗族組織試探》，《中國史研究》，1993 年 1 期。

15. 盧云：《東漢時期的文化區域與文化重心》，《中國文化研究集刊》，1987 年第四輯。

16. 韓光輝：《齊都臨淄戶口考辯》，《管子學刊》，1996 年 4 期。

17. 陳勇：《「涼州三明」論》，《中國史研究》，1998 年 2 期。

18. 馬懷良：《兩漢宦官考》，《中國古代史論集》，華中師範大學出版社，2001。

19. 李孔懷：《東漢世家地主的形成及其特點》，《秦漢史論叢》，1981 年第一輯。

20. 朱順玲：《論東漢中後期士大夫對皇權的制衡》，《許昌學院學報》，2005 年 3 期。

21. 姚靜波：《試論東漢末年太學生離心傾向之成因》，《史學集刊》，2001 年 1 期。

22. 孟繁治：《東漢後期淮沛武人集團簡論》，《南都學壇》，2000 年 1 期。

23. 陳雁：《東漢魏晉時期穎汝、南陽地區的私學與遊學》，《文史哲》，2000 年 1 期。

24. 高兵：《東漢末皇權對三大政治集團的態度》，《齊魯學刊》，1998 年 8 期。

25. 朱子彥：《漢代外戚集團的形成與擅權》，《歷史教學問題》，1996 年 4 期。

26. 黃宛峰：《東漢穎川、汝南、南陽士人與黨議始末》，《中國史研究》，1995 年 4 期。

27. 邱實：《東漢中後期皇權與世族門閥之間的鬥爭》，《益陽師專學報》，1995 年 3 期。

28. 周天游：《論東漢門閥形成的標誌──東漢門閥問題研究之一》，《西北大學學報》1989 年 3 期。

29. 朱廣賢：《東漢的賣官鬻爵》，《中州古今》，1994 年 5 期。

30. 孔祥宏：《東漢時期南方文化的發展》，《歷史教學問題》，1994 年 2 期。

31. 李桂芳：《試論兩漢時期巴蜀人才的地域差異及影響》，《中華文化論壇》，2005 年 4 期。

32. 馬新：《論兩漢鄉村社會中的宗族》，《文史哲》，2000 年 4 期。

33. 劉厚琴：《論儒學與兩漢師生關係》，《山東大學學報》，1994 年 1 期。

34. 韓曉燕：《齊魯士人與兩漢政治》，山東師範大學碩士論文，2005。

35. 肖愛玲：《西漢城市地理研究》，陝西師範大學博士學位論文，2006。

36. 侯二朋：《東漢人物地域分布研究》，蘭州大學碩士論文，2006。

37. 王亞鵬：《歷史時期汝潁地區人才盛衰研究》，南京農業大學碩士論文，2009。

38. 鄧宇：《兩漢齊地人才研究》，湖南大學碩士論文，2013。

39. 劉珍：《青兗地方勢族與漢魏晉政治》，華東師範大學碩士論文，2015。

40. 馬德青：《漢代士人社會流動研究》，山東大學博士學位論文，2018。

附錄一　東漢官僚籍貫分布總表

#表示以該人為基準判斷家族成員身份

氏　名	郡望	家　世	出仕類型	師　承	舉　主	起家官	最高官
王昌	趙國邯鄲冀州	平民	敵對				（更始）立為天子（*萬石）
劉永	梁郡睢陽	宗室	敵對宗室				（更始）自稱天子（*萬石）
龐萌	山陽兗州	不明	敵對			（更始）冀州牧	（光武）侍中，平狄將軍（二千石）
張步	琅邪不其徐州	不明	敵對				（更始）輔漢大將軍（光武）東萊太守（二千石）
李憲	潁川許昌豫州	不明	敵對				（光武）自稱天子（*萬石）

彭寵	南陽宛荊州	官僚	軍功敵對			郡吏	（光武）偏將軍（二千石）
盧芳	安定三水涼州	不明	軍功敵對			（更始）騎都尉	（更始敗）單于立為漢帝（*萬石）
隗囂	天水成紀涼州	不明	軍功薦舉敵對		杜林‧馬援薦	少仕州郡	（光武）西州大將軍，胡騎校尉（二千石）
公孫述	扶風茂陵司隸	官僚	任子軍功敵對			（哀帝）郎	（更始）自立為蜀王（萬石）
李通	南陽宛荊州	地主豪富（世著貨殖）	軍功			五威將軍從事	（光武）大司空（萬石）
王常	潁川舞陽豫州	不明	軍功			廷尉	（光武）漢忠將軍，橫野大將軍（二千石）
鄧晨	南陽新野荊州	官僚	軍功			（更始）偏將軍	（光武）光祿大夫，汝南太守（二千石）
#來歙	南陽新野荊州	外戚（父娶光武祖姑）	軍功外戚			太中大夫	（光武）太中大夫，中郎將（比二千石）
來歷（曾孫）	南陽新野荊州	外戚（公主子）	外戚				（和帝）侍中（安帝）太僕（中二千石）（順帝）衛尉

來祉 （歷弟）	南陽 新野 荊州	外戚	外戚			（順帝） 步兵校尉 （比二千 石）
來超 （歷弟）	南陽 新野 荊州	外戚	外戚		（順帝） 黃門侍 郎(六百 石)	不明
來定 （歷子）	南陽 新野 荊州	外戚	外戚			（順帝） 虎賁中郎將 （比二千 石）
來虎 （歷孫）	南陽 新野 荊州	外戚	外戚			（桓帝） 屯騎校尉 （比二千 石）
來豔 （歷孫）	南陽 新野 荊州	外戚	外戚			（靈帝） 司空 （萬石）
#鄧禹	南陽 新野 荊州	士人	軍功	年十三，能誦 詩，受業長安	前將軍 持節	（光武） 大司徒，太 傅（萬石）
鄧乾 （震子）	南陽 新野 荊州	外戚	外戚 （尚顯 宗女沁 水公主）			（和帝） 侍中（比二 千石）
鄧褒 （乾子）	南陽 新野 荊州	外戚	外戚			（桓帝） 少府（中二 千石）
鄧昌 （褒子）	南陽 新野 荊州	外戚	任子 外戚		（靈帝） 黃門侍 郎(六百 石)	不明
鄧藩 （襲子）	南陽 新野 荊州	外戚	外戚			（和帝） 侍中（比二 千石）

鄧康 （珍子）	南陽 新野 荊州	外戚	徵召 外戚					（安帝） 侍中 （順帝） 太僕（中二 千石）
鄧鴻 （子）	南陽 新野 荊州	外戚	外戚					（章帝） 度遼將軍 （和帝） 車騎將軍 （萬石）
鄧訓 （子）	南陽 新野 荊州	外戚	外戚			（明帝） 郎中		（章帝） 烏桓校尉， 張掖太守 （二千石）
鄧騭 （孫）	南陽 新野 荊州	外戚	軍功 任子 辟除 外戚			郎中 （女弟 為貴人）		（殤帝） 車騎將軍 （安帝） 大將軍 （萬石）
鄧鳳 （騭子）	南陽 新野 荊州	外戚	任子 外戚					（安帝） 侍中（比二 千石）
鄧豹 （騭從 弟）	南陽 新野 荊州	外戚	任子 外戚					（安帝） （二千石）
鄧遵 （騭從 弟）	南陽 新野 荊州	外戚	任子 外戚					（安帝） 烏桓校尉， 度遼將軍 （二千石）
鄧暢 （騭從 弟）	南陽 新野 荊州	外戚	任子 外戚					（安帝） 將作大匠 （二千石）
鄧京 （孫）	南陽 新野 荊州	外戚	任子 外戚			（和帝） 郎中		（和帝） 黃門侍郎 （六百石） （一千石以 下）

鄧珍 （京子）	南陽 新野 荊州	外戚	任子 外戚				（安帝） 黃門侍郎 （六百石） （一千石以 下）
鄧悝 （孫）	南陽 新野 荊州	外戚	任子 外戚			（和帝） 郎中	（殤帝） 虎賁中郎將 （安帝） 城門校尉 （比二千 石）
鄧弘 （孫）	南陽 新野 荊州	外戚	任子 外戚			（和帝） 郎中	（安帝） 驃騎將軍 （萬石）
鄧閶 （孫）	南陽 新野 荊州	外戚	任子 外戚			（和帝） 郎中	（殤帝） 侍中（比二 千石）
朱寵	京兆 司隸	平民	辟除			大將軍 鄧騭府 （辟除）	（安帝） 太尉 （萬石）
#寇恂	上谷 昌平 幽州	官僚 （世為 著姓）	軍功			郡功曹	（光武） 河內太守， 行大將軍 事，潁川太 守，執金吾 （中二千 石）
寇榮 （曾孫）	上谷 昌平 幽州	外戚 （從兄 子尚帝 妹益陽 長公主， 帝又聘 其從孫 女於後 宮）	外戚				（桓帝） 侍中（比二 千石）

馮異	潁川父城豫州	士人	薦舉軍功		異從兄孝及同郡丁綝、呂晏，並從光武，因共薦異	（光武初起）主簿	（光武）征西大將軍，領安定太守事（二千石）
#岑彭	南陽荊陽荊州	不明	軍功薦舉		大司馬朱鮪薦	（王莽）本縣長	（光武）廷尉，行大將軍事，征南大將軍（中二千石）
岑遵（子）	南陽荊陽荊州	貴族	不明				（明帝）屯騎校尉（比二千石）
岑杞（孫）	南陽荊陽荊州	貴族	不明				（順帝）光祿勳（中二千石）
岑熙（杞子）	南陽荊陽荊州	外戚	外戚（尚安帝妹涅陽長公主）				（不明）侍中、虎賁中郎將，魏郡太守（二千石）
岑福（熙子）	南陽荊陽荊州	外戚	外戚				（不明）黃門侍郎（六百石）（一千石以下）
#賈復	南陽冠軍荊州	士人	薦舉軍功	少好學，習《尚書》。事舞陰李生	鄧禹薦舉	（光武）破虜將軍督盜賊	（光武）左將軍（萬石）
賈宗（子）	南陽冠軍荊州	貴族	不明			郎中	（章帝）朔方太守，長水校尉（二千石）

賈建（宗孫）	南陽冠軍荊州	外戚	外戚（和帝女臨潁長公主 尚安帝）				（安帝）侍中（順帝）光祿勳（中二千石）
#吳漢	南陽宛荊州	平民	薦舉（更始）軍功		不明	給事縣為亭長	（光武）大司馬（萬石）
吳尉（漢兄）	南陽宛荊州	平民	軍功				（光武）將軍（二千石）
蓋延	漁陽要陽幽州	不明	武勇州郡辟除軍功		太守彭寵辟	郡列掾，州從事	（光武）虎牙將軍（二千石）
陳俊	南陽西鄂荊州	不明（少為郡吏）	軍功薦舉		太常將軍宗室劉嘉薦	少為郡吏	（光武）強弩大將軍，太山太守（二千石）
臧宮	潁川郟豫州	不明	軍功			少為縣亭長、游徼	（光武）輔威將軍，太山太守，行大將軍事（二千石）
#耿弇	扶風茂陵司隸	士人	軍功辟除		光武留署門下吏	（光武初起）偏將軍	（光武）建威大將軍（二千石）
耿況（父）	扶風茂陵司隸	士人	軍功				（光武）上谷太守（二千石）
耿舒（弟）	扶風茂陵司隸	士人	軍功				（光武）中郎將（比二千石）

耿廣 （弟）	扶風 茂陵 司隸	士人					（光武） 中郎將（比 二千石）
耿舉 （弟）	扶風 茂陵 司隸	士人					（光武） 中郎將（比 二千石）
耿忠 （子）	扶風 茂陵 司隸	貴族	軍功				（明帝） 騎都尉（比 二千石）
耿良 （忠孫）	扶風 茂陵 司隸	外戚	外戚 （尚安 帝妹濮 陽長公 主				（安帝） 侍中（比二 千石）
耿國 （弟	扶風 茂陵 司隸	官僚	徵召			（光武） 黃門侍 郎	（光武）大 司農（中二 千石）
耿秉 （國子）	扶風 茂陵 司隸	貴族	任子 軍功 徵召			郎	（章帝） 征西將軍， 執金吾（中 二千石）
耿沖 （秉子）	扶風 茂陵 司隸	貴族	任子			郎	（不明） 漢陽太守 （二千石）
耿紀 （秉曾 孫）	扶風 茂陵 司隸	貴族	徵辟				（獻帝） 少府（中二 千石）
耿夔 （秉弟）	扶風 茂陵 司隸	貴族	軍功			（和帝） 車騎將 軍竇 憲假司 馬	（和帝） 遼東太守 （二千石） （安帝） 度遼將軍
耿恭 （國弟 廣子	扶風 茂陵 司隸	貴族	軍功		騎都尉劉 張	（明帝） 司馬	（章帝） 長水校尉 （比二千 石）

耿溥 （恭子）	扶風 茂陵 司隸	貴族	軍功				（和帝） 京兆虎牙都 尉（比二千 石）
耿宏 （溥子）	扶風 茂陵 司隸	貴族	任子			（安帝） 郎	（安帝）不明
耿曄 （溥子）	扶風 茂陵 司隸	貴族	任子 軍功			（安帝） 郎	（順帝）烏 桓校尉，度 遼將軍 （二千石）
耿寶 （舒孫）	扶風 茂陵 司隸	貴族	外戚	父尚顯宗女 隆慮公主，女 弟為清河王 妃，生安帝			（安帝） 羽林左騎， 大將軍 （萬石）
耿箕 （寶子）	扶風 茂陵 司隸	貴族	外戚				（順帝） 侍中（比二 千石）
耿承 （寶弟 子）	扶風 茂陵 司隸	貴族					（安帝） 侍中（比二 千石） （順帝） 羽林中郎將
耿顯 （耿弇 弟霸玄 孫）	扶風 茂陵 司隸	貴族					（不明） 羽林左監 （六百石） （一千石以 下）
耿援 （顯子）	扶風 茂陵 司隸	貴族	外戚 （尚桓 帝妹長 社公主）				（桓帝） 河東太守 （二千石）
銚期	潁川 郟 豫州	官僚	辟除 軍功		光武辟	（光武 初起） 賊曹掾	（光武） 虎牙大將 軍，衛尉 （中二千 石）

#王霸	潁川 潁陽 豫州	士人（世好文法，父為郡決曹掾）	軍功			少為獄吏	（光武）討虜將軍，上谷太守（二千石）
王度（孫）	潁川 潁陽 豫州	外戚	外戚（顯宗女儀女長公主）尚濬長公主				（明帝）黃門郎（六百石）（一千石以下）
#祭遵	潁川 潁陽 豫州	地主豪富(家富給)	軍功			（光武初起）門下史	（光武）征虜將軍（二千石）
祭午（兄）	潁川 潁陽 豫州	地主豪富	軍功				（光武）酒泉太守（二千石）
祭肜（從弟）	潁川 潁陽 豫州	地主豪富（早孤）	任子 出使			（光武）黃門侍郎	（明帝）太僕（中二千石）
祭參（肜子）	潁川 潁陽 豫州	地主豪富	軍功				（和帝）遼東太守（二千石）
#任光	南陽 宛 荊州	不明	軍功			鄉嗇夫，郡縣吏	（光武）信都太守（二千石）
任隗（子）	南陽 宛 荊州	貴族	不明			（明帝）擢奉朝請，遷羽林左監	（章帝）太僕，光祿勳，司空（萬石）
任屯（子）	南陽 宛 荊州	貴族	不明				（和帝）步兵校尉（比二千石）
李忠	東萊 黃 青州	官僚	任子 軍功			（平帝）郎	（光武）豫章太守（二千石）

萬修	扶風茂陵司隸	不明	軍功			（更始）信都令	（光武）右將軍（萬石）
邳肜	信都	官僚	軍功			（王莽）和成卒正	（光武）太守（二千石）
#劉植	鉅鹿昌城冀州	地方宗族（率宗族賓客）	軍功			驍騎將軍	（光武）驍騎將軍（二千石）
劉喜（弟）	鉅鹿昌城冀州	地方宗族	軍功				（光武）驍騎將軍（二千石）
劉歆（從兄）	鉅鹿昌城冀州	地方宗族	軍功				（光武）驍騎將軍（二千石）
#耿純	鉅鹿宋子冀州	官僚	任子軍功			（王莽）納言士	（光武）東郡太守（二千石）
耿植（純從昆弟）	鉅鹿宋子冀州	官僚	軍功				（光武）輔威將軍（二千石）
耿宿（純從昆弟）	鉅鹿宋子冀州	官僚	不明				（光武）代郡太守（二千石）
耿訢（純從昆弟）	鉅鹿宋子冀州	官僚	軍功				（光武）赤眉將軍（二千石）
朱祐	南陽宛荊州	不明（少孤，歸外家復陽劉氏）	軍功			（光武初起）護軍	（光武）建義大將軍（中二千石）

景丹	馮翊 櫟陽 司隸	士人	軍功	少學長安		（王莽） 固德侯 相	（光武） 驃騎大將軍 （萬石）
王梁	漁陽 要陽 幽州	不明	軍功			郡吏	（光武） 大司空河南 尹（萬石）
杜茂	南陽 冠軍 荊州	不明	軍功			（光武 初起） 中堅將 軍	（光武） 驃騎大將軍 （萬石）
郭涼	右北 平 幽州	不明	軍功 州郡辟 除		幽州牧朱 浮辟	兵曹掾	（光武） 雁門太守 （二千石）
馬成	南陽 棘陽 荊州	不明	軍功			少為縣 吏	（光武） 揚武將軍， 中山太守 （二千石）
劉隆	南陽 荊州	南陽安 眾侯宗 室	軍功 宗室			（更始） 騎都尉	（光武） 驃騎將軍 （萬石）
傅俊	潁川 襄城 豫州	不明	軍功			縣亭長	（光武） 積弩將軍 （二千石）
堅鐔	潁川 襄城 豫州	不明	軍功 薦舉		不明薦舉 者	郡縣吏， 署 主簿	（光武） 揚化將軍 （二千石）
馬武	南陽 湖陽 荊州	不明	軍功			（更始） 伺郎	（光武） 捕虜將軍 （二千石）
#竇融	扶風 平陵 司隸	官僚	軍功 薦舉		大司空王 邑薦，更 始大司馬 趙萌薦	（王莽） 強弩將 軍司馬	（光武） 涼州牧，冀 州牧，大司 空（萬石）
竇穆 （融子）	扶風 平陵 司隸	外戚	外戚 （尚內 黃公主）				（光武） 城門校尉 （比二千 石）

竇勳 （孫）	扶風 平陵 司隸	外戚	外戚 （尚東 海恭王 彊女沘 陽公主）				不明
竇霸 （孫）	扶風 平陵 司隸	外戚	外戚				（和帝） 城門校尉 （比二千 石）
竇顯 （霸孫）	扶風 平陵 司隸	外戚	外戚				（不明） 羽林左監 （六百石） （一千石以 下）
竇援	扶風 平陵 司隸	外戚	外戚				（桓帝） 河東太守 （二千石）
竇褒 （孫）	扶風 平陵 司隸	外戚	外戚				（和帝） 將作大匠 （二千石）
竇嘉 （孫）	扶風 平陵 司隸	外戚	外戚				（和帝） 少府（中二 千石）
竇林 （從兄 子）	扶風 平陵 司隸	外戚	外戚				（明帝） 護羌校尉 （比二千 石）
竇友 （弟）	扶風 平陵 司隸	官僚	外戚				（光武） 城門校尉 （比二千 石）
竇固 （弟子）	扶風 平陵 司隸	外戚	軍功 外戚 （尚光 武女涅 陽公主）			（光武） 黃門侍 郎	（章帝） 大鴻臚，光 祿勳，衛尉 （中二 千石）

竇彪 （固子）	扶風 平陵 司隸	外戚	外戚				（章帝） 射聲校尉 （比二千 石）
竇憲 （曾孫）	扶風 平陵 司隸	外戚	任子 軍功 外戚			（章帝） 郎 （女弟 立為皇 后）	（章帝） 侍中 （和帝） 大將軍 （萬石）
竇篤 （曾孫）	扶風 平陵 司隸	外戚	外戚				（和帝） 虎賁中郎 將，衛尉 （中二千 石）
竇景 （曾孫）	扶風 平陵 司隸	外戚	外戚				（和帝） 中常侍，執 金吾（中二 千石）
竇瑰 （曾孫）	扶風 平陵 司隸	外戚	外戚				（和帝） 中常侍，光 祿勳，潁川 太守（中二 千石）
竇章 （玄孫）	扶風 平陵 司隸	外戚 （永初 中，三輔 遭羌寇， 章避難 東國，居 貧）	薦舉 外戚		太僕鄧康 薦	（安帝） 東觀為 校書郎	（順帝）少 府，大鴻臚 （中二千 石）
竇唐 （章子）	扶風 平陵 司隸	外戚	外戚				（不明） 虎賁中郎將 （比二千 石）
#馬援	扶風 茂陵 司隸	官僚	軍功 薦舉	嘗受《齊詩》， 嘗師事楊子 阿，受相 馬骨法	莽從弟衛 將軍林廣 薦	（王莽） 新成大 尹	（光武） 太中大夫， 伏波將軍 （二千石）

馬廖 （子）	扶風茂陵司隸	貴族	任子			郎	（明帝）羽林左監、虎賁中郎將 （章帝）衛尉（中二千石）
馬豫 （孫）	扶風茂陵司隸	貴族	不明				（章帝）步兵校尉（比二千石）
馬防 （子）	扶風茂陵司隸	貴族	軍功			（明帝）黃門侍郎	（章帝）車騎將軍（萬石）
馬鉅 （防子）	扶風茂陵司隸	貴族	不明				（不明）長水校尉（比二千石）
馬光 （子）	扶風茂陵司隸	貴族	不明			（明帝）黃門侍郎	（和帝）太僕（中二千石）
馬康 （孫）	扶風茂陵司隸	貴族	不明			黃門侍郎	（和帝）侍中（比二千石）
馬嚴 （兄子）	扶風茂陵司隸	官僚	徵召	從平原楊太伯講學，專心墳典，能通《春秋左氏》	嚴數薦達賢能，除四子為郎	仕郡督郵	（章帝）五官中郎將，陳留太守太中大夫，將作大匠（二千石）
馬敦 （嚴弟）	扶風茂陵司隸	官僚	不明				（不明）虎賁中郎將（比二千石）
馬續 （嚴子）	扶風茂陵司隸	官僚	不明				（順帝）護羌校尉，度遼將軍，太中大夫（二千石）

馬棱 （族孫）	扶風 茂陵 司隸	官僚	孝廉 徵召			（章帝） 郡功曹	（章帝） 廣陵太守 （二千石）
#卓茂	南陽 宛 荊州	官僚	辟除 徵召 （光武）	元帝時學於 長安，事博士 江生，習 《詩》、《禮》 曆算。		（元帝） 丞相府 史	（光武）京 部丞，太傅 （萬石）
卓戎 （子）	南陽 宛 荊州	貴族	不明			（光武） 太中大 夫 （比二 千石）	（光武） 太中大夫 （比二 千石）
卓崇 （子）	南陽 宛 荊州	貴族	不明			（光武） 中郎，給 事黃門	（不明） 大司農（中 二千石）
#魯恭	扶風 平陵 司隸	官僚	辟除 徵召 公車	習《魯詩》，留 新豐教授	太傅趙憙 辟（恭再 在公位， 選辟高第 ，至列卿 郡守者 數十人）	（章帝） 郡吏	（章帝）中 牟令令侍御史 （和帝） 司徒(萬石)
某 （父）	扶風 平陵 司隸	官僚	不明				（光武） 武陵太守 （二千石）
魯撫 （子）	扶風 平陵 司隸	官僚	任子			（和帝） 郎中	（和帝） 駙馬從駕 （一千石以 下）
魯謙 （子）	扶風 平陵 司隸	官僚	任子			（和帝） 郎	（不明） 隴西太守 （二千石）
魯丕 （弟）	扶風 平陵 司隸	官僚	賢良方 正 薦舉	通五經，以 《魯詩》、《尚 書》教授，為 當世名儒。	大司農劉 寬（方正） 侍中賈逵 薦	郡督 郵功曹	（和帝） 東郡太守， 中散大夫 （二千石）

魏霸	濟陰句陽兗州	官僚（世有禮義）	孝廉			（和帝）鉅鹿太守	（殤帝）太常（中二千石）
#劉寬	弘農華陰司隸	官僚	辟除		桓帝時，大將軍辟	（桓帝）司徒長史	（靈帝）太尉（萬石）
劉崎（父）	弘農華陰司隸	官僚					（順帝）司徒（萬石）
劉松（子）	弘農華陰司隸	貴族	不明				（不明）宗正（中二千石）
#伏湛	琅邪東武徐州	官僚（父理，為當世名儒，以《詩》授成帝，為高密太傅，別自名學）	任子徵召	少傳父業，教授數百人，成帝時，以父任為博士弟子		（王莽）繡衣執法	（光武）大司徒（萬石）
伏隆（子）	琅邪東武徐州	貴族	不明			仕郡督郵	（光武）太中大夫光祿大夫（比二千石）
伏瑗（孫）	琅邪東武徐州	貴族	任子				（光武）郎中(二百石)
伏無忌（重孫子）	琅邪東武徐州	外戚	外戚（父晨女孫順帝貴人）				（順帝）侍中，屯騎校尉（比二千石）
伏質（無忌子）	琅邪東武徐州	外戚	外戚				（不明）大司農（中二千石）

侯霸	河南密司隸	官僚	任子徵召	師事九江太守房元，治《穀梁春秋》		（成帝）太子舍人	（光武）尚書令，大司徒（萬石）
韓歆	南陽荊州	不明	軍功				（光武）大司徒（萬石）
玉況	京兆司隸	官僚（代為三輔名族）	不明				（光武）司徒（萬石）
#宋弘	京兆長安司隸	官僚	徵召	帝嘗問弘通博之士，弘乃薦沛國桓譚；弘推進賢士馮翊、桓梁三十餘人，或相及為公卿者。		（哀、平帝間）侍中	（光武）太中大夫，大司空（萬石）
宋嵩（弟）	京兆長安司隸	官僚	不明				（光武）河南尹（二千石）
宋由（嵩子）	京兆長安司隸	官僚	不明				（章帝）太尉（萬石）
宋漢（由孫）	京兆長安司隸	官僚	茂才		不明		（順帝）太僕，太中大夫（中二千石）
宋則（漢子）	京兆長安司隸	官僚	不明	拔同郡韋著、扶風法真，稱為知人		鄢陵令	（不明）鄢陵令（千石）
蔡茂	河內懷司隸	士人	災異徵召	哀、平間以儒學顯		（哀、平帝間）議郎	（光武）廣漢太守司徒（萬石）

郭賀	洛陽	士人	明法辟除		司徒蔡茂辟	蔡茂主簿	（光武）尚書令，荊州刺史（明帝）河南尹（二千石）
#馮勤	魏郡繁陽冀州	官僚	薦舉		太守銚期薦於光武	太守銚期功曹	（光武）尚書令，大司農，司徒（萬石）
馮宗（子）	魏郡繁陽冀州	外戚	外戚				（不明）張掖屬國都尉（比二千石）
馮順（子）	魏郡繁陽冀州	外戚	外戚（尚平陽長公主）				（不明）大鴻臚（中二千石）
馮奮（孫）	魏郡繁陽冀州	外戚	外戚				不明
馮勁（孫）	魏郡繁陽冀州	外戚	外戚				（和帝）羽林右監（六百石）（一千石以下）
馮卯（勁子）	魏郡繁陽冀州	外戚	外戚				（安帝）侍中（比二千石）
馮由（孫）	魏郡繁陽冀州	外戚	外戚（尚平安公主）			黃門侍郎（六百石）（一千石以下）	不明
#趙憙	南陽宛荊州	不明	薦舉軍功治劇		荊州牧（理劇）	（更始）郎中，行偏將軍事	（光武）平原太守太尉（章帝）太傅，錄尚書事（萬石）

趙代（子）	南陽宛荊州	貴族	不明				（和帝）越騎校尉（比二千石）
趙直（孫）	南陽宛荊州	貴族	不明				（不明）步兵校尉（比二千石）
#牟融	北海安丘青州	士人	茂才薦舉	以《大夏侯尚書》教授，門徒數百人，名稱州里。	司徒范遷薦融忠正公方	（明帝）豐令	（明帝）司隸校尉，大鴻臚，司空（萬石）
牟麟（子）	北海安丘青州	官僚	任子				（章帝）郎	不明
#韋彪	扶風平陵司隸	官僚	孝廉徵召	以病免，復歸教授。安貧樂道，恬於進趣，三輔諸儒莫不慕仰之。		（明帝）謁者	（章帝）奉車都尉，大鴻臚（中二千石）
韋義（族子）	京兆杜陵司隸	官僚	治劇		太傅桓焉辟舉理劇	廣都長	（順帝）甘陵、陳二縣令(千石)
韋順（義兄）	京兆杜陵司隸	官僚	不明				（順帝）平輿令（千石）
韋豹（義兄）	京兆杜陵司隸	官僚	徵召				（安帝）議郎(比六百石)	不明
韋著（豹子）	京兆杜陵司隸	官僚	徵召				（靈帝）東海相（二千石）
#宣秉	馮翊雲陽司隸	不明（少修高節，顯名三輔）	徵召			（更始）侍中	（光武）御史中丞，司隸校尉，大司徒司直（比二千石）

宣彪（子）	馮翊雲陽司隸	官僚	任子			（光武）郎	不明
張湛	扶風平陵司隸	不明（矜嚴好禮，動止有則）	不明			不明	（光武）光祿勳太中大夫（中二千石）
王丹	京兆下邽司隸	地主豪富	不明			（哀、平）仕州郡	（光武）太子少傅（中二千石）
王良	東海蘭陵徐州	士人	不明	少好學，習《小夏侯尚書》。王莽時，寢病不仕，教授諸生千餘人。		（光武）諫議大夫	（光武）沛郡太守，太中大夫，大司徒司直（二千石）
#杜林	扶風茂陵司隸	官僚	徵召	家既多書，又外氏張竦父子喜文采，林從竦受學，博洽多聞，時稱通儒。河南鄭興、東海衛宏等，皆長於古學。興嘗師事劉歆，濟南徐巡，始師事宏，後皆更受林學。林前於西州得漆書《古文尚書》一卷，常寶愛之，雖遭難困，握持不離身。宏、巡益重之，於是古文遂行。	林薦同郡范逡、趙秉、申屠剛及牛邯等，皆被擢用，士多歸之	郡吏	（光武）少府，光祿勳，大司空（萬石）
杜喬（子）	扶風茂陵司隸	官僚	任子			（光武）郎丹水長	不明

牛邯	隴西狄道涼州	不明	薦舉		大司徒司直杜林、太中大夫馬援並薦		（光武）護羌校尉（比二千石）
#郭丹	南陽穰荊州	官僚	徵召（更始）辟除	後從師長安，既至京師，常為都講，諸儒咸敬重之。	（光武）大司馬吳漢辟舉高第	（更始）三公舉丹賢能，徵為諫議大夫	（光武）并州牧，使匈奴中郎將，左馮翊，司徒(萬石)
郭宇（子）	南陽穰荊州	官僚	不明				（明帝）常山太守（二千石）
郭濟（子）	南陽穰荊州	官僚	不明				（明帝）趙相（二千石）
范遷	沛國豫州	不明	不明				（光武）河南尹，司徒（萬石）
吳良	齊國臨淄青州	不明	辟除薦舉		驃騎將軍東平王蒼辟之，署為西曹，薦舉	郡吏	（明帝）議郎，司徒長史(千石)
承宮	琅邪姑幕徐州	平民	公車	鄉里徐子盛，公羊（嚴），受業於丁恭，經典既明，乃歸家教授		（明帝）博士	（明帝）左中郎將（比二千石）（章帝）侍中祭酒
鄭均	東平任城兗州	士人（兄為縣吏）	（章帝）公車特徵	少好黃、老書	（章帝）司徒鮑昱辟之，後舉直言，並不詣		（章帝）尚書，議郎（六百石）
趙戒（父）	蜀郡成都益州	不明	孝廉				（桓帝前）太尉（萬石）

趙典	蜀郡成都益州	貴族	薦舉徵召	典少篤行隱約，博學經書，弟子自遠方至	四府表薦	（桓帝）議郎，侍講禁內	（光武）將作大匠，少府，大鴻臚，太僕，太常（中二千石）
桓譚	沛國相豫州	官僚（父成帝時為太樂令）	任子薦舉徵召	遍習《五經》，皆詁訓大義，不為章句	大司空宋弘薦	（哀、平）郎	（更始）太中大夫（比二千石）（光武）議郎給事中，六安郡丞（比六百石）
馮衍	京兆杜陵司隸	官僚（祖野王，元帝時為大鴻臚）	不明		更始將軍廉丹	更始將軍廉丹辟衍為掾	（光武）曲陽令，司隸從事（千石）
馮豹（子）	京兆杜陵司隸	官僚	孝廉	長好儒學，以《詩》、《春秋》教		（章帝）尚書郎	（和帝）武威太守（二千石）
田邑	馮翊司隸	不明	不明				（光武）漁陽太守（二千石）
申屠剛	扶風茂陵司隸	不明（七世祖嘉，文帝時為丞相）	薦舉徵召		杜林	（平帝）郡功曹	（光武）太中大夫，尚書令（比二千石）
#鮑永	上黨屯留并州	官僚（父宣，哀帝時任司隸校尉，為王莽所殺）	州郡辟除	習歐陽《尚書》	太守苟諫辟	郡功曹	（光武）揚州牧，司隸校尉，兗州牧（二千石）

鮑昱（子）	上黨屯留并州	貴族	州郡辟除	少傳父學	太守戴涉辟	高都長	（明帝）司徒（萬石）（章帝）太尉
鮑得（子）	上黨屯留并州	貴族	任子			（明帝）郎	不明
鮑德（孫）	上黨屯留并州	貴族	不明				（不明）南陽太守，大司農（中二千石）
#郅惲	汝南西平豫州	士人	州郡辟除孝廉	理《韓詩》、《嚴氏春秋》，明天文歷數。惲遂客居江夏教授	縣令太守歐陽歙辟。積弩將軍傅俊辟	（光武）積弩將軍傅俊上為將兵長史	（光武）上東城門候，長沙太守（二千石）
郅壽（子）	汝南西平豫州	官僚	孝廉			稍遷冀州刺史	（章帝）京兆尹（中二千石）
蘇竟	扶風平陵司隸	士人	不明	明《易》為博士講《書》祭酒		（王莽）代郡中尉	（光武）代郡太守（二千石）
楊厚	廣漢新都益州	官僚	薦舉順帝徵召	從犍為周循學習先法，又就同郡鄭伯山受《河洛書》及天文推步之術。修黃、老，教授門生，上名錄者三千餘人	父楊統薦	（安帝）中郎	（順帝）侍中（比二千石）
#郎宗（父）	北海安丘青州	士人	（安帝）徵召	學《京氏易》，善風角、星算、六日七分，能望氣占候吉凶		（安帝）諸儒表	（安帝）吳令（千石）

郎顗	北海安丘青州	官僚	不仕	少傳父業，兼明經典，隱居海畔，延致學徒常數百人			不仕
襄楷	平原隰陰青州	士人	不仕	好學博古，善天文陰陽之術			不仕
郭伋	扶風茂陵司隸	官僚	（更始）徵召			（哀、平間）辟大司空府	（光武）尚書令，并州牧，太中大夫(二千石)
杜詩	河內汲司隸	不明	辟除尤異軍功	詩雅好推賢，數進知名士清河劉統及魯陽長董崇等。	更始時，辟大司馬府	仕郡功曹	（光武）南陽太守（二千石）
#孔奮	扶風茂陵司隸	官僚(曾祖霸，元帝時為侍中)	辟除徵召	少從劉歆受《春秋左氏傳》	河西大將軍竇融辟	（光武）署議曹掾，守姑臧長	（光武）武都太守（二千石）
孔嘉（子）	扶風茂陵司隸	貴族	不明				（不明）城門校尉（比二千石）
張堪	南陽宛荊州	地主豪富	薦舉徵召軍功	年十六，受業長安	中郎將來歙薦	（光武）郎中	（光武）漁陽太守（二千石）
廉范	京兆杜陵司隸	平民（范父遭喪亂，客死於蜀漢）	辟除茂才軍功	詣京師受業，事博士薛漢	不明，辟公府	（明帝）功曹	（章帝）蜀郡太守（二千石）
#王堂	廣漢郪益州	不明	茂才治劇軍功		三府舉（治劇）	初舉光祿，茂才	（順帝）汝南太守（二千石）
王商（曾孫）	廣漢郪益州	官僚	不明		益州牧劉焉		（不明）蜀郡太守（二千石）

#蘇章	扶風茂陵司隸	官僚	賢良方正		不明	（安帝）議郎	（順帝）冀州刺史（六百石）（一千石以下）
蘇純（祖父）	扶風茂陵司隸	官僚	軍功				（不明）南陽太守（二千石）
蘇謙（兄孫）	扶風茂陵司隸	官僚	不明			郡督郵	（桓帝）金城太守（二千石）
蘇不韋（兄曾孫）	扶風茂陵司隸	官僚	不明				（桓帝）郡五官掾（四百石）（一千石以下）
#羊續	太山平陽兗州	官僚	任子辟除軍功		辟大將軍竇武府，太尉府	（桓帝）郎中	（靈帝）太常（中二千石）
羊侵（祖父）	太山平陽兗州	官僚	不明				（安帝）司隸校（比二千石）
羊儒（父）	太山平陽兗州	官僚	不明				（桓帝）太常（中二千石）
賈琮	東郡聊城兗州	不明	孝廉薦舉		有司舉琮為交阯刺史		（靈帝）京令，冀州刺史（少帝）度遼將軍（二千石）
#陸康	吳郡吳揚州	平民（父褒，有志操，連徵不至）	茂才		刺史臧旻（茂才）	少仕郡	（靈帝）廬江太守（二千石）

陸俊（子）	吳郡吳揚州	官僚	任子			（獻帝）郎中　不明
陸尚（孫）	吳郡吳揚州	官僚	任子			（靈帝）郎中　不明
#樊宏	南陽湖陽荊州	地主豪富（父世善農稼，好貨殖）	（不明）劉伯升族兄賜女弟為宏妻			（光武）光祿大夫（比二千石）
樊儵（子）	南陽湖陽荊州	地主豪富	不明	就侍中丁恭受《公羊嚴氏春秋》。儵刪定《公羊嚴氏春秋》章句，世號「樊侯學」，教授門徒前後三千餘人，弟子潁川李脩、九江夏勤，皆為三公。	（光武）復土校尉	（明帝）長水校尉（比二千石）
樊郴（子）	南陽湖陽荊州	地主豪富	任子		（明帝）郎	不明
樊梵（子）	南陽湖陽荊州	地主豪富	任子		（明帝）郎	（章帝）大鴻臚（中二千石）
樊準（族曾孫）	南陽湖陽荊州	地主豪富（以先父產業數百萬讓孤兄子）	徵召		（和帝）郡功曹，郎中	（和帝）御史中丞（安帝）尚書令（安帝）光祿勳（中二千石）

#陰識	南陽新野荊州	外戚（光烈皇后之前母兄）	軍功徵召（光武遣使迎陰貴人）			（劉伯升）校尉	（明帝）執金吾，位特進（中二千石）
陰秩（綱子）	南陽新野荊州	外戚	外戚				（和帝）黃門侍郎（六百石）（一千石以下）
陰輔（綱子）	南陽新野荊州	外戚	外戚				（和帝）黃門侍郎（六百石）（一千石以下）
陰敞（綱子）	南陽新野荊州	外戚	外戚				（和帝）黃門侍郎（六百石）（一千石以下）
陰興（弟）	南陽新野荊州	外戚（光烈皇后母弟）	軍功外戚			（光武）黃門侍郎	（光武）侍中，衛尉（中二千石）
陰慶（興子）	南陽新野荊州	外戚	外戚				（明帝）黃門侍郎（六百石）（一千石以下）
陰員（慶弟）	南陽新野荊州	外戚	外戚			（明帝）郎	不明
陰丹（慶弟）	南陽新野荊州	外戚	外戚			（明帝）郎	不明
陰就（興弟）	南陽新野荊州	外戚	外戚				（明帝）少府（中二千石）

朱浮	沛國蕭豫州	不明	不明	幽州牧，時辟除多人		（光武初起）大司馬主簿	（光武）太僕，大司空（萬石）
#馮魴	南陽湖陽荊州	官僚（郡族姓）	軍功			（光武）虞令	（光武）司空（萬石）（明帝）執金吾
馮柱（子）	南陽湖陽荊州	外戚	（外戚）尚顯宗女獲嘉長公主				（不明）侍中，將作大匠（二千石）
馮定（孫）	南陽湖陽荊州	外戚	外戚				（不明）羽林中郎將（比二千石）
馮石（定弟）	南陽湖陽荊州	外戚	外戚				（安帝）侍中，衛尉，光祿勳，太尉，太傅（萬石）
馮承（石子）	南陽湖陽荊州	外戚	外戚				（不明）步兵校尉（比二千石）
馮世（定子）	南陽湖陽荊州	外戚	外戚			（安帝）黃門侍郎（六百石）（一千石以下）	不明
馮珧（石弟）	南陽湖陽荊州	外戚	外戚				（不明）城門校尉（比二千石）
馮蕭（珧子）	南陽湖陽荊州	外戚	外戚			黃門侍郎（六百石）	不明

#虞延	陳留東昏兗州	平民	辟除徵召		司徒玉況辟……太守富宗辟	戶牖亭長	（明帝）太尉，司徒（萬石）
虞放（從曾孫）	陳留東昏兗州	官僚	不明	太尉楊震門徒			（桓帝）尚書，司空（萬石）
鄭弘	會稽山陰揚州	不明	州郡辟除孝廉	師同郡河東太守焦貺	太守第五倫辟	鄉嗇夫	（光武）侍中，大司農（章帝）太尉(萬石)
周章	南陽隨荊州	不明	孝廉			郡功曹	（安帝）太常，司空（萬石）
#梁統	安定烏氏涼州	地主豪富	徵召軍功			仕州郡（更始）召補中郎將	（光武）武威大守，太中大夫（二千石）
梁松（子）	安定烏氏涼州	外戚	任子外戚（尚光武女舞陰長公主）			（光武）郎	（明帝）太僕（中二千石）
梁扈（松子）	安定烏氏涼州	外戚	外戚（恭懷皇后從兄）			（和帝）黃門侍郎	（安帝）長樂少府（中二千石）
梁竦（子）	安定烏氏涼州	外戚	任子外戚	習《孟習易》，弱冠能教授，蕭宗納其二女，皆為貴人		（光武）郎	不明
梁棠（竦子）	安定烏氏涼州	外戚	外戚				（不明）大鴻臚（中二千石）

梁安國（棠子）	安定烏氏涼州	外戚	外戚				（安帝）侍中（比二千石）
梁雍（棠弟）	安定烏氏涼州	外戚	外戚				（不明）少府（中二千石）
梁商（曾孫）	安定烏氏涼州	外戚	任子外戚			郎中（以外戚拜）	（順帝）執金吾、大將軍（萬石）
梁翼（玄孫）	安定烏氏涼州	外戚	外戚			黃門侍郎	（順帝）大將軍（萬石）
梁胤（翼子）	安定烏氏涼州	外戚	薦舉外戚		眾人		（桓帝）河南尹（二千石）
梁讓（翼叔父）	安定烏氏涼州	外戚	外戚				（桓帝）屯騎校尉（比二千石）
#張純	京兆杜陵司隸	貴族（少襲爵土）	（不明）父放，為成帝侍中。純少襲爵土			（哀、平）侍中	（光武）太僕，大司空（萬石）
張奮（子）	京兆杜陵司隸	貴族	不明			（章帝）左中郎將	（和帝）太常，司空（萬石）
張甫（孫）	京兆杜陵司隸	貴族	不明				（不明）津城門候（六百石）（一千石以下）

#曹充（父）	魯國薛豫州	官僚	不明	持《慶氏禮》，遂有慶氏學		（光武）博士	（光武）侍中（比二千石）
曹褒	魯國薛豫州	官僚	孝廉	持《慶氏禮》，作《通義》十二篇，演經雜論百二十篇，又傳《禮記》四十九篇，教授諸生千餘人，慶氏學遂行於世。		郡功曹	（章帝）侍中（和帝）城門校尉、將作大匠（二千石）
鄭益恩（子）	北海高密青州	官僚	孝廉		孔融		不明
#鄭興	河南開封司隸	士人	薦舉徵召	少學《公羊春秋》。晚善《左氏傳》，嘗師事劉歆	侍御史杜林薦	（更始）長史	（光武）太中大夫（比二千石）
鄭眾（子）	河南開封司隸	官僚	辟除明經	從鄭興受《左氏春秋》，精力於學，明《三統曆》，作《春秋難記條例》，兼通《易》、《詩》	辟司空府	（明帝）給事中	（章帝）大司農（二千石）
鄭安世（孫）	河南開封司隸	官僚	不明				（安帝）長樂，未央廄令(千石)
鄭亮（曾孫）	河南開封司隸	官僚	任子			（順帝）郎（一千石以下）	不明

范升	代郡幽州	士人	辟除	九歲通《論語》、《孝經》，及長，習《梁丘易》、〈孟氏易〉《老子》，教授後生。	王莽大司空王邑	（光武）議郎	（光武）博士（明帝）聊城令（千石）
陳元	蒼梧廣信交州	官僚	任子辟除	元少傳父業，習《左氏春秋》	辟司空李通府，復辟司徒歐陽歙府	（王莽）郎	不明
#賈逵	扶風平陵司隸	士人（父徽，從劉歆受《左氏春秋》，兼習《國語》、《周官》，又受《古文尚書》於涂惲，學《毛詩》於謝曼卿）	薦舉	逵悉傳父業，弱冠能誦《左氏傳》及《五經》本文，以《大夏侯尚書》教授，雖為古學，兼通五家《穀梁》之說	臨邑侯劉復薦舉	（明帝）郎	（和帝）左中郎將，侍中，魯相（二千石）
子	扶風平陵司隸	官僚	任子			（和帝）太子舍人(二百石)（一千石以下）	不明
子	扶風平陵司隸	官僚	任子			（和帝）太子舍人(二百石)（一千石以下）	不明

#張霸	蜀郡成都益州	士人	孝廉	七歲通《春秋》後就長水校尉樊儵受《嚴氏公羊春秋》，遂博覽《五經》。		光祿主事	（和帝）會稽太守，侍中（二千石）
張楷（子）	蜀郡成都益州	官僚	不仕	通《嚴氏春秋》、《古文尚書》，門徒常百人			不仕
張陵（孫）	蜀郡成都益州	官僚	孝廉			河南尹梁不疑	（桓帝）尚書（六百石）
張玄（孫）	蜀郡成都益州	官僚	不仕				不仕
#桓榮	沛國龍亢豫州	士人	徵召辟除	習《歐陽尚書》，事博士九江朱普，榮奔喪九江，負土成墳，因留教授，徒眾數百人	大司徒府	（光武）議郎	（光武）太常（中二千石）
桓郁（子）	沛國龍亢豫州	貴族	任子	傳父業，以《尚書》教授，門徒常數百人		郎	（和帝）太常（中二千石）
桓焉（孫）	沛國龍亢豫州	貴族	任子	弟子傳業者數百人，黃瓊、楊賜最為顯貴		郎	（順帝）太常，太尉（萬石）
桓鸞（郁孫）	沛國龍亢豫州	貴族	孝廉薦舉		太守向苗諸公並薦		（桓帝）膠東令（千石）
桓曄（鸞子）	沛國龍亢豫州	貴族	不明			郡功曹	（不明）郡功曹（一千石以下）

桓彬（焉之兄孫）	沛國龍亢豫州	貴族	孝廉				（桓帝）尚書郎（四百石）（一千石以下）
桓麟（彬父）	沛國龍亢豫州	貴族	不明			（桓帝）議郎	（桓帝）許令（千石）
劉猛	琅邪徐州	不明	不明				（桓帝）宗正（中二千石）
#丁綝（父）	潁川定陵豫州	不明	軍功			（王莽）潁陽尉	（光武）河南太守（二千石）
丁鴻	潁川定陵豫州	貴族	徵召	從桓榮受《歐陽尚書》，乃還就國，開門教授	門下由是益盛，遠方至者數千人。	事桓榮	（和帝）太常，司徒，太尉兼衛尉（萬石）
張宗	南陽魯陽荊州	不明	軍功			（王莽）縣陽泉鄉佐	（光武）琅邪相（二千石）
法雄	扶風郿司隸	官僚	辟除		辟太傅張禹府	郡功曹	（安帝）南郡太守（二千石）
#滕撫	北海劇青州	不明	軍功			仕州郡	（順帝）九江都尉，左馮翊（中二千石）
子	北海劇青州	貴族	任子			（順帝）郎	不明
#馮緄	巴郡宕渠益州	官僚（家富好施）	任子孝廉軍功	少學《春秋》、《司馬兵法》。		（安帝）郎中	（順帝）廷尉、太常（中二千石）

馮煥（父）	巴郡宕渠益州	不明	不明				（安帝）幽州刺史（六百石）（一千石以下）
馮鸞（子）	巴郡宕渠益州	官僚	孝廉			郎中	不明
馮允（弟）	巴郡宕渠益州	官僚	任子	能理《尚書》，善推步之術		（安帝）郎中	（不明）降虜校尉（二千石）
度尚	山陽湖陸兗州	平民	計吏軍功			郡上計吏	（桓帝）桂陽太守（二千石）
張磐	丹陽揚州	不明	不明				（桓帝）交阯刺史，廬江太守（二千石）
抗徐	丹陽揚州	不明				郡佐史	（不明）長沙太守（二千石）
楊琁	會稽烏傷揚州	官僚	孝廉				（靈帝）零陵太守（二千石）
劉平	彭城徐州	不明	孝廉薦舉徵召		尚書僕射鍾離意	（王莽）郡吏	（明帝）侍中（比二千石）
王望	琅邪徐州	士人（客授會稽）	薦舉徵召	客授會稽	尚書僕射鍾離意	（明帝）議郎	（明帝）青州刺史（六百石）（一千石以下）
王扶	東萊掖青州	不明（少修節行）	薦舉徵召		尚書僕射鍾離意	（明帝）議郎	（明帝）議郎（比六百石）（一千石以下）

#趙孝	沛國蘄豫州	官僚	任子辟除		辟太尉府	（王莽）郎	（明帝）諫議大夫，侍中，長樂衛尉（二千石）
趙禮（弟）	沛國蘄豫州	官僚	徵召				（明帝）御史中丞（千石）
禮子	沛國蘄豫州	官僚	任子			（明帝）郎（一千石以下）	不明
#淳于恭	北海淳于青州	士人	公車			（章帝）議郎	（章帝）侍中騎都尉（比二千石）
淳于孝（子）	北海淳于青州	官僚	任子			（章帝）太子舍人（二百石）（一千石以下）	不明
江革	齊國臨淄青州	平民	州郡辟除孝廉賢良方正		郡守請以為吏太尉牟融（方正）	（明帝）郎	（明帝）楚太僕（二千石）（章帝）五官中朗將
#劉般	彭城徐州	宗室（宣帝之玄孫也）	薦舉宗室		揚州刺史觀恂薦		（章帝）宗正（中二千石）
劉愷（子）	彭城徐州	宗室	薦舉徵召宗室		尚書陳忠薦	（和帝）郎	（和帝）太尉，長水校尉（萬石）（安帝）太常，司空司徒
劉茂（子）	彭城徐州	宗室	宗室				（桓帝）司空（萬石）

周磐	汝南安成豫州	士人（祖父業，建武初為天水太守）	孝廉	遊京師，學《古文尚書》、《洪範五行》、《左氏傳》，教授門徒常千人		（和帝）謁者	（和帝）陽夏、重合令（千石）
#趙諮	東郡燕兗州	官僚	至孝有道辟除徵召		大司農陳奇（至孝有道）太尉楊賜特辟	（桓帝）博士	（桓帝）東海相（二千石）
趙暢（父）	東郡燕兗州	不明	不明				（不明）博士（六百石）（一千石以下）
#班彪	扶風安陵司隸	官僚	辟除茂才		河西大將軍竇融以為從事，復辟司徒玉況府（辟除）司隸（茂才）		（光武）徐令，望都長（千石）
班固（子）	扶風安陵司隸	官僚	徵召			（明帝）蘭臺令史	（章帝）玄武司馬（比千石）
#第五倫	京兆長陵司隸	不明（盜賊起，宗族閭里爭往附之）	薦舉州郡辟除孝廉		郡尹鮮于褒辟，又薦之於京兆尹閻興	（王莽）營長，主簿	（章帝）司空(萬石)
第五頡（子）	京兆長陵司隸	官僚	不明				（順帝）將作大匠（二千石）

第五種（曾孫）	京兆長陵司隸	官僚	不明			（桓帝）司徒掾	（桓帝）衛相，兗州刺史（二千石）
鍾離意	會稽山陰揚州	不明	孝廉辟除		辟大司徒侯霸府	郡督郵	（明帝）尚書，魯相（二千石）
藥崧	河內司隸	平民	不明			郎	（光武）南陽太守（二千石）
王奐	河內武德司隸	不明		明五經		考城令	（不明）漢陽太守（二千石）
高弘	河內山陽司隸	不明					（不明）琅邪相（二千石）
#宋均	南陽安眾荊州	官僚	任子	好經書，每休沐日，輒受業博士，通《詩》、《禮》，善論難		（光武）郎	（光武）九江太守（二千石）（和帝）尚書令
宋條（子）	南陽安眾荊州	官僚	任子			（明帝）太子舍人	不明
宋意（族子）	南陽安眾荊州	官僚	孝廉	少傳父業，習《大夏侯尚書》		（明帝）阿陽侯相（二千石）	（明帝）阿陽侯相（章帝）司隸校尉（比二千石）
宋俱（孫）	南陽安眾荊州	官僚	不明				（靈帝）司空（萬石）
寒朗	魯國薛豫州	士人	孝廉辟除	以《尚書》教授	辟司徒府	（明帝）謁者守侍御史	（和帝）清河太守（二千石）

#朱暉	南陽宛荊州	官僚（家世衣冠）	任子辟除	卒業於太學	驃騎將軍東平王蒼辟	（光武）郎	（明帝）臨淮太守（二千石）（章帝）尚書令
朱頡（子）	南陽宛荊州	官僚	不明				（安帝）陳相（二千石）
朱穆（孫）	南陽宛荊州	官僚	孝廉辟除薦舉徵召		大將軍梁冀辟，在朝諸公多有相推薦	梁冀使典兵事	（桓帝）尚書（六百石）
朱野（曾孫）	南陽宛荊州	官僚	不明				（不明）河南尹（二千石）
#樂恢	京兆長陵司隸	士人（父親，為縣吏）	辟除	長好經學，事博士焦永	辟司空牟融府	本郡吏	（和帝）尚書僕射（六百石）（一千石以下）
樂己（子）	京兆長陵司隸	官僚	任子			（和帝）郎中	不明
何敞	扶風平陵司隸	官僚	辟除		辟太尉宋由府	（和帝）辟太尉宋由府	（和帝）尚書，汝南太守，五官中郎將（二千石）
何幾（子）	扶風平陵司隸	官僚	任子			郎中	不明
鄧彪	南陽新野荊州	官僚	辟除		辟公府	仕州郡	（和帝）太傅(萬石)
#張禹	趙國襄國冀州	官僚	孝廉				（殤帝）太傅，錄尚書事(萬石)

張曜（子）	趙國襄國冀州	貴族	任子			（和帝）郎中（二百石）	不明
徐防	沛國銍豫州	士人	孝廉	防少習父祖學		（明帝）郎	（殤帝）太尉（萬石）
張敏	河間鄚冀州	不明	孝廉				（安帝）司空（萬石）
胡廣	南郡華容荊州	官僚（父貢，交阯都尉，廣少孤貧，親執家苦）	孝廉		其所辟命，皆天下名士	散吏	（順帝）司徒（桓帝）司空，太尉（萬石）（靈帝）太傅
#袁安	汝南汝陽豫州	官僚	孝廉治劇	安少傳良學，習《孟氏易》	三府舉理劇	縣功曹	（章帝）司空，司徒（萬石）
袁良（祖父）	汝南汝陽豫州	士人	明經（平帝）	習《孟氏易》			（光武）成武令（千石）
袁賞（子）	汝南汝陽豫州	官僚	任子			（和帝）郎	不明
袁京（子）	汝南汝陽豫州	官僚	不明	習《孟氏易》		郎中	（和帝）侍中，蜀郡太守（二千石）
袁敞（子）	汝南汝陽豫州	官僚	任子	少傳《易經》教授		太子舍人	（和帝）東郡太守，太僕、光祿勳，司空（萬石）
袁彭（孫）	汝南汝陽豫州	官僚	不明	少傳父業			（順帝）光祿勳（中二千石）

袁湯 （孫）	汝南 汝陽 豫州	官僚	不明	少傳家學			（桓帝） 司徒、太尉 （萬石）
袁成 （曾孫）	汝南 汝陽 豫州	官僚	不明				（不明） 左中郎將 （比二千 石）
袁逢 （曾孫）	汝南 汝陽 豫州	官僚	不明				（靈帝）司 空，執金吾 （萬石）
袁隗	汝南 汝陽 豫州	官僚	不明				（靈帝） 三公 （獻帝） 太傅
袁紹 （玄孫）	汝南 汝陽 豫州	官僚	徵辟			大將軍 （何進） 掾	（靈帝） 中軍校尉 （獻帝） 大將軍、冀 州牧
袁術 （玄孫）	汝南 汝陽 豫州	官僚	孝廉				（靈帝） 河南尹、虎 賁中郎將 （二千石）
袁基 （玄孫）	汝南 汝陽 豫州	貴族	不明				（不明） 太僕（中二 千石）
袁閎 （玄孫）	汝南 汝陽 豫州	貴族	不仕				不仕
胡母班	泰山 郡 兗州						（靈帝） 執金吾（中 二千石）
李咸	汝南 西平 豫州	平民	薦舉		司徒胡廣 舉茂才	高密令	（靈帝）大 鴻臚、太尉 （萬石）

#張俊	蜀郡益州	官僚	不明				（安帝）尚書郎（四百石）（一千石以下）
張盱（子）	蜀郡益州	官僚	不明				（不明）光祿勳（中二千石）
張龕（兄）	蜀郡益州	官僚	不明				（和帝）尚書郎（四百石）（一千石以下）
#張酺	汝南細陽豫州	士人	帝師	少從祖父充受《尚書》，又事太常桓榮置《五經》師，張酺以《尚書》教授		（明帝）郎	（和帝）太僕，太尉（萬石）
張濟（曾孫）	汝南細陽豫州	官僚	不明				（靈帝）司空，車騎將軍（萬石）
#韓棱	潁川舞陽豫州	官僚	不明		在朝數薦舉良吏應順、呂章、周紆等，皆有名當時	郡功曹	（和帝）太僕，司空（萬石）
韓輔（子）	潁川舞陽豫州	官僚	不明				（安帝）趙相（二千石）
韓演（孫）	潁川舞陽豫州	官僚	不明				（桓帝）司徒（萬石）
#周榮	廬江舒揚州	不明	明經辟除			（章帝）辟司徒袁安府	（和帝）尚書令潁川太守（二千石）

周興 （子）	廬江 舒 揚州	官僚	任子 薦舉		尚書陳忠 薦	（和帝） 郎中	（安帝） 尚書郎 （四百石） （一千石以 下）
周景 （孫）	廬江 舒 揚州	官僚	辟除			辟大將 軍梁冀 府	（桓帝） 尚書令，太 僕、衛尉 太尉(萬石)
周崇 （景子）	廬江 舒 揚州	貴族	不明				（靈帝） 甘陵相 （二千石）
周暉 （忠子）	廬江 舒 揚州	貴族	不明				（靈帝） 洛陽令 （千石）
#郭躬	潁川 陽翟 豫州	官僚	辟除 明法	少傳父業，講 授徒眾常數 百人。習《小 杜律》。	辟公府	郡吏	（章帝） 廷尉（中二 千石）
郭弘 （父）	潁川 陽翟 豫州	官僚	明法	習《小杜律》	太守寇恂		（光武） 決曹掾 （一千石以 下）
郭晊 （子）	潁川 陽翟 豫州	官僚	明法				（不明） 南陽太守 （二千石）
郭鎮 （弟子）	潁川 陽翟 豫州	官僚	明法 辟除	少修家業		辟太尉 府	（安帝） 尚書令河南 尹，廷尉 （中二千 石）
郭賀 （鎮長 子）	潁川 陽翟 豫州	官僚	明法				（不明） 廷尉（中二 千石）

郭禎 （賀弟）	潁川 陽翟 豫州	官僚	明法				（不明） 廷尉（中二 千石）
郭禧 （弟子）	潁川 陽翟 豫州	官僚	明法	少明習家業		廷尉	（靈帝） 太尉 （萬石）
#吳雄	河南 司隸	平民	明法				（順帝） 廷尉，司徒 （萬石）
吳訢 （子）	河南 司隸	官僚	明法				（不明） 廷尉（中二 千石）
吳恭 （孫）	河南 司隸	官僚	明法				（不明） 廷尉（中二 千石）
#趙興	下邳 徐州	不明	不明			（章帝） 司隸校 尉	（不明） 潁川太守 （二千石）
趙峻 （子）	下邳 徐州	官僚	不明				（不明） 太傅，司隸 （萬石）
趙安世 （孫）	下邳 徐州	官僚	不明				（不明） 魯相，司隸 （二千石）
#陳寵	沛國 洨 豫州	官僚	明法 辟除		辟司徒鮑 昱府	州郡吏	（和帝） 尚書，司空 （萬石）
陳躬 （父）	沛國 洨 豫州	官僚	不明				（光武） 廷尉左監 （千石）
陳忠 （子）	沛國 洨 豫州	官僚	明法 辟除		司徒劉愷 （明法）	（安帝） 辟司徒 府	（安帝） 尚書令司隸 校尉（比二 千石）
尹勤	南陽 荊州	不明	不明				（和帝） 太常，司空 （萬石）

施延	沛國豫州	不明	有道		詔拜		（安帝）侍中，太尉（萬石）
#班超	扶風平陵司隸	官僚（徐令彪之少子也）	任子出使			（明帝）蘭臺令史	（和帝）射聲校尉（比二千石）
班雄（子）	扶風平陵司隸	貴族	不明				（和帝）屯騎校尉，京兆尹（中二千石）
班勇（子）	扶風平陵司隸	貴族	不明			（安帝）軍司馬	（安帝）軍司馬，西域長史（二千石）
梁慬	北地弋居涼州	官僚	徵召出使			（和帝）郎中	（安帝）度遼將軍（二千石）
#何熙	陳國豫州	不明	不明			（和帝）謁者	（和帝）御史中丞，司隸校尉、大司農（中二千石）
何衡（孫）	陳國豫州	官僚	不明				（不明）尚書（六百石）（一千石以下）
#楊終	蜀郡成都益州	士人	徵召	京師受業，習《春秋》		郡小吏	（明帝）校書郎（一千石以下）
楊鳳（兄）	蜀郡成都益州	平民	不明			郡吏	（和帝）郎中（二百石）（一千石以下）

李法	漢中南鄭益州	士人	賢良方正		應方正對策	（和帝）博士	（和帝）侍中、光祿大夫，汝南太守（二千石）
翟酺	廣漢雒益州	士人（四世傳《詩》）	不明	好《老子》，尤善圖緯、天文、曆算		仕郡，徵拜議郎	（安帝）尚書（順帝）光祿大夫，將作大匠（二千石）
應奉	汝南南頓豫州	官僚	計吏茂才將帥薦舉		大將軍梁冀（茂才）四府（將帥）車騎將軍馮緄薦	郡決曹史	（桓帝）武陵太守，司隸校尉（二千石）
#霍諝	魏郡鄴冀州	官僚（舅光衣冠子孫）	孝廉公車			仕郡	（桓帝）尚書僕射，司隸校尉，少府、廷尉（中二千石）
霍儁（子）	魏郡鄴冀州	貴族	不明				（不明）安定太守（二千石）
#爰延	陳留外黃兗州	士人	州郡辟除賢良方正	清苦好學，能通經教授。	縣令隴西牛述（辟除）太尉楊秉（方正）	縣廷掾	（桓帝）侍中，魏郡太守，大鴻臚（中二千石）
爰驥（子）	陳留外黃兗州	官僚	不明			白馬令	（不明）白馬令（千石）
徐淑（父）	廣陵海西徐州	不明	不明				（不明）度遼將軍（二千石）

王充	會稽上虞揚州	士人	州郡辟除	受業太學，師事扶風班彪，後歸鄉里，屏居教授	刺史董勤辟為從事	郡功曹	（章帝）從事，治中（一千石以下）
王符	安定臨涇涼州	平民	不仕				不仕
李恂	安定臨涇涼州	士人	辟除	少習《韓詩》，教授諸生常數百人		辟司徒桓虞府	（章帝）武威太守（二千石）
#陳禪	巴郡安漢益州	不明	孝廉州郡辟除茂才		州辟治中從事，車騎將軍鄧騭（茂才）	仕郡功曹	（順帝）司隸校尉（比二千石）漢中太守
陳澄（子）	巴郡安漢益州	官僚	不明				（不明）漢中太守（二千石）
陳寶（曾孫）	巴郡安漢益州	官僚	不明				（不明）州別駕從事（一千石以下）
陳龜	上黨泫氏并州	官僚	孝廉辟除		大將軍梁商辟		（和帝）京兆尹（中二千石）
龐參	河南緱氏司隸	不明	孝廉薦舉徵召（鄧太后）		河南尹龐奮（孝廉）御史中丞樊準薦尚書僕射虞詡薦	仕郡（和帝）召拜竭者	（順帝）太尉（萬石）
#橋玄	梁國睢陽豫州	官僚	孝廉州郡辟除公車		豫州刺史周景辟	縣功曹	（靈帝）尚書令，太尉（萬石）

橋羽（子）	梁國睢陽豫州	官僚	不明				（不明）任城相（二千石）
崔駰	涿郡安平幽州	士人（父以疾隱身不仕）	辟除	年十三能通《詩》、《易》、《春秋》	車騎將軍竇憲辟	掾	（和帝）長岑長（四百石）（一千石以下）
崔瑗（子）	涿郡安平幽州	士人	茂才薦舉	傳其父業，年十八，至京師，從侍	大司農胡廣、少府	郡吏	（順帝）濟北相
				中賈逵質正大義，瑗因留遊學，遂明天官、曆數、《京房易傳》、六日七分。	竇章（薦舉）大將軍梁商（茂才）		（二千石）
崔寔（孫）	涿郡安平幽州	官僚	薦舉公車		大司農羊傅、少府何豹薦。司空黃瓊薦	（桓帝郎）	（桓帝）大將軍司馬，五原太守，尚書（二千石）
崔烈（寔從兄）	涿郡安平幽州	官僚	納貲				（靈帝）司徒（萬石）
崔鈞（烈子）	涿郡安平幽州	官僚	不明				（靈帝）虎賁中郎將，西河太守（二千石）
周燮	汝南安城豫州	士人	不仕	十歲就學，能通《詩》、《論》；及長，專精《禮》、《易》。			不仕
黃憲	汝南慎陽豫州	平民	孝廉州郡辟除				不明

徐稺	豫章南昌揚州	平民	州郡辟除		太守陳蕃辟	功曹	不明
姜肱	彭城廣戚徐州	官僚（家世名族）	不仕	肱博通《五經》，兼明星緯，士之遠來就學者三千餘人			不仕
申屠蟠	陳留外黃兗州	平民	不仕	博貫《五經》，兼明圖緯			不仕
#楊震	弘農華陰司隸	士人	茂才	受《歐陽尚書》於太常桓郁	大將軍鄧騭（茂才）	仕州郡	（安帝）太常，司徒，太尉（萬石）
楊牧（子）	弘農華陰司隸	官僚	任子			（順帝）郎	（不明）富波相（二千石）
楊奇（牧孫）	弘農華陰司隸	官僚	不明				（靈帝）侍中，汝南太守（少帝）衛尉（中二千石）
楊秉（子）	弘農華陰司隸	官僚	任子辟除公車	少傳父業，兼明《京氏易》，博通書傳，常隱居教授	司空辟	（順帝）郎	（桓帝）尚書，太常（靈帝）太尉（萬石）
楊賜（孫）	弘農華陰司隸	官僚	辟除薦舉	少傳家學，常退居隱約，教授門徒……桓焉		辟大將軍梁冀府……三公舉賜	（靈帝）司空，司徒，太常，太尉（萬石）
楊彪（曾孫）	弘農華陰司隸	官僚	公車	傳家學		（靈帝）議郎	（靈帝）少府，太常，光祿勳，司空（萬石）（獻帝）尚書令

#張晧	犍為武陽益州	士人	辟除	少遊學京師	辟大將軍鄧騭府	（和帝）仕州郡	（安帝）廷尉（順帝）司空（萬石）
張綱（子）	犍為武陽益州	官僚	辟除			司徒辟高第為侍御史	（順帝）廣陵太守（二千石）
張續（子）	犍為武陽益州	官僚	任子			（順帝）郎中	不明
#王龔	山陽高平兗州	官僚（世為豪族）	孝廉		其所辟命，皆海內長者		（順帝）太僕，太常，司空，太尉（萬石）
王暢（子）	山陽高平兗州	官僚	辟除茂才薦舉		大將軍梁商（茂才）太尉陳蕃薦	辟舉茂才	（桓帝）尚書令（靈帝）司空（萬石）
王謙（孫）	山陽高平兗州	官僚	不明				（靈帝）大將軍何進長史（千石）
種暠	河南洛陽司隸	地主豪富（父為定陶令，有財三千萬）	薦舉孝廉辟除		朱穆薦辟太尉府河南尹田歆辟。大將軍梁冀辟	縣門下史，從事中郎	（桓帝）尚書，大司農，司徒（萬石）
#陳球	下邳淮浦徐州	官僚（歷世著名）	（順帝）孝廉辟除薦舉		辟公府司徒橋玄		（靈帝）司空，廷尉、太常，太尉（萬石）
陳亹（父）	下邳淮浦徐州	官僚	不明				（不明）廣漢太守（二千石）

陳瑀（子）	下邳淮浦徐州	官僚	孝廉				（不明）吳郡太守（二千石）
陳琮（子）	下邳淮浦徐州	官僚	不明				（不明）汝陰太守（二千石）
陳珪（弟子）	下邳淮浦徐州	官僚	孝廉				（不明）沛相（二千石）
陳登（珪子）	下邳淮浦徐州	官僚	不明				（不明）廣陵太守（二千石）
杜根	潁川定陵豫州	官僚	孝廉公車			（安帝）郎中	（順帝）濟陰太守（二千石）
成翊世	平原青州	不明	薦舉徵召		尚書僕射虞詡，尚書令左雄、僕射郭虔薦舉	平原郡吏	（順帝）尚書（六百石）（一千石以下）
#欒巴	魏郡內黃冀州	不明	宦者薦舉徵召		朱穆薦荊州刺史李固薦	（順帝）以宦者給事掖庭，補黃門令	（桓帝）豫章太守，沛相（二千石）（靈帝）議郎
欒賀（子）	魏郡內黃冀州	官僚	不明				（不明）雲中太守（二千石）
劉陶	潁川潁陰豫州	不明（濟北貞王勃之後）	孝廉			（桓帝）順陽長	（靈帝）尚書令，侍中，京兆尹（中二千石）
李雲	甘陵冀州	不明（性好學，善陰陽）	孝廉				（桓帝）白馬令（千石）

劉瑜	廣陵徐州	官僚	災異賢良方正	少好經學，尤善圖讖、天文、曆算之術	太尉楊秉（方正）	（桓帝）議郎	（靈帝）侍中（比二千石）
謝弼	東郡武陽兗州	不明(中直方正，為鄉邑所宗師)	有道		詔舉有道	（靈帝）郎中	（靈帝）廣陵府丞（六百石）（一千石以下）
陳敦	東海徐州	不明	有道		詔舉有道	（靈帝）郎中	不明
#虞詡	陳國武平豫州	士人	辟除將帥	年十二，能通《尚書》。	辟太尉李脩府。鄧太后（將帥）	郎中	（順帝）司隸校尉，尚書令（比二千石）
虞恭（子）	陳國武平豫州	官僚	不明				（不明）上黨太守（二千石）
#傅燮	北地靈州涼州	不明	孝廉	少師事太尉劉寬		少師事太尉劉寬，郡將范津明舉	（靈帝）議郎，漢陽太守（二千石）
傅幹（子）	北地靈州涼州	貴族	不明				（不明）扶風太守（二千石）
#蓋勳	敦煌廣至涼州	官僚	孝廉		司隸校尉張溫	漢陽長史	（靈帝）討虜校尉，京兆尹（中二千石）
蓋順（子）	敦煌廣至涼州	官僚	不明				（不明）永陽太守（二千石）
#臧洪	廣陵射陽徐州	官僚	州郡辟除任子孝廉	知名太學	太守張超辟	（靈帝）童子郎	（靈帝）青州刺史，東郡太守（二千石）

臧旻（父）	廣陵射陽徐州	不明	尤異		州舉尤異		（靈帝）使匈奴中郎將（比二千石）
#張衡	南陽西鄂荊州	官僚	藝能公車	入京師，觀太學，遂通《五經》，貫六藝		（安帝）郎中	（順帝）侍中，尚書（比二千石）
張堪（祖父）	南陽西鄂荊州	官僚	不明				（光武）蜀郡太守（二千石）
馬融	扶風茂陵司隸	官僚	辟除敦厚公車	京兆摯恂……融才高博洽，為世通儒，教養諸生，常有千數。涿郡盧植，北海鄭玄，皆其徒也	城門校尉岑起（敦樸）……大將軍鄧騭辟	（安帝）鄧騭舍人	（桓帝）南郡太守（二千石）
蔡邕	陳留圉兗州	官僚	辟除	師事太傅胡廣	司空董卓辟	（靈帝）辟司徒橋玄府	（少帝）巴郡太守，尚書（二千石）
左雄	南陽涅陽荊州	不明	（安帝）孝廉公車薦舉		尚書僕射虞詡薦		（安帝）冀州刺史（順帝）尚書令，司隸校尉（比二千石）
周舉	汝南汝陽豫州	官僚	茂才薦舉徵召辟除		司隸校尉左雄（薦舉）不明（安帝）辟司徒李郃府		（順帝）尚書，侍中，河內太守，大鴻臚（中二千石）

#黃瓊	江夏安陸荊州	官僚	公車	桓焉			（順帝）議郎	（桓帝）尚書令，太常，司空，司徒，太尉（萬石）
黃琬（孫）	江夏安陸荊州	貴族	薦舉徵召		大尉楊賜（薦舉）		（桓帝）五官中郎將	（靈帝）侍中，太僕（獻帝）司徒，太僕（萬石）
刁韙	彭城徐州	不明	不明					（桓帝）議郎，尚書，魯、東海郡相（二千石）
#荀淑	潁川潁陰豫州	士人（荀卿十一世孫也）	賢良方正徵召	當世名賢李固、李膺等皆師宗之	光祿勳杜喬、少府房植（方正）	（安帝）郎中	（順帝）朗陵侯相（千石）
荀昱（兄子）	潁川潁陰豫州	官僚	不明					（桓帝）沛相（二千石）
荀曇（兄子）	潁川潁陰豫州	官僚	不明					（桓帝）廣陵太守（二千石）
荀悅（孫）	潁川潁陰豫州	官僚	徵召		曹操徵召入鎮東將軍府			（獻帝）侍中（比二千石）
韓韶	潁川舞陽豫州	不明	辟除治劇		尚書選三府掾理劇者辟司徒府	仕郡		（桓帝）嬴長（四百石）（一千石以下）
鍾皓	潁川長社豫州	官僚（為郡著姓，世善刑律）	明法	以詩律教授門徒千餘人		郡功曹		（不明）郡功曹（一千石以下）

陳寔	潁川 許 豫州	不明	理劇 辟除	聽受業太學， 少從樊英學	司空黃瓊 （理劇） 縣令鄧邵 辟大將軍 竇武辟以 為掾屬	縣吏	（桓帝） 太丘長 （一千石以 下）
趙岐	京兆 長陵 司隸	不明	辟除		司徒胡廣 辟		（桓帝） 并州刺史 （靈帝） 敦煌太守 （獻帝） 太僕、太常 （中二千 石）
#李固	漢中 南鄭 益州	官僚	敦厚		衛尉賈建 （敦樸）	（順帝） 議郎	（順帝） 太尉 （萬石）
李燮 （子）	漢中 南鄭 益州	官僚	徵召 （後徵 拜議郎）	從父門生王 成受學		議郎	（靈帝） 河南尹 （二千石）
杜喬	河內 林慮 司隸	不明 （少為 諸生）	孝廉 辟除		辟司徒楊 震府	少為諸 生	（順帝） 太子太傅， 大司農 （桓帝） 太尉(萬石)
楊匡	陳留 兗州	不明	不明	常在外黃大 澤教授門徒			（桓帝） 平原令 （千石）
#吳祐	陳留 長垣 兗州	官僚	孝廉 光祿 四行	因自免歸家， 以經書教授	太守冷宏		（桓帝） 齊相 （二千石）
吳恢 （父）	陳留 長垣 兗州	不明	不明				（不明） 南海太守 （二千石）
吳鳳 （子）	陳留 長垣 兗州	官僚	不明				（不明） 樂浪太守 （二千石）

吳馮 （孫）	陳留 長垣 兗州	官僚	不明			（不明） 鯛陽侯相 （千石）
吳愷 （子）	陳留 長垣 兗州	官僚	不明			（不明） 新息令 （千石）
延篤	南陽 犨 荊州	士人	孝廉 以博士 徵召	少從潁川唐溪典受《左氏傳》，又從馬融受業，博通經傳及百家之言……篤以病免歸，教授家巷		平陽侯相	（桓帝） 議郎，侍中，左馮翊，京兆尹（中二千石）
#史弼	陳留 考城 兗州	官僚	辟除 薦舉	弼少篤學，聚徒數百	辟公府議郎何休薦	仕州郡	（桓帝） 尚書，平原相(二千石)
史敞 （父）	陳留 考城 兗州	不明	不明 （佞辯）				（順帝） 尚書、郡守 （二千石）
盧植	涿郡 涿 幽州	士人	徵召	少與鄭玄俱事南郡太守馬融，能通古今學《尚書》，禮學終辭歸，闔門教授		（靈帝） 博士	（靈帝） 侍中，尚書 （比二千石）
#皇甫規	安定 朝那 涼州	官僚	計吏 賢良方正 公車	遂以《詩》、《易》教授，門徒三百餘人，積十四年。	應方正對策	（順帝） 郡功曹	（桓帝） 太山太守，度遼將軍，尚書 （二千石）
皇甫節 （兄）	安定 朝那 涼州	官僚					（桓帝） 雁門太守 （二千石）

皇甫嵩（姪）	安定朝那涼州	官僚	孝廉茂才徵召			（靈帝）侍郎	（靈帝）北地太守、冀州牧、左將軍（獻帝）征西將軍、太尉、太常（萬石）
皇甫棱（祖父）	安定朝那涼州	不明	不明				（和帝）定襄太守，度遼將軍（二千石）
皇甫旗（父）	安定朝那涼州	官僚	不明				（安帝）扶風都尉（比二千石）
朱儁	會稽上虞揚州	平民	孝廉		太守徐珪	蘭陵令	（靈帝）河內太守（獻帝）太尉（萬石）
董卓	隴西臨洮涼州	官僚	徵辟		司徒袁隗	（桓帝）羽林郎	（靈帝）并州刺史（二千石）
張溫	南陽穰縣荊州	不明			曹騰		（靈帝）大司農、司空、太尉（萬石）
#張奐	敦煌淵泉涼州	官僚	賢良方正尤異辟除	師事太尉朱寵，學《歐陽尚書》	不明，辟大將軍梁冀府	（桓帝）議郎	（靈帝）大司農，太常（中二千石）
張惇（父）	敦煌淵泉涼州	不明	不明				（不明）漢陽太守（二千石）

段熲	武威姑臧涼州	官僚（西域都護會宗之從曾孫）	孝廉薦舉納貲武猛		司徒尹頌薦，除一子為郎中	憲陵園，陽陵令	（靈帝）侍中，太尉，太中大夫（萬石）
陳蕃	汝南平輿豫州	官僚	孝廉薦舉州郡辟除徵召		太尉李固薦汝南太守王恭	仕郡，除郎中	（桓帝）尚書僕射，太尉，太傅（萬石）
朱震	陳留兗州	不明	不明			州從事	（不明）魯相（二千石）

黨錮

劉淑	河間樂成冀州	官僚	賢良方正	少學明《五經》，遂隱居，立精舍講授，諸生常數百人	司徒種暠（方正）	（桓帝）議郎	（桓帝）尚書，侍中、虎賁中郎將（比二千石）
#李膺	潁川襄城豫州	官僚	孝廉辟除	還居綸氏，教授常千人	司徒胡廣辟除	舉高第	（桓帝）河南尹，司隸校尉（二千石）
李瓚（子）	潁川襄城豫州	官僚	不明				（不明）東平相（二千石）
杜密	潁川陽城豫州	不明	辟除		司徒胡廣辟	稍遷代郡太守	（桓帝）尚書令，河南尹，太僕（中二千石）
劉祐	中山安國冀州	不明	孝廉尤異		州舉尤異	補尚書侍郎	（桓帝）尚書令，司隸校尉，宗正，大司農（中二千石）

魏朗	會稽上虞揚州	士人	辟除薦舉徵召	從博士郤仲信學《春秋圖緯》，又詣太學受《五經》，京師長者李膺之徒爭從之	辟司徒府尚書令陳蕃薦	縣吏	（桓帝）尚書，河內太守（二千石）
宗慈	南陽安眾荊州	不明	有道徵召			脩武令	（不明）脩武令（千石）
宗資	南陽安眾荊州	不明	孝廉			議郎	（桓帝）御史中丞，汝南太守（二千石）
巴肅	勃海高城冀州	不明	孝廉辟除			辟公府	（靈帝）慎令，貝丘長，議郎（千石）
范滂	汝南征羌豫州	不明	孝廉光祿四行辟除		太守宗資辟太尉黃瓊所辟	舉孝廉	（桓帝）光祿勳主事（比千石）
#尹勳	河南鞏司隸	官僚（家世衣冠）	孝廉有道州郡辟除		州郡連辟		（桓帝）尚書令，大司農（中二千石）
尹頌（兄）	河南鞏司隸	官僚	不明				（桓帝）太尉（萬石）
尹睦（伯父）	河南鞏司隸	官僚	不明				（不明）司徒（萬石）
蔡衍	汝南項豫州	士人（少明經講授）	（桓帝）孝廉				（桓帝）冀州刺史，符節令（千石）

羊陟	太山梁父兗州	官僚	孝廉辟除		辟太尉李固府	舉高第，拜侍御史	（桓帝）虎賁中郎將、城門校尉，尚書令，河南尹（二千石）
張儉	山陽高平兗州	官僚			舉敦樸出身	（桓帝）督郵	（獻帝）少府（中二千石）
張成（父）	山陽高平兗州	不明	不明				（不明）江夏太守（二千石）
#岑晊	南陽棘陽荊州	官僚	州郡辟除	太學受業	南陽太守弘農成瑨辟		（桓帝）太守功曹（一千石以下）
岑豫（父）	南陽棘陽荊州	不明	不明				（不明）南郡太守（二千石）
#陳翔	汝南邵陵豫州	官僚	孝廉辟除		太尉周景闢	侍御史	（桓帝）定襄太守，揚州刺史，御史中丞（二千石）
陳珍（祖父）	汝南邵陵豫州	不明	不明				（不明）司隸校尉（比二千石）
孔昱	魯國魯豫州	官僚	公車	少習家學			（靈帝）議郎，洛陽令（千石）
苑康	勃海重合冀州	士人（少受業太學）	孝廉	少受業太學，與郭林宗親善			（桓帝）太山太守（二千石）

檀敷	山陽瑕丘兗州	平民（少為諸生）	方正	精舍教授，遠方至者常數百人	太尉黃瓊（方正）	諸生	（靈帝）議郎，蒙令（千石）
劉儒	東郡陽平兗州	不明	孝廉			舉高第	（桓帝）侍中，任城相，議郎（比二千石）
賈彪	潁川定陵豫州	士人	孝廉	少游京師		仕州郡	（桓帝）新息長（一千石以下）
何顒	南陽襄鄉荊州	士人	辟除	少遊學洛陽，顯名太學	辟司空府	（靈帝）辟司空府每三府會議，莫不推顒之長	不明
郭太	太原界休并州	平民	不仕	成皋屈伯彥學，遊於洛陽閉門教授，弟子以千數		不仕	
宋果	扶風司隸	不明	辟除		林宗乃訓之義方	辟公府	（靈帝）侍御史、并州刺史（六百石）（一千石以下）
王柔	太原晉陽并州	不明	不明				（靈帝）護匈奴中郎將（比二千石）
王澤	太原晉陽并州	不明	不明				（靈帝）代郡太守（二千石）

符融	陳留浚儀兗州	士人	不仕	遊太學，師事少府李膺	融薦達郡士范冉、韓卓、孔伷等三人		不仕
許劭	汝南平輿豫州	不明	不明			郡功曹	不明
#竇武	扶風平陵司隸	官僚	任子	武少以經行著稱，常教授於大澤中		（桓帝）郎中（長女選入掖庭，桓帝以為貴人）	（靈帝）大將軍（萬石）
竇奉（父）	扶風平陵司隸	官僚	不明				（不明）定襄太守（二千石）
胡騰	桂陽荊州	不明	不明	少師事竇武		（桓帝）護駕從事	（桓帝）尚書（六百石）（一千石以下）
何進	南陽宛荊州	外戚	外戚任子軍功			（靈帝）郎中（異母女弟選入掖庭為貴人）	（靈帝）侍中、將作大匠、河南尹，大將軍（萬石）
鄭太	河南開封司隸	地主豪富（家富於財）	徵召		大將軍何進征	尚書侍郎	（靈帝）待御史（六百石）（一千石以下）
孔宙（父）	魯國豫州	官僚	不明				（不明）太山都尉（比二千石）

荀緄（父）	潁川潁陰豫州	官僚	不明			（靈帝）濟南相（二千石）
皇甫節（父）	安定朝那涼州	官僚	不明			（不明）雁門太守（二千石）
#劉虞	東海郯徐州	官僚	孝廉		稍遷幽州刺史	（靈帝）太尉（萬石）（獻帝）大司馬太傅
劉嘉（祖父）	東海郯徐州	不明	不明			（不明）光祿勳（中二千石）
公孫瓚	遼西令支幽州	官僚（家世二千石）	軍功計吏孝廉	後從涿郡盧植學於緱氏山中	郡小吏	（靈帝）降虜校尉，騎都尉（二千石）
陶謙	丹陽郡揚州	官僚	茂才		縣令	（靈帝）徐州刺史、安東將軍（二千石）
劉焉	江夏竟陵荊州	宗室（魯恭王後）	任子賢良方正宗室	去官居陽城山，精學教授	不明	以宗室拜郎中	（靈帝）南陽太守、宗正、太常（中二千石）

循吏

衛颯	河內脩武司隸	平民	辟除治劇		辟大司徒鄧禹府	（王莽）仕郡歷州宰	（光武）桂陽太守（二千石）
茨充	南陽荊州	不明	不明			（光武）桂陽太守（二千石）

#任延	南陽宛荊州	士人	徵召	學於長安，明《詩》、《易》、《春秋》，顯名太學，學中號為「任聖童」		諸生	（明帝）潁川太守，河內太守（二千石）
任愷（子）	南陽宛荊州	貴族	不明				（不明）太常（中二千石）
王景	樂浪講邯幽州	士人	辟除理水	少學《易》，遂廣窺眾書，又好天文術數之事		辟司空伏恭府	（章帝）徐州刺史，盧江太守（二千石）
秦彭	扶風茂陵司隸	外戚（彭同產女弟，顯宗時入掖庭為貴人）	外戚			（明帝）騎都尉	（章帝）山陽太守（二千石）
#王渙	廣漢郪益州	官僚	茂才	習《尚書》	州（茂才）	太守陳寵功曹	（和帝）大司農兗州刺史，侍御史（中二千石）
王順（父）	廣漢郪益州	不明	不明				（不明）安定太守（二千石）
王石（子）	廣漢郪益州	官僚	任子			（安帝）郎中（二百石	不明
任峻	勃海冀州	不明	不明			（順帝）劇令	（不明）太山太守（二千石）
#許荊	會稽陽羨揚州	官僚	孝廉		太守黃兢	郡吏	（和帝）桂陽太守，諫議大夫（二千石）

許有彧 （孫）	會稽 陽羨 揚州	官僚	不明				（靈帝） 太尉 （萬石）
孟嘗	會稽 上虞 揚州	士人 （其先 三世為 郡吏，少 修操行）	孝廉 茂才		不明	仕郡為 戶曹史	（順帝） 合浦太守 （二千石）
楊喬	會稽 揚州	不明	不明			（桓帝） 尚書（六 百石） （一千 石以下）	不明
第五訪	京兆 長陵 司隸	平民 （司空 倫之族 孫也）	孝廉			仕郡為 功曹	（順帝） 南陽太守， 護羌校尉 （二千石）
董種	琅邪 徐州	不明					不其令 （一千石以 下）
沈豐	吳郡 揚州	不明					（不明） 零陵太守 （二千石）
百里嵩	陳留 兗州	不明	不明				（東漢末 年） 徐州刺史 （二千石）
巴祇	勃海 冀州	不明					（不明） 揚州刺史 （二千石）
#劉矩	沛國 蕭 豫州	官僚	孝廉 賢良方 正		太尉胡廣 （方正） 所辟召皆 名儒宿德		（桓帝） 尚書令，宗 正、太常， 太尉，司空 （萬石）
劉光 （叔父）	沛國 蕭 豫州	不明	不明				（順帝） 司徒 （萬石）

劉寵	東萊牟平青州	士人（父丕，博學，號為通儒，齊悼惠王之後也）	明經孝廉	父丕，博學，號為通儒，少受父業		陳東平陵令	（桓帝）宗正、大鴻臚，司空、將作大匠，宗正(萬石)（靈帝）司空,司徒、太尉(萬石)
仇覽	陳留考城兗州	士人（少為書生）	州郡辟除	入太學	縣召補史考城令河內王渙辟		（不明）蒲亭長,主簿（一千石以下）
童恢	琅邪姑幕徐州	地方宗族（父仲玉,遭玉凶荒,傾家賑恤,九族鄉里賴全者以百數）	孝廉尤異辟除		州舉尤異,司徒楊賜辟	仕州郡為吏	（靈帝）丹陽太守（二千石）
童翊（弟）	琅邪姑幕徐州	地方宗族	孝廉			須昌長	（靈帝）須昌長（四百石）（一千石以下）

酷吏

#董宣	陳留圉兗州	不明	辟除		司徒侯霸所辟	舉高第	（光武）江夏太守,洛陽令（二千石）
董並（子）	陳留圉兗州	官僚	任子			（光武）郎中	（不明）齊相（二千石）
樊曄	南陽新野荊州	不明（與光武少游舊）	徵召			（光武）侍御史	（光武）河東都尉,天水太守（二千石）

李章	河內懷司隸	官僚	辟除	習《嚴氏春秋》，經明教授，	大司馬光武辟	江曹屬	（光武）千乘太守，侍御史（二千石）
周系虧	下邳徐徐州	不明	明法（好韓非之術）			廷尉史	（章帝）御史中丞（和帝）司隸校尉，將作大匠（二千石）
黃昌	會稽餘姚揚州	平民（就經學，又曉習文法）	州郡辟除		刺史辟	仕郡為決曹	河內太守，潁川太守（順帝）將作大匠，大司農（中二千石）
陽球	漁陽泉州幽州	官僚	孝廉辟除		辟司徒劉寵府	補尚書侍郎	（靈帝）將作大匠，尚書令，司隸校尉（二千石）
王吉	陳留濬儀兗州	官僚（中常侍甫之養子）	宦者（之子）				（不明）沛相（二千石）

宦者

鄭眾	南陽犨荊州	不明	宦官			（明帝）給事太子家	（和帝）鉤盾令，大長秋（二千石）
蔡倫	桂陽荊州	不明	宦官			（章帝）小黃門	（和帝）中常侍尚方令（千石）
孫程	涿郡新城幽州	不明	宦官			（安帝）中黃門，給事長樂宮	（順帝）騎都尉，奉車都尉（比二千石）

#曹騰	沛國譙豫州	不明	宦官		其所進達，皆海內名人，陳留虞放、邊韶、南陽延固、張溫、弘農張奐、潁川堂谿典等	（安帝）黃門從官	（桓帝）大長秋，加位特進（二千石）
曹嵩（養子）	沛國譙豫州	貴族	宦官				（靈帝）大司農、大鴻臚，太尉（萬石）
#單超	河南司隸	不明	宦官				（桓帝）中常侍車騎將軍（萬石）
單安（弟）	河南司隸	不明	宦官				（桓帝）河東太守（二千石）
單匡（弟子）	河南司隸	不明	宦官				（不明）濟陰太守（二千石）
#徐璜	下邳良城徐州	不明	宦官				（桓帝）中常侍（千石）
徐盛（璜弟）	下邳良城徐州	不明	宦官				（桓帝）河內太守（二千石）
#左悺	河南平陰司隸	不明	宦官			（桓帝）小黃門史	（桓帝）中常侍（千石）

左敏 （悺弟）	河南 平陰 司隸	不明	宦官					（桓帝） 陳留太守 （二千石）
#具瑗	魏郡 元城 冀州	不明	宦官					（桓帝） 中常侍 （千石）
具恭 （瑗兄）	魏郡 元城 冀州	不明	宦官					（桓帝） 沛相 （二千石）
唐衡	潁川 郾 豫州	不明	宦官					（桓帝） 中常侍 （千石）
#侯覽	山陽 防東 兗州	不明	宦官				（桓帝） 中常侍	（靈帝） 長樂太僕 （中二千石）
侯參 （兄）	山陽 防東 兗州	不明	宦官					（桓帝） 益州刺史 （六百石） （一千石以下）
#曹節	南陽 新野 荊州	官僚	宦官				（順帝） 西園騎	（靈帝） 中常侍，大長秋，尚書令。卒，贈車 騎將軍 （萬石）
曹破石 （弟）	南陽 新野 荊州	官僚	宦官					（靈帝） 越騎校尉 （比二千石）
呂強	河南 成皋 司隸	不明	宦官				以宦者 為 小黃門	（桓帝） 中常侍 （千石）

張讓	潁川豫州	不明	宦官			給事者中	（靈帝）中常侍（千石）
趙忠	安平冀州	不明	宦官			給事者中	（靈帝）中常侍，大長秋（二千石）

儒林

#劉昆	陳留東昏兗州	士人（梁孝王之胤也）	不明	平帝時，受《施氏易》於沛人戴賓……王莽世，教授弟子恒五百餘人建武五年，教授於江陵		（光武）江陵令	（光武）侍中、弘農太守，光祿勳，騎都尉（中二千石）
劉軼（子）	陳留東昏兗州	官僚	不明	傳昆業，門徒亦盛			（明帝）太子中庶子（章帝）宗正（中二千石）
窪丹	南陽育陽荊州	士人	不明	世傳《孟氏易》。王莽時，常避世教授，徒眾數百		（光武）博士	（光武）大鴻臚（中二千石）
觟陽鴻	中山冀州	士人	不明	以《孟氏易》教授			（明帝）少府（中二千石）
任安	廣漢綿竹益州	士人	辟除	少游太學，受《孟氏易》，又從同郡楊厚學圖讖。學終，還家教授，諸生自遠而至。	太尉再辟	仕州郡	（不明）仕州郡（一千石以下）
楊政	京兆司隸	士人	不明	從代郡范升受《梁丘易》。教授數百人			（章帝）左中郎將（比二千石）

#張興	潁川鄢陵豫州	士人	孝廉辟除	習《梁丘易》以教授……弟子自遠至者，著錄且萬人，為梁丘家宗	辟司徒馮勤府	舉為孝廉，稍遷博士	（明帝）侍中祭酒，太子少傅（二千石）
張魴（子）	潁川鄢陵豫州	官僚	不明	傳興業			（不明）張掖屬國都尉（比二千石）
戴憑	汝南平輿豫州	士人	明經	習《京氏易》	郡（明經）	博士，郎中	（光武）侍中，虎賁中郎將（比二千石）
禮震	平原青州	不明					（光武）郎中，淮陽王廄長（一千石以下）
魏滿	南陽荊州	士人	不明	習《京氏易》，教授			（明帝）弘農太守（二千石）
孫期	濟陰成武兗州	士人	不仕	少為諸生，習《京氏易》、《古文尚書》遠人從其學者，皆執經壟畔以追之			不仕
歐陽歙	樂安千乘青州	士人（至歙八世，皆為博士）	不明	自歐陽生傳《伏生尚書》……歙在郡，教授數百人		（王莽）長社宰	（光武）汝南太守，大司徒（萬石）
#曹曾	濟陰兗州	士人	不明	從歐陽歙受《尚書》，門徒三千人			（不明）諫議大夫（六百石）（一千石以下）
曹祉（子）	濟陰兗州	官僚	不明	傳父業教授			（不明）河南尹（二千石）

陳弇	陳留兗州	士人	不明	受《歐陽尚書》於司徒丁鴻		蘄長（四百石）	不明
#牟長	樂安臨濟青州	士人	辟除	少習《歐陽尚書》	大司空弘特辟	（光武）博士	（光武）河內太守（二千石）
牟紆（子）	樂安臨濟青州	官僚	不仕	（明帝）隱居教授，門生千人			不仕
#宋登	京兆長安司隸	官僚	不明	少傳《歐陽尚書》，教授數千人。為汝陰令		汝陰令	（順帝）尚書僕射，侍中，潁川太守（二千石）
宋由（父）	京兆長安司隸	不明	不明				（不明）太尉（萬石）
張馴	濟陰定陶兗州	士人	辟除	少游太學，能誦《春秋左氏傳》。以《大夏侯尚書》教授	辟公府	議郎	（靈帝）尚書，大司農（中二千石）
尹敏	南陽堵陽荊州	士人	辟除	初習《歐陽尚書》，後受《古文》，兼善《毛詩》、《穀梁》、《左氏春秋》	辟大司空府	（光武）郎中	（明帝）長陵令，諫議大夫（千石）
周防	汝南汝陽豫州	士人	孝廉明經薦舉	師事徐州刺史蓋豫，受《古文尚書》	太尉張禹薦	郡小吏	（光武）陳留太守（二千石）
孔僖	魯國魯豫州	士人	不明	自安國以下，世傳《古文尚書》、《毛詩》。遊太學，習《春秋》		（章帝）蘭臺令史	（章帝）郎中，臨晉令（千石）

楊倫	陳留東昏兗州	士人	公車薦舉徵召（特徵博士）	師事司徒丁鴻，習《古文尚書》。講授於大澤中，弟子至千餘人	太常楊震薦舉	郡文學掾	（安帝）清河王傅（二千石）（順帝）侍中，太中大夫
高詡	平原般青州	官僚	任子徵召薦舉	世傳《魯詩》	大司空宋弘薦	郎中	（光武）大司農（中二千石）
#包咸	會稽曲阿揚州	士人	州郡辟除孝廉帝師	受業長安，師事博士右師細君，習《魯詩》、《論語》。	太守黃讜	郎中，戶曹史	（明帝）大鴻臚（中二千石）
包福（子）	會稽曲阿揚州	官僚	帝師			（和帝）郎中	不明
魏應	任城兗州	士人	明經	建武初，詣博士受業，習《魯詩》教授山澤中，徒眾常數百人 經明行修，弟子自遠方至，著錄數千人		郡吏	（明帝）侍中，大鴻臚，光祿大夫（中二千石）
#伏恭	琅邪東武徐州	官僚	任子尤異	少傳黯（叔）學，明《齊詩》郭修學校，教授不輟，由是北州多為伏氏學。	州舉尤異	郎	（明帝）太僕，司空（萬石）
伏黯（湛弟）	琅邪東武徐州	官僚	不明	明《齊詩》			（不明）光祿勳（中二千石）
伏壽（子）	琅邪東武徐州	官僚	不明				（不明）東郡太守（二千石）
任末	蜀郡繁益州	士人	不仕	少習《齊詩》，遊京師，教授十餘年			不仕

景鸞	廣漢梓潼益州	士人	不仕	能理《齊詩》、《施氏易》、兼受《河》、《洛》圖緯，作《易說》及《詩解》			不仕
薛漢	淮陽豫州	士人	不明	世習《韓詩》，漢少傳父業，尤善說災異讖緯，教授常數百人		（光武）博士	（明帝）千乘太守（二千石）
杜撫	犍為武陽益州	士人	辟除	受業於薛漢，定《韓詩章句》。後歸鄉里教授弟子千餘人	驃騎將軍東平王蒼辟辟太尉府	王蒼掾史	（章帝）公車令（千石）
#召馴	九江壽春揚州	官僚	辟除	小習《韓詩》	闢司徒府	仕州郡	（章帝）河南尹，光祿勳（中二千石）
父	九江壽春揚州	官僚	不明			（光武）卷令	（光武）卷令（千石）
召休（孫）	九江壽春揚州	官僚	不明				（不明）青州刺史（六百石）（一千石以下）
楊仁	巴郡閬中益州	士人	孝廉辟除	（光武）詣師學習《韓詩》，數年歸，靜居教授。	辟司徒桓虞府	仕郡為功曹	（明帝）北宮衛士令（章帝）什邡令（千石）
趙曄	會稽山陰揚州	士人	有道	詣杜撫受《韓詩》		縣吏	（不明）縣吏（一千石以下）

衛宏	東海徐州	士人	不明	九江謝曼卿善《毛詩》，乃為其訓。宏從曼卿受學，大司空杜林更受《古文尚書》，為作《訓旨》			（光武）議郎	（光武）議郎（比六百石）（一千石以下）
董鈞	犍為資中益州	士人	孝廉辟除	習《慶氏禮》，事大鴻臚王臨常教授門生百餘人	辟司徒府		事大鴻臚王臨	（明帝）博士，五官中郎將（比二千石）
丁恭	山陽東緡兗州	士人	不明	習《公羊嚴氏春秋》。教授常數百人，諸生自遠方至者，著錄數千人			（光武）諫議大夫、博士	（光武）少府，侍中祭酒、騎都尉（中二千石）
周澤	北海安丘青州	士人	辟除	少習《公羊嚴氏春秋》，隱居教授，門徒常數百人	辟大司馬府		（光武）辟大司馬府，署議曹祭酒	（和帝）太常（中二千石）
孫堪	河南緱氏司隸	士人（明經學，有志操）	不明				（光武）仕郡縣	（明帝）尚書令，光祿勳（中二千石）
鍾興	汝南汝陽豫州	士人	明經薦舉	少從少府丁恭受《嚴氏春秋》	少府丁恭薦		（光武）郎中	（光武）左中郎將（比二千石）
#甄宇	北海安丘青州	士人	徵召（徵拜博士）	習《嚴氏春秋》，教授常數百人			（光武）州從事	（光武）太子少傅（二千石）
甄承（孫）	北海安丘青州	官僚	孝廉	講授常數百人			（章帝）舉孝廉	（不明）梁相（二千石）

樓望	陳留雍丘兗州	士人	不明	少習《嚴氏春秋》……受業於丁恭……教授不倦，世稱儒宗，諸生著錄九千餘人		郡功曹	（明帝）大司農，太常（中二千石）（章帝）左中郎將
程曾	豫章南昌揚州	士人	（章帝）孝廉	受業長安，習《嚴氏春秋》，還家講授。會稽顧奉等數百人常居門下			（章帝）海西令（千石）
張玄	河內河陽司隸	士人	明經孝廉	少習《顏氏春秋》		（光武）縣丞	（光武）博士（比六百石）（一千石以下）
李育	扶風漆司隸	士人	方正	少習《公羊春秋》，沉思專精，博覽書傳，知名太學，避地教授，門徒數百	衛尉馬廖（方正）	（章帝）議郎	（章帝）尚書令，侍中（比二千石）
#何休	任城樊兗州	官僚	辟除	精研《六經》，其師博士羊弼	太傅陳蕃辟之，又辟司徒		（靈帝）議郎，諫議大夫，司徒（萬石）
何豹（父）	任城樊兗州	不明	不明				（不明）少府（中二千石）
服虔	河南滎陽司隸	平民	孝廉	入太學受業。有雅才，善著文論，作《春秋左氏傳解》			（靈帝）九江太守（二千石）

潁容	陳國長平豫州	平民	不仕	博學多通，善《春秋左氏》，師傅太尉楊賜			不仕
許慎	汝南召陵豫州	士人	孝廉	通五經		郡功曹	（不明）洨長（四百石）（一千石以下）
蔡玄	汝南南頓豫州	士人	徵召	學通《五經》，門徒堂千人，其著錄者萬六千人		（順帝）議郎	（順帝）侍中，弘農太守（二千石）

文苑

杜篤	京兆杜陵司隸	不明(高祖延年，宣帝時為御史大夫)	辟除		車騎將軍馬防辟		（章帝）從事中郎（一千石以下）
王隆	馮翊雲陽司隸	官僚	任子			（王莽）郎	（光武）新汲令（千石）
夏恭	梁國蒙豫州	士人	徵召	習《韓詩》、《孟氏易》，講授門徒常千餘人		（光武）郎中	（光武）太山都尉（比二千石）
傅毅	扶風茂陵司隸	士人	文學	永平中，於平陵習章句		（章帝）蘭臺令史	（和帝）大將軍軍司馬（千石）
#黃香	江夏安陸荊州	官僚	州郡辟除		大守劉護辟	（章帝）郎中	（和帝）尚書令（殤帝）魏郡太守（二千石）

黃況（父）	江夏安陸荊州	官僚				（不明）葉令（一千石以下）
劉毅	北海劇縣青州	宗室（北海敬王子）	薦舉徵召宗室		劉珍、鄧耽、尹兌、馬融薦	（安帝）議郎（比六百石）（一千石以下）
李尤	廣漢雒益州	士人	薦舉徵召	少以文章顯	侍中賈逵薦	（和帝）蘭臺令史	（順帝）樂安相（二千石）
蘇順	京兆霸陵司隸	不明	不明	和安間以才學見稱		（不明）郎中（二百石）（一千石以下）
劉珍	南陽蔡陽荊州	不明	不明			（安帝）謁者僕射	（安帝）侍中、越騎校尉，宗正（中二千石）
葛龔	梁國寧陵豫州	不明	孝廉茂才		州（茂才）舉孝廉，為太官丞	（安帝）臨汾令（千石）
王逸	南郡宜城荊州	不明	計吏		（安帝）校書郎	（順帝）侍中（比二千石）
崔琦	涿郡安平幽州	士人（濟北相瑗之宗）	孝廉	少遊學京師，以文章博通稱	郎	（不明）郎（一千石以下）
邊韶	陳留濬儀兗州	士人	不明	以文章知名，教授數百人	（桓帝）臨潁侯相	（桓帝）北地太守，尚書令，陳相（二千石）

張昇	陳留尉氏兗州	貴族（富平侯放之孫）	不明			仕郡為綱紀	（不明）外黃令（千石）
趙壹	漢陽西縣涼州	士人	計吏			（靈帝）郡上計	（靈帝）郡上計（一千石以下）
劉梁	東平寧陽兗州	士人（梁宗室子孫，而少孤貧）	孝廉徵召宗室	延聚生徒數百人		（桓帝）舉孝廉，除北新城長	（桓帝）尚書郎（四百石）（一千石以下）
邊讓	陳留濬儀兗州	士人	辟除	少辯博，能屬文	議郎蔡邕	何進辟，署令史	（靈帝）九江太守（二千石）
高彪	吳郡無錫揚州	士人	孝廉	為諸生，遊太學		（靈帝）郎中	（靈帝）外黃令（千石）
張超	河間鄚冀州	士人（留侯良之後也）	不明				（靈帝）車騎將軍，別部司馬（千石）
禰衡	平原般青州	士人	不仕				不仕

獨行

譙玄	巴郡閬中益州	士人	公車	少好學，能說《易》、《春秋》	大鴻臚左咸（公車）	仕於州郡	（哀帝）太常丞（平帝）議郎，中散大夫（比二千石）
費貽	犍為益州	不明	不明				（光武）合浦太守（二千石）

劉茂	太原晉陽并州	士人	孝廉（哀帝）徵召	能習《禮經》，教授常數百人會王莽篡位，茂棄官，避世弘農山中教授		（哀帝）察孝廉	（光武）議郎，宗正丞，侍中（比二千石）
#溫序	太原祁并州	不明	薦舉徵召		騎都尉弓里戍薦	仕州從事	（光武）侍御史，武陵都尉，謁者，護羌校尉（比二千石）
溫壽（子）	太原祁并州	官僚	任子			（光武）郎中	（光武）鄒平侯相（千石）
子	太原祁并州	官僚	任子			（光武）郎中	不明
子	太原祁并州	官僚	任子			（光武）郎中	不明
彭脩	會稽毗陵揚州	士人（父為郡吏）	州郡辟除		州辟從事	仕郡為功曹	（不明）吳令（千石）
#索盧	東郡兗州	士人	不明	以《尚書》教授千餘人		署郡門下掾	（光武）洛陽令，諫議大夫(千石)
子	東郡兗州	官僚	任子			（光武）太子中庶子	不明
#周嘉	汝南安城豫州	官僚	孝廉		太守寇恂	仕郡為主簿	（光武）尚書侍郎，零陵太守（二千石）

周暢（從弟）	汝南安城豫州	官僚	不明				（安帝）河南尹，光祿勳（中二千石）
範式	山陽金鄉兗州	士人	茂才	少游太學，為諸生，後到京師，受業太學	州（茂才）	郡功曹	（不明）荊州刺史，盧江太守（二千石）
孔嵩	南陽荊州	平民	辟除			辟公府	（不明）南海太守（二千石）
李善	南陽淯陽荊州	平民	薦舉理劇辟除			瑕丘令鍾離意薦……辟公府	同縣李元蒼頭	（明帝）日南太守（二千石）
王忳	廣漢新都益州	不明	州郡辟除茂才		縣署……州（茂才）	大度亭長仕郡功曹	（不明）郿令（千石）
#張武	吳郡由拳揚州	士人	孝廉	太學受業	太守第五倫	不仕
張業（父）	吳郡由拳揚州	不明					（不明）郡門下掾（一千石以下）
#陸續	會稽吳揚州	官僚（世為著姓）	州郡辟除		刺史辟為別駕從事	仕郡戶曹史	（明帝）別駕從事（一千石以下）
陸閎（祖父）	會稽吳揚州	官僚	不明				（光武）尚書令（千石）
陸稠（子）	會稽吳揚州	官僚	不明				（不明）廣陵太守（二千石）
陸逢（子）	會稽吳揚州	官僚	不明				（不明）樂安太守（二千石）

戴封	濟北 剛 兗州	士人	孝廉 賢良方 正 公車	詣太學，師事 鄜令東海申 君	郡及大司 農（方正）	光祿主 事議郎， 西華令	（和帝） 太常 （中二千 石）
李充	陳留 兗州	士人	州郡辟 除 徵召		太守魯平 辟	縣都亭 長	（安帝）侍 中，左中郎 將，國三老 （比二千 石）
繆肜	汝南 召陵 豫州	不明	辟除 尤異		太守隴西 梁湛辟辟 公府，舉 尤異	仕縣主 簿	（安帝） 中牟令 （千石）
陳重	豫章 宜春 揚州	士人	孝廉 茂才 辟除	學《魯詩》、 《顏氏春秋》	太守張雲 （孝廉）。 司徒所辟	郎署	（順帝） 細陽令，侍 御史（千石）
#雷義	豫章 鄱陽 揚州	士人	孝廉	學《魯詩》、 《顏氏春秋》		初為郡 功 曹	（順帝）尚 書侍郎，侍 御史，南頓 令（千石）
雷授 （子）	豫章 鄱陽 揚州	官僚	不明				（不明） 蒼梧太守 （二千石）
范冉	陳留 外黃 兗州	士人	辟除	到南陽，受業 於樊英	辟太尉府 三府所辟 ，乃應司 空命	少為縣 小吏	不明
戴就	會稽 上虞 揚州	不明	孝廉		太守劉寵	仕郡倉 曹 掾	（不明） 光祿主事 （一千石以 下）
趙苞	甘陵 東武 冀州	官僚 （從兄 忠，為中 常侍）	孝廉			初仕州 郡，舉孝 廉	（靈帝） 廣陵令，遼 西太守 （二千石）

向栩	河內朝歌司隸	士人（少為書生）	徵召			趙相(二千石)	（桓帝）趙相，侍中（二千石）
諒輔	廣漢新都益州	不明	不明			郡五官掾	（不明）郡五官掾
王烈	太原并州	士人	不仕	少師事陳寔			不仕

方術

郭憲	汝南宋豫州	士人	有道徵召	少師事東海王仲子，書《小夏侯》		（光武）博士	（光武）光祿勳（中二千石）
許楊	汝南平輿豫州	不明	州郡辟除		太守鄧晨辟	（王莽輔政）郎	（光武）都水掾（一千石以下）
高獲	汝南新息豫州	士人（少遊學京師）	不仕	少遊學京師，師事司徒歐陽歙			不仕
王喬	河東司隸	不明	不明			（明帝）葉令	（明帝）葉令（千石）
謝夷吾	會稽山陰揚州	不明	孝廉		太守第五倫	少為郡吏	（不明）荊州刺史，鉅鹿太守（二千石）
楊由	蜀郡成都益州	士人	不明	少習《易》，並七政、元氣、風雲占候		郡文學掾	（不明）郡文學掾（一千石以下）
李南	丹陽句容揚州	士人	不仕	少篤學，明於風角			不仕

#李郃	漢中南鄭益州	官僚	孝廉州郡辟除	郃襲父業，遊太學，通《五經》。善《河》、《洛》風星	縣召署幕門候吏……太守召署	縣召署幕門候吏……太守辟	（安帝）司空（萬石）（順帝）司徒
李頡（父）	漢中南鄭益州	不明	不明	儒學稱			（不明）博士（比六百石）（一千石以下）
李歷（弟子）	漢中南鄭益州	官僚	不明			新城長	（不明）奉車都尉（比二千石）
段翳	廣漢新都益州	士人	不仕	習《易經》，明風角			不仕
#廖扶	汝南平輿豫州	官僚	不仕	習《韓詩》、《歐陽尚書》，教授常數百人			不仕
父	汝南平輿豫州	不明	不明				（安帝）北地太守（二千石）
#折像	廣漢雒益州	地主豪富	不仕	能通《京氏易》，好黃、老言			不仕
折國（父）	廣漢雒益州	地主豪富（國有資財二億，家僮八百人）	不明				（不明）鬱林太守（二千石）

#樊英	南陽魯陽荊州	士人	徵召	少受業三輔，習《京氏易》，兼明《五經》。又善風角、星算，《河》、《洛》七緯，推步災異。英著《易章句》，世名樊氏學，以圖緯教授……受業者四方而至		（安帝）博士	（順帝）五官中郎將，光祿大夫（比二千石）
樊陵（孫）	南陽魯陽荊州	官僚	納貲				（靈帝）司徒（萬石）
郃巡	陳國豫州	士人	不明	學傳英業			（桓帝）侍中（比二千石）
唐檀	豫章南昌揚州	士人	孝廉	少游太學，習《京氏易》、《韓詩》、《顏氏春秋》，尤好災異星占。後還鄉里，教授常百餘人。	（順帝）郎中		（順帝）郎中（二百石）（一千石以下）
#公沙穆	北海膠東青州	士人（家貧賤）	孝廉	長習《韓詩》、《公羊春秋》，尤銳思《河》、《洛》推步之術後遂隱居東萊山，學者自遠而至		舉孝廉，以高第為主事	（桓帝）繪相，東屬國都尉（二千石）
公沙浮（子）	北海膠東青州	官僚	孝廉				（不明）尚書侍郎，上谷太守（二千石）

王輔	平陸河東		徵辟	學《公羊傳》，援《神契》		舉有道，拜郎中	（不明）議郎（一千石以下）
許曼	汝南平輿豫州	士人（祖父峻，善卜占之術）	軍功	少傳峻學，善卜占之術	隴西太守馮緄	（桓帝）郎	（桓帝）大將軍，車騎將軍（萬石）
單颺	山陽湖陸兗州	士人	孝廉	善明天官、算術		舉孝廉	（靈帝）漢中太守，尚書（二千石）
韓說	會稽山陰揚州	士人	孝廉	博通五經，尤善圖緯之學		舉孝廉	（靈帝）侍中，江夏太守（二千石）
董扶	廣漢綿竹益州	士人	薦舉徵召	少游太學，事同郡楊厚，學圖讖。還家講授，弟子自遠而至	大將軍何進薦	（靈帝）侍中	（靈帝）蜀郡屬國都尉（比二千石）
郭玉	廣漢雒益州	不明	不明	玉少師事程高，學方診六微之技，陰陽隱側之術		（和帝）太醫丞	（和帝）太醫丞（一千石以下）
費長房	汝南豫州	不明	不明			市掾	（不明）市掾（一千石以下）
王霸	太原廣武并州	不明	不明				（光武）尚書（六百石）（一千石以下）
逢萌	北海都昌青州	平民	不明			給事縣為亭長	（王莽）亭長（一千石以下）

井丹	扶風 鄠 司隸	士人	不仕	少受業太學， 通《五經》			不仕
梁鴻	扶風 平陵 司隸	官僚 （父讓， 王莽時 為城門 校尉）	不仕	受業太學			不仕
姜詩	廣漢 益州	不明	孝廉			（明帝） 郎中	（明帝） 江陽令 （千石）
泥和	犍為 益州	不明	不明				（順帝） 縣功曹 （一千石以 下）

附錄二　從人才分布看袁紹和曹操政權的成敗

　　上文中的分析沒有提出獻帝時期的官員分析，這涉及到漢末的政治形勢和地方軍閥勢力的興衰，故此專門另撰文分析：

　　官渡之戰，是袁紹和曹操決定性的一戰。曹操的勝利奠定了他統一北方的基礎。在官渡之戰的原因分析中，古今論者都把袁紹失敗的原因歸結為他氣量窄小，不善於用人之良謀，這固然不錯，但是我們還可以從別的角度來考慮，本文試從人材對政權興衰的影響方面探討袁紹的失敗和曹操的成功。

一、官渡之戰前袁紹和曹操的地盤

（一）官渡之戰前袁紹的地盤

　　漢末戰亂，袁紹以勃海太守起兵，討伐董卓，當時僅有渤海一郡。冀州牧韓馥在其勢力威逼之下，讓位與袁紹。

　　馥長史耿武、別駕閔純、治中李歷諫馥曰：「冀州雖鄙，帶甲百萬，穀支十年。袁紹孤客窮軍，仰我鼻息，譬如嬰兒在股掌之上，絕其哺乳，立可餓殺。奈何乃欲以州與之？」馥曰：「吾，袁氏故吏，且才不如本初，度德而讓，古人所貴，諸君獨何病焉！」從事趙浮、程奐請以兵拒之，馥又不聽。乃讓紹。紹遂領冀州牧。

　　袁紹領了冀州牧後，從事沮授為他制定了事業發展的計劃：

　　沮授說紹曰：「……雖黃巾猾亂，黑山跋扈，舉軍東向，則青州可定；還討黑山，則張燕可滅；回眾北首，則公孫必喪；震脅戎狄，則匈奴必從。

－189－

橫大河之北，合四州之地，收英雄之才，擁百萬之眾，迎大駕於西京，復宗廟於洛邑，號令天下，以討未復，以此爭鋒，誰能敵之？比及數年，此功不難。」〔註1〕

　　袁紹在初平二年到建安四年統一河北的過程中，比較好地貫徹了沮授的謀略。在青州、兗州一帶聯合曹操平定了「青州兵」；初平三年的界橋一戰，擊潰了幽州軍閥公孫瓚；初平四年，袁紹全力出擊，消滅了冀州西部和并州一帶的黑山軍；同時平定了邊境匈奴、烏桓諸部，迫其稱臣；建安四年，徹底消滅公孫瓚，「是時袁紹既并公孫瓚，兼四州之地」，〔註2〕所謂的四州之地是冀州，青州，并州，幽州。袁紹先後任命自己的兒子和外甥出任青州、幽州和并州的長官，「出長子譚為青州，沮授諫紹：『必為禍始。』紹不聽，曰：『孤欲令諸兒各據一州也。』又以中子熙為幽州，甥高幹為并州」。〔註3〕

　　袁紹擁有顯赫的家世背景，「高祖父安，為漢司徒。自安以下四世居三公位，由是勢傾天下。」〔註4〕加上他自己在董卓欲廢少帝時的忠義表現，「值廢立之際，則忠義奮發」，〔註5〕贏得了相當的聲譽，為關東士人領袖，所以勢力發展的很快。官渡之戰前，從地盤上看袁紹毫無疑問是最大的割據勢力。

（二）官渡之戰前曹操的地盤

　　曹操在漢末戰亂中參加了以袁紹為首對抗董卓的聯盟，被封為「奮武將軍」。董卓被王允、呂布除掉後，鮑信等人迎接曹操做了兗州牧，收降了黃巾軍三十多萬。「冬十月，天子拜太祖兗州牧。十二月，雍丘潰，超自殺。夷邈三族。邈詣袁術請救，為其眾所殺，兗州平，遂東略陳地」。〔註6〕

　　建安元年，曹操把漢獻帝挾持到許昌，形成「挾天子以令諸侯」的局面，取得政治上的優勢。建安二年（197年）春，袁術在壽春（今安徽壽縣）稱帝。曹操即以「奉天子以令不臣」為名，進討袁術並將其消滅，「術走渡淮。公還許」。

〔註1〕《三國志》卷六《袁紹傳》，第192頁。
〔註2〕《三國志》卷一《武帝紀》，第17頁。
〔註3〕《三國志》卷六《袁紹傳》，第194～195頁。
〔註4〕《三國志》卷六《袁紹傳》，第188頁。
〔註5〕《三國志》卷六《袁紹傳》，第192頁。
〔註6〕《三國志》卷一《武帝紀》，第13頁。

接著又消滅了呂布，「生禽布、宮，皆殺之。太山臧霸、孫觀、吳敦、尹禮、昌豨各聚眾。布之破劉備也，霸等悉從布。布敗，獲霸等，公厚納待，遂割青、徐二州附於海以委焉，分瑯邪、東海、北海為城陽、利城、昌慮郡」。〔註7〕

然後利用張揚部內訌取得河內郡，「以魏種為河內太守，屬以河北事」。〔註8〕

從此曹操勢力西達關中，東到兗、豫、徐州，控制了黃河以南，淮、漢以北大部地區，從而與袁紹形成沿黃河下游南北對峙的局面。

二、袁紹和曹操統治地區的情況比較

袁紹與曹操都是在靈帝朝入仕的，袁紹「以大將軍掾為侍御史，稍遷中軍校尉，至司隸」，此時為靈帝在位。曹操於「光和末，黃巾起。拜騎都尉，討潁川賊」，也是靈帝朝。

筆者統計了正史中的靈帝和少帝朝的官員，如下表：

司隸	豫州	兗州	徐州	冀州	青州	并州	幽州
10	9	11	7	3	0	2	5

根據上表的統計，袁紹佔據地區冀州，青州，并州，幽州的官員為 10 人，而曹操佔據地區兗州、豫州、徐州，加上司隸的部分地區，至少也有 20 人。很明顯，在人材產出方面，後者佔有很大的優勢。然而，官渡之戰開始於建安五年（200 年），獻帝名義上的統治開始了十年，該時期經過董卓之亂，東漢中央政府已經處於真空狀態，各地軍閥混戰，人材的流動程度性相當大，因此上述表格不具備完全參考價值。

根據文獻可知，袁紹在官渡之戰以前的幕僚主要來自兩大區域：汝潁為中心的河南地區、冀州為中心的河北地區。曹操從中平六年（189 年）在己吾起兵反董卓開始，到建安二十五年（220 年）逝世，其集團的活動範圍一直在不斷擴張。在起兵階段，其成員基本上是曹氏宗親和其他譙沛人士，以及以荀彧為代表的潁川士人，因此前期曹操集團成員主要來自譙沛和汝潁兩個地區，這兩個地區都屬於豫州。除了來自這兩個地區之外，曹操集團的成員還來自兗州的陳留國、徐州地區、豫州的其他地區等。

〔註7〕《三國志》卷一《武帝紀》，第 16 頁。
〔註8〕《三國志》卷一《武帝紀》，第 17 頁。

　　將袁紹與曹操勢力範圍相比，除了地盤以外，經過漢末黃巾起義、諸侯並起、戰爭頻發，袁紹所佔據的黃河以北不是主要戰場，糧食和人口損耗不如曹操所佔據的中原地區劇烈，故此袁紹佔有優勢，這個時候人材對於政權興衰成敗的關鍵就凸顯出來了。

三、袁紹和曹操統治地區人材分布的原因分析

（一）袁紹統治地區的人材分析

1. 冀州

　　東漢開國時，該地屬於河北集團，官員基本都為軍功出仕，全部封侯。光武以後，冀州產生的官吏人數明顯下降。原因在於此地區經濟發達水平趕不上司隸、豫、兗、徐等州。冀州西部地區臨太行山，土地貧瘠；東部地區屢受黃河泛濫之災，東漢中後期以後河患減少，但其經濟文化發展水平與前述諸州之差距仍很大；中部地區自然條件好，經濟文化較發達，產生的官吏人數則相對多些。

　　冀州名士集團是袁紹集團中的一支重要政治力量，袁紹想要割據河北，必須取得當地士人的支持與合作。出於保持統治集團穩定，他提拔了原來不受韓馥重視的審配、田豐、沮授、朱漢、崔琰等冀州本土名士，〔註9〕他們有著較高的聲望，袁紹一度對他們甚為器重，「委以腹心之任」，武將則有顏良、文丑、張郃、高覽等勇猛將領，這無疑擴大了其統治基礎。

2. 汝潁名士集團

　　袁紹接管冀州後，手下的名士除了冀州本土人之外，還有一個是汝潁名士集團。這個集團有原為韓馥招徠後轉向袁紹的荀諶、辛評、郭圖等潁川名士，因韓馥是個庸才，而袁紹出自名門又是汝南人，與潁川毗連，所以潁川士人服其威名，紛紛投歸，「會冀州牧同郡韓馥遣騎迎之，莫有隨者，或獨將宗族至冀州。而袁紹已奪馥位，待彧以上賓之禮。彧弟諶及同郡辛評、郭圖，皆為紹所任」。〔註10〕袁紹也極力招引河南人士，「袁紹在冀州，遣使迎汝南士大夫」。〔註11〕汝南人應劭、陳留人高幹等也歸附袁紹，特別是高幹為袁紹外甥，助袁紹奪取冀州牧，並招攬鄉里至冀州。這些人雲集在袁紹身邊，從

〔註9〕見《三國志‧魏書》各人物傳記。
〔註10〕《三國志》卷十《荀彧傳》，第308頁。
〔註11〕《三國志》卷二十三《和洽傳》，第655頁。

而形成了一個汝潁士人集團。

　　汝潁名士在幫助袁紹奪取冀州之後，對於袁氏的發展，其負面作用大於正面作用，與冀州名士集團在政見、戰略、戰術上均存在巨大分歧。例如，是否迎接漢獻帝的問題，沮授、田豐在初平二年初就提出迎接天子號令天下的策略，郭圖等表示無須迎奉漢獻帝以作繭自縛。在建安四年袁紹消滅公孫瓚，曹操在河南迅速發展勢力，袁紹意欲南進的問題上，沮授等反對迅速南下，提出「漸營河南」之策，郭圖則反對認為應該早定大業，與曹操決戰。袁紹採納了後者的建議，並且削弱了沮授的兵權。在是否進兵攻許的問題等，雙方均各持一辭。袁紹起初尚能居中調節，以求政治的平衡，但逐漸喪失中立的態度與理性，對冀州名士不能推誠相見，猜忌之心不時流露，不能採納正確意見。雖然導致袁紹失敗的原因有很多，兩大集團之間的相互爭鬥無疑影響了政權在重大決策上的正確性，削弱了其戰鬥力。

3. 青州、并州和幽州

　　東周以來，青州地區儒學最盛，西漢中期以後，政府崇尚儒學，這裡成為全國文化中心區，儒生們以讀經為階梯，大量湧入統治集團中上層。兩漢之交，文化中心出現西移趨勢，東漢時移至政治中心附近的南陽、潁川、汝南一帶。該地區的文化優勢既已喪失，這裡人入仕便不再是很容易的事情，此地官吏人數銳減，根本原因在於此。黃巾亂起，青州更是湧現出黃巾的分支青州軍，對地方的破壞嚴重。青州刺史焦和，在初平元年（即公元 190 年）各軍閥組成討伐董卓聯軍，也率領軍隊西向，導致青州的軍事力量不足，黃巾軍的勢力坐大。而焦和回到青州以後仍然沒有遏制黃巾軍，只會清談不會實幹，不敢與黃巾軍交兵，反而十分聽信巫術占卜之說，青州「州遂蕭條，悉為丘墟也。」

　　并州地區由於戰爭導致了人材的缺乏。建武后期到和帝時，并州與其他地區一樣，處於人口增殖，經濟恢復之中，不過在明帝時、和帝初兩次大擊北匈奴，又相當地影響了它恢復的速度，因此和帝永元十三年的詔書中就講到「幽、并、涼州戶口率少，邊役眾劇」。〔註12〕及安、順二帝，先後爆發了兩次羌人大起事，東漢王朝將上郡徙於三輔，用割倒青苗，燒毀房屋等辦法強迫這些地方的漢民遷移內地，以後桓靈時代，羌人其事仍延綿不絕，并州

〔註12〕《後漢書》卷四《和帝紀》，第 189 頁。

的經濟就一直處於殘破的情況。并州的這種衰落情況也可以由《後漢書·郡國志》所載其各郡的人口情況看到一個大概。將《漢書·地理志》中的人口與《郡國志》中順帝永和五年的人口相比（表格略），順帝永和五年是在羌人第一次大起事後，而第二次大起事還沒有開始的時候，并州西北的西河、五原、雲中、雁門人口減少除雁門較少外，其餘約在 90%左右，較之涼州還要嚴重。東漢末崔寔為五原太守，那裡的居民冬天沒有衣服穿，還不會織布，藏在乾草堆裏取暖，其經濟衰困的情況可見一般。至於南邊太原、上黨二郡，人口遠未達到西漢水平，河東減少了 40%，太原減少了 70%，除受到羌人第一次大起事波及以外，可能與豪強力量巨大，少報人戶口有關。

幽州在涿、薊一帶文化較為發達，黃巾起義後，也陷入外患內亂之中，至中平五年，劉虞再次出任幽州刺史，懷柔烏桓，平定反叛，使幽州一度安定下來，青徐士庶大量歸附。但這種狀況持續很短，六年之後，幽州劉虞、公孫瓚兩大割據勢力火並，劉虞敗死。公孫瓚對依附劉虞的士大夫大加屠殺，以致「衣冠善士殆盡」。〔註 13〕公孫瓚又採取抑制本地士人的政策，「州里善士名在其右者，必以法害之，常言：『衣冠皆自以職分富貴，不謝人惠』。故所寵愛，類多商販庸兒」。〔註 14〕此後，公孫瓚、袁紹以及劉虞的殘存勢力在幽州連年混戰，烏桓在右北平一帶也多殺戮士大夫，幸存的士人大多四散流亡，留在本地者則屯結自保。

幽州以崔篆、崔駰、崔瑗、崔琦、崔寔為代表的崔氏家族，這是東漢文壇上較為著名的一個經學和文學家族，它歷經整個東漢王朝，東漢後該家族仍出了不少經學家和文學家。崔駰、崔瑗、崔琦、崔寔的散文涉及銘、箴、書、記、表、碑、誌、歎詞、移社文、悔祈文、論、答，祠、文等十幾種文體。崔氏的後人崔均、崔鈞兄弟，（崔均）「元平為議郎，以忠直稱。董卓之亂，烈為卓兵所害，元平常思有報復之心，會病卒」，〔註 15〕「鈞少交結英豪，有名稱，為西河太守。獻帝初，鈞與袁紹俱起兵山東，董卓以是收烈付郿獄」，〔註 16〕但查閱史料，也沒有崔鈞曾為袁紹效力的記載。

〔註 13〕《三國志》卷八《公孫瓚傳》注引《魏氏春秋》，第 244 頁。
〔註 14〕《後漢書》卷七十三《公孫瓚列傳》，第 2363 頁。
〔註 15〕盧弼《三國志集解》卷三十五《諸葛亮傳》注引梁祚《魏國統》，中華書局，1982 年版，第 756 頁。
〔註 16〕《後漢書》卷五十二《崔駰列傳》，第 1732 頁。

（三）曹操統治地區的人材分析

1. 豫州

曹操集團初起帶有很強的家族性，是以譙沛人員為基礎建立起來的。譙地，又名亳州，在今安徽西北地，是關乎徐兗咽喉的軍事重鎮，素有「南北分疆，此亦爭衡之所也」〔註17〕的說法。正因此，這裡發生過不少戰役，如陳勝吳廣起義，先佔據了譙縣；劉邦和項羽之間著名的垓下之戰在此處進行；東漢時，劉秀曾於建武四年幸譙，「遣捕虜將軍馬武、偏將軍王霸圍劉紆於垂惠」，〔註18〕以上種種例舉都可見譙地軍事政治地位的重要性。東漢時，沛郡改為沛國，隸屬豫州，更是刺史治理所在。

譙地的軍事政治傳統培養了曹氏宗族鄉黨的武人氣質，曹氏、夏侯氏為譙地兩大家族，其家族成員多勇武。曹操起家在武功方面很大一部分是依靠其家族勢力，有曹氏宗親夏侯惇、夏侯淵、曹仁、曹純、曹洪、曹邵、曹真。關於夏侯氏和曹氏的關係，對曹操父親曹嵩的血統歸屬，學界有不同觀點。《三國志》卷一《魏書·武帝紀》裴注引《曹瞞傳》及《世語》云：「嵩，夏侯氏之子，夏侯惇之叔父。太祖於惇為從父兄弟」，不論是否如此，從曹操對夏侯氏成員的倚重和他們在集團中的重要地位，可以看出兩者之間應存在著宗親關係。譙沛其他人士史渙、丁儀、丁廙、許褚、許定、劉馥、韓浩。〔註19〕曹氏宗親中，除了曹純未拜將之外，其餘都曾統兵征討，或為宿衛大將，幾乎都在曹操起兵之初就跟隨其南征北戰，以戰功見長，得到重用。

譙沛的其他人士中，丁儀兄弟在建安初進入曹操集團，是難得的文士；劉馥雖為文吏，不過卻在建安初年離開欲稱帝號的袁術，說服將軍戚寄、秦翊，俱率眾詣曹操；史渙和韓浩都是「以忠勇顯」，韓浩雖為河內人，但自曹操漢末起兵後不久，他就投到了夏侯惇的門下，並受到了曹操重用，所以把他列為譙沛群體中的一員；許褚是一方豪民，「漢末，聚少年及宗族數千家，共堅壁以禦寇」，「淮、汝、陳、梁間，聞皆畏憚之」，〔註20〕其兄許定以軍功封為振威將軍。這部分人大多在建安初年加入曹操集團，這段時間曹操迎漢獻帝都許，正是開始揚名之際，他們的投靠擴大了曹操的陣營。

〔註17〕顧祖禹《讀史方輿紀要》卷二十一《南直三》「亳州」條，中華書局，2005年版，第1064頁。
〔註18〕《後漢書》卷一上《光武帝紀》，第36頁。
〔註19〕見《三國志·魏書》各人物傳記。
〔註20〕《三國志》卷十八《許褚傳》，第542頁。

綜上所述，譙沛集團是以曹氏宗族為中心，以姻親為紐帶，加上部曲鄉黨等組成的一個群體，其成員多尚武。因這個集團利益與曹操息息相關，他們與曹操患難與共且誓死效忠。

穎川、汝南一帶，西漢初社會經濟雖然已經相當發達，學術文化還較為落後，民弊鄙樸，風氣強健。昭帝以後，經過韓延壽、黃霸、召信臣等地方官大力推行儒家教化，野魯之風逐漸改變。至西漢末年，遊學京師的人已相當之多。東漢時，這一帶公卿、學者、士人之眾，著述之多，均居於諸郡國的前列。〔註21〕穎川、汝南一帶，更是以多士著稱於世。如朱寵言於穎川人士鄭凱曰：「聞貴郡山川，多產奇士」。〔註22〕東漢末曹操與人書曰「穎汝故多奇士」。

東漢時這一帶的迅速發展，有著多方面的原因。首先，東漢時代的都城東遷，這一帶成為近靠京師的腹心地區，四方文士往來，薈萃，太學的影響也相當大，以致文風漸被，潛移默化。其次，東漢時，這裡繼續保持著繁榮的社會經濟。有著相當發達的手工業與商業，這一地區水利設施很多，農業也比較發達，人口密集，文化發展有著相應的經濟基礎。第三，一些地方官的主觀努力也不容忽視。東漢時，不少地方官在這裡興辦郡學，推廣教化。如東漢初寇恂為穎川太守，「乃修鄉校，教生徒，聘能為《左氏春秋》者，親受學焉」。〔註23〕章帝時，鮑德為南陽太守：「時郡學久廢，德乃修起橫舍，備俎豆黻冕，行禮奏樂。又尊饗國老，宴會諸儒。百姓觀者，莫不勸服。」〔註24〕此外還有汝南太守何敞、王堂、南陽太守劉寬等人，也都曾致力於社會教育，促進了當地文化的發展。第四，士族的成長也使得這一地區人文昌盛。西漢時，士族主要分布於齊魯、三輔兩個地區。東漢時，分布已相當廣泛，但以南陽、穎川、汝南一帶最為集中。如穎川韓氏、郭氏、荀氏、鍾氏、陳氏，汝南袁氏、應氏、周氏，都是世代衣冠名族，這些家族中，產生了大批政治人才。

汝穎人材的政治才幹對曹操勢力範圍的擴大產生了重要影響。這一集團在建安初年開始形成，主要以汝穎地區的世家大族為主，通過門生、故吏、

〔註21〕盧雲《東漢時期的文化區域與文化重心》，載《中國文化研究集刊》第四輯，1987年版。

〔註22〕《後漢紀校注》卷十八《順帝紀上》。

〔註23〕《後漢書》卷十六《寇恂列傳》，第624頁。

〔註24〕《後漢書》卷二十九《鮑永列傳》，第1023頁。

姻親等各種關係形成的群體。進入曹魏集團的汝潁士人均為一時之俊，如郭
嘉、荀彧都是先投奔袁紹，但相處一段時間後發現袁紹並不是他們心目中所
欲投效的明主，便紛紛棄袁紹而就曹操。王夫之在《讀通鑑論》中說「孟德智
有所窮，則荀彧、郭嘉、荀攸、高柔之徒左右之，以算無遺策」。〔註25〕曹操
聽從了荀彧的建議才作出了迎獻帝都許的決策，從而取得了政治優勢。郭嘉
更是曹操最為倚重的謀士，「自從征戰，十有一年，每有大議，臨敵制變，臣
策未決，嘉輒成之。平定天下，謀功為高」，「屯田耕植」之議始於棗祗，為曹
操南征北戰提供了物質保障。此外荀悅、鍾繇、杜襲、趙儼、陳群、繁欽等人
在安撫吏民、鞏固地盤等方面發揮了重要作用。〔註26〕

　　從家世上看，荀彧、鍾繇、陳群三人祖輩都是東漢名人，屬於潁川的名
門望族，他們世代交往、關係密切，在政治中相互提攜，成為當地士族代表。
而郭嘉、〔註27〕棗祗、杜襲、趙儼、繁欽家世也非一般能比。這些屬於曹操
集團前期智囊團的骨幹成員，在政治、經濟、軍事等各方面的決策舉措中都
起到了核心作用。他們注重鄉里、門生故舊等各種社會關係，形成了一個縱
橫交錯的社會政治關係網。

　　除了以上兩大集團之外，還有少數來自豫州其他地區的人士如陳國袁渙、
陳國何夔、陽平樂進等。

2. 兗州

　　西漢時期，兗州產生的官吏人數相當可觀，但到東漢，該地區產生的官吏
大大減少。兩漢之交，文化中心出現西移趨勢，東漢時移至政治中心附近的南
陽、潁川、汝南一帶。該地區的文化優勢喪失，入仕便不再是很容易的事情，
此地官吏人數銳減，根本原因在於此。在官渡之戰入仕曹操集團的有泰山鮑信、
泰山於禁、濟陰董昭、東郡程昱、山陽滿寵等，此外大多為陳留人士。

　　陳留的官員相對來說分布比較密集。陳留農業商業發達，地理位置優越，
西臨洛陽，具有很重要的戰略意義。軍事、經濟實力強大，不僅為上層人物
的政治活動提供了必要的物質條件，而且對於文化的發展水平、人物行政能
力的提高，起了基礎的作用。東漢時位於首都洛陽附近，是全國的政治中心

〔註25〕王夫之《讀通鑑論》卷十《三國》十一，中華書局，1975年版，第312頁。
〔註26〕見《三國志·魏書》各人物傳記。
〔註27〕郭嘉家境雖不詳，但史書記載他曾「弱冠匿名跡，密交結英俊，不與俗接」，
　　　　說明不是一般雅士。

區，當地人物在行政技能培養、仕進環境和入仕升遷機遇諸多方面皆居優越地位，進入官僚群體的人數自然要多些。

曹操在陳留己吾起兵，依靠的是張邈屬下的衛茲出資募兵而成，該地區的人士在曹操集團中也佔有一定比例，有典章、毛玠、衛茲、衛臻、路粹、潘勗是在官渡之戰前加入曹操集團的，〔註28〕其中資助曹操起事的衛茲早亡，典章一人為武都尉以外，其餘都是士人，可以說陳留郡人士基本上都屬於士人行列。衛茲應該是富甲一方之士，地方的大姓名十。〔註29〕毛玠曾在初平中提出「宜奉天子以令不臣，修耕植，畜軍資」〔註30〕的主張，以取得政治優勢、解決軍糧緊張的問題，因此得到曹操的重用。其餘陳留人士則多是以文學見長的文人，史書記載甚少。

總的來看，與前述所說的譙沛、汝潁人士相比，陳留官員不是以血緣、門第等關係結合而成的群體，他們雖在曹氏集團中也有一定數量，但是比較鬆散，未能成為一個有重心的群體。

3. 徐州

與兗州類似，到了東漢，徐州產生的官吏大大減少，由於傳統，仍不失為全國重要的文化區域，琅邪的學術文化仍比較興盛，官吏籍貫分布相對密集。其中13個官員中有8個是伏氏家族的。

東漢入仕的途徑察舉徵辟重要內容之一是「明經取士」，學經—通經—入仕就成為時人追逐名利的最佳途徑。學經有官學和私學兩大途徑。無論是哪一種，都十分重視師學傳承。一般以授業之姓氏為名，如治《易》有「梁氏之學」、「公孫之學」；治《尚書》有「歐陽氏學」；治《詩》有「韋氏學」、「匡氏學」等等。這種師承往往以家世相襲，被稱為「累世經學」。這種累世經學的家族一旦形成，則可以通過「明經取士」而「累世作官」。比如東海王朗早年師從太尉楊賜，琅邪伏氏更是家傳有「伏氏學」。

「伏湛字惠公，琅邪東武人也。九世祖勝，字子賤，所謂濟南伏生者也。湛高祖父孺，武帝時，客授東武，因家焉。父理，為當世名儒，以《詩》授成帝，為高密太傅，別自名學。

〔註28〕見《三國志‧魏書》各人物傳記。
〔註29〕唐長孺《東漢末年的大姓名士》，收入《魏晉南北朝史論拾遺》，中華書局，1983年版，第29頁。
〔註30〕《三國志》卷十二《毛玠傳》，第374～375頁。

湛性孝友，少傳父業，教授數百人。成帝時，以父任為博士弟子……光武即位，知湛名儒舊臣，欲令幹任內職，徵拜尚書。」有二個兒子：伏隆、伏翕。

「翕嗣爵，卒，子光嗣。光卒，子晨嗣。晨謙敬博愛，好學尤篤，以女孫為順帝貴人，奉朝請，位特進。卒，子無忌嗣，亦傳家學，博物多識，順帝時，為侍中屯騎校尉。永和元年，詔無忌與議郎黃景校定中書《五經》、諸子百家、藝術。元嘉中，桓帝復詔無忌與黃景、崔寔等共撰《漢記》。又自采集古今，刪著事要，號曰《伏侯注》。無忌卒，子質嗣，官至大司農。質卒，子完嗣，尚桓帝女陽安長公主。女為孝獻皇后。曹操殺后，誅伏氏，國除。」〔註31〕

伏氏家族自始祖伏生起，累世經學，自武帝以儒術為封建專制國家官方政治倫理哲學之後，代為帝師，位至宰輔，世卿世祿，與皇室通婚，可謂集經師、國戚、大臣、士族大地主於一身。伏完於漢桓帝時為侍中。獻帝興平二年（195年），遷執金吾。建安元年（196年）拜為輔國將軍，儀同三司。漢獻帝遷許都後，曹操自任司空，大權在握並獨攬朝政，伏完於是奉上印綬，改拜中散大夫，遷屯騎校尉。

另一個重要的世家是下邳陳球家族。

「陳球字伯真，下邳淮浦人也。歷世著名。父疊，廣漢太守。球少涉儒學，善律令。陽嘉中，舉孝廉，稍遷繁陽令……（熹平）六年，遷球司空，以地震免。拜光祿大夫，復為廷尉、太常。光和元年，遷太尉，數月，以日食免。復拜光祿大夫……

子瑀，吳郡太守；瑀弟琮，汝陰太守；弟子珪，沛相；珪子登，廣陵太守：並知名。」〔註32〕

陳珪陳登父子向曹操獻策滅呂布，起到了關鍵作用，曹操加陳珪俸祿為中二千石，陳登被授廣陵太守。以滅呂布有功，加伏波將軍，又遷東城太守。

當然，由於東漢末年的遷徙流動性很強，所以曹操集團中除了以上幾個州外，還有來自其他地區的人士，比如青州平原華歆、司隸校尉部河東衛覬、河東徐晃、扶風王忠、涼州武威賈詡、并州雁門張遼等官渡之戰前追隨曹操。

〔註31〕《後漢書》卷二十六《伏湛列傳》，第893～898頁。
〔註32〕《後漢書》卷五十六《陳球列傳》，第1831～1835頁。

四、結語

　　一個軍閥想在某地站穩腳跟，發展勢力，必須具備兩個起碼的條件，一是有強大的武裝力量，二是有一套靈活的統治機構。否則他的統治就不鞏固，即便盛極一時，也不能維持長久。要實現上述條件，必須網羅人才。在東漢末年的亂世之中，人口流動頻繁，人才流動也頻繁，曹操網羅了官吏籍貫分布密集的豫州地區優秀文武人才，並且能夠採納正確意見，在東漢末年脫穎而出，所以勢力最為強大。袁紹割據的區域，雖然是官吏籍貫分布次一級或者稀疏的地區，但憑藉他的家世聲望和個人威信，依然吸引了眾多人才前往投奔，其中不乏一流的謀士如沮授，但袁紹並未能善始善終，處理好集團內部矛盾，最終出現了官渡之戰中許攸投曹的事件，導致局面潰敗不可收拾。古今論者把袁紹失敗的原因歸結為他氣量窄小，不善於用人之良謀，「公曰：『吾知紹之為人，志大而智小，色屬而膽薄，忌克而少威，兵多而分畫不明，將驕而政令不一，土地雖廣，糧食雖豐，適足以為吾奉也。』」〔註33〕獲得足夠的優秀政治人才，卻不能為己所用，不可能建立起強大而穩定的政權。官渡之戰以後，袁氏政權就迅速崩潰了。

〔註33〕《三國志》卷一《武帝紀》，第 17 頁。

附錄三　淺析東漢南匈奴的勝兵

　　《後漢書・南匈奴傳》載永元二年（90 年），「南部連獲克納降黨眾最盛，領戶三萬四千，口二十三萬七千三百，勝兵五萬一百七十」。南匈奴勝兵的性質，是南匈奴社會發展狀況很重要的一個體現，不正確地理解，就無法說明東漢南匈奴的發展程度。目前，學界對勝兵的性質有不同的觀點，以林幹先生為代表，認為勝兵是「常備軍」，[註1] 不同的意見則認為勝兵並非「常備軍」，筆者試圖在他們的基礎上加強論證，來說明東漢南匈奴兵民合一的問題。

一、關於南匈奴勝兵的學界觀點

　　翻閱有關匈奴的文獻，《史記》與《漢書》裏未見有匈奴勝兵的記載，《後漢書・南匈奴傳》是首次出現南匈奴勝兵的文獻。關於南匈奴的勝兵，學界的看法如下：

　　第一種觀點以林幹先生為代表，認為勝兵是「常備軍」。林幹稱南匈奴的勝兵就是脫離生產，只擔任作戰的常備兵。馬長壽認為南匈奴在中國緣邊八郡定居了四十年後，人口組合和產業分工都發生了相當大的變化，勝兵的出現說明了軍隊和生產者的分工，[註2] 這也是常備兵的意思。黃烈提出匈奴後期實行勝兵制，勝兵也就是常兵。並注曰：「林幹《匈奴通史》稱南匈奴的『勝兵，就是脫離生產，只擔任作戰的常備兵。』可從」。[註3] 勝兵是常備兵的

〔註 1〕林幹《匈奴史》，內蒙古人民出版社，1979 年版，第 122 頁。
〔註 2〕馬長壽《北狄與匈奴》，北京：三聯書店，1962 年版，第 82～82 頁。
〔註 3〕黃烈《中國古代民族史研究》，北京：人民出版社，1987 年版。

觀點至今仍被引用，如劉正江認為抽出一部分匈奴人作為常備兵，另外剩下的人就可以專門從事農業生產了。勝兵制就是在新的環境下，南匈奴為了適應新的經濟結構的調整作出的政治反應。〔註4〕

　　第二種觀點認為勝兵不是「常備軍」。梁景之通過對史料記載中勝兵的綜合分析，認為勝兵是戰士的同義語，有現役常備人員和非現役後備人員的區別。〔註5〕阿爾丁夫考查了勝兵一詞的含義，認為正確的解釋首先是力能操兵的意思，其次指勝兵者，即力能操兵的人，引申為能操兵作戰的人，從而得出勝兵不是常備兵，而是兵民合一的國家實行的兵役制度。〔註6〕張莉從南匈奴的社會生活狀況，勝兵的人口和東漢政府的立場來說明南匈奴的勝兵仍以各部落為單位，由部帥統轄。〔註7〕

　　關於勝兵，《漢語大辭典》〔註8〕有三種不同的解釋。

　　1. 能充當兵士參加作戰的人，並且舉了《漢書・西域傳上・婼羌》「戶四百五十，口千七百五十，勝兵者五百人」為例。

　　2. 打勝仗的部隊。

　　3. 精兵。

　　那麼，勝兵究竟指的是什麼呢？這需要回到文獻中去考察。《後漢書補注》〔註9〕四惠棟釋曰「勝音升，謂受兵者」，即對持有兵器人的稱謂，「兵」並非「兵士」而是兵器，兵刃的意思，故「勝兵」即能夠使用兵器（含堪充兵士之意）者，不限於少數族，也不限於軍隊。《史記・蕭相國世家》載鮑生其人勸蕭何云：「『王（指劉邦）暴衣露蓋，數使使勞苦君者，有疑君心也。為君計，莫若遣君子孫昆弟能勝兵者悉詣軍所，上必益信君，』於是（蕭）何從其計，漢王大說」；〔註10〕又《史記・淮南王傳》載淮南王劉安語：「今吾國雖小，然而勝兵者可得十餘萬……」，〔註11〕說明在漢族社會中就有勝兵，或者稱勝兵者。《漢書・西域傳》中每論一國事，必舉其戶數，口數與勝兵數。如

〔註4〕劉正江《論匈奴族的兩次經濟轉型》，《黑龍江民族叢刊》2008年第2期

〔註5〕梁景之《「勝兵」解析》，《青海民族學院學報》，1987年第2期。

〔註6〕阿爾丁夫《「勝兵」果真是「常備兵」麼？——兼談幾部辭書存在的問題》，《民族研究》1999年第1期。

〔註7〕張莉《南匈奴勝兵性質新解》，《安徽史學》1999年第4期。

〔註8〕漢語大辭典編輯委員會《漢語大辭典》，漢語大辭典出版社，1994年版。

〔註9〕梁景之《「勝兵」解析》，《青海民族學院學報》，1987年第2期。

〔註10〕〔漢〕司馬遷：《史記》卷五十三《匈奴列傳》，中華書局，1959年，第2015頁。

〔註11〕〔漢〕司馬遷：《史記》卷一一八《匈奴列傳》，中華書局，1959年，第3090頁。

渠勒國「戶三百一十，口兩千一百七十，勝兵三百人」，鄯善國「戶千五百七十，口萬四千一百，勝兵兩千九百十二人」，大宛國「戶六萬，口三十萬，勝兵六萬人」，這些是定居國家的情況，游牧國家也是如此。如烏孫「戶十二萬，口六十三萬，勝兵十八萬八千八百人」，婼羌「戶四百五十，口千七百五十，勝兵者五百人」，〔註12〕勝兵在西域諸國中是很普遍的現象。由上可見，「勝兵」這一詞彙的使用還是比較廣泛的，無論漢族或少數民族中都出現過。

　　既然勝兵並不是南匈奴附漢後才有的新事物，為何《史記》與《漢書》裏未見有匈奴勝兵的記載呢？「勝兵」既指能拿起兵刃或武器的人，引申為能操兵作戰的人，在匈奴社會能操兵作戰的人應該就是能充當兵士參加作戰的人，那麼匈奴社會中「能充當兵士參加作戰的人」是哪些人呢？我們知道匈奴人的社會組織，原先是生產組織與軍事組織相結合的，《史記·匈奴列傳》說「士力能彎弓，盡為甲騎」，平時游牧生產，戰時上馬出征，牧民就是騎兵，生產者與戰鬥員合而為一，〔註13〕也就是說匈奴「勝兵」並不是進入漢地以後的變化，而早就存在於匈奴社會之中，即《史記》、《漢書》中所謂的「控弦之士」〔註14〕。《史記·劉敬傳》：「高帝罷平城歸，韓王信亡入胡。當是時，冒頓為單于，兵強，控弦三十萬，數苦北邊。上患之，問劉敬……」，此處即以勝兵即控弦者指兵士。烏孫「勝兵」之例，亦有控弦之例。《史記·大宛傳》：「烏孫在大宛東北可二千里，行國……與匈奴同俗。控弦者數萬，敢戰」。因此個人認為，勝兵既指堪持用兵器，故《史記》、《漢書》以直接持用兵器的「控弦」代之。

　　既然早就存在於匈奴社會體制中，為什麼到了東漢，南匈奴的勝兵才進入了史學家的視野？有學者研究指出「勝兵」多少，是以戶（落）口，至少是戶數的統計為前提的，否則無從瞭解勝兵的具體人數。西漢時匈奴究竟有多少人數，並不清楚。自南匈奴入塞，成為東漢國內一個少數民族之後，其戶（落）口已有確切的統計數字。降漢的北匈奴，無疑也有確切的數字。同樣，兩漢書《西域傳》及其他正史中所在西域和北方各國之所以知道「勝兵」多

〔註12〕此後的正史如《魏書》，《隋書》，《北史》，《舊唐書》之有關西域與北方民族傳記也時常出現「勝兵」這一概念。
〔註13〕黃烈《中國古代民族史研究》，北京：人民出版社，1987年版，第184頁。
〔註14〕對於一些有常備軍的土著「城國」而言，勝兵有時候指常備軍，見梁景之《「勝兵」解析》。

少，關鍵也在於此。〔註15〕筆者同意這一觀點，正是隨著南匈奴內附後，漢匈之間瞭解的加深，史家才能用「勝兵」這一詞語來進行記載。

以上可見，視勝兵為某種性質的兵，或謂勝兵為某種兵制，並不是很適當的提法，故此學界對於南匈奴勝兵的兩種看法都有值得商榷之處。

二、南匈奴的勝兵是常備兵嗎？——與林幹先生商榷

林幹先生認為南匈奴的勝兵是常備兵，其原因有三：一是社會生產的進一步發展；二是農業開始在社會經濟中佔有較大的比重。三是受漢朝兵制的影響。〔註16〕那麼他的這些理由是否能站住腳呢？考察史料可知，其中多數是不能成立的。

（一）農業的比重

農業開始在社會經濟中佔有較大的比重是勝兵出現的原因之一，這是林幹先生的理由之一。那麼農業在南匈奴社會中佔據什麼樣的位置呢？我們知道，西漢的匈奴社會存在農業經濟，但始終停滯在較低水平。南匈奴依附漢朝以後，農業生產得到進一步發展。南單于入居西河以後，東漢政府將南邊八郡作為南匈奴的駐牧地。伴隨著南匈奴久居漢地，游牧經濟也開始日益衰落。在這裡很有限的土地上，南匈奴不能向在廣袤的大草原上「逐水草而居」，任意馳騁於草原，南單于只能將土地劃分給各部首領，讓他們有相對固定的游牧地，各自在自己這一小塊土地上從事畜牧經濟，這在很大程度上限制了游牧經濟的發展。南匈奴人口快速增長更加重了牧場的壓力，使他們不得不另找出路，集中表現就是南匈奴內部農耕經濟的發展。

緣邊八郡的雲中、西河等地，一向是農耕經濟區，光武帝又招回大量漢人從事農業生產，努力耕作以恢復北邊荒蕪的土地，南匈奴長期居住在這裡，與這些農業人口雜居，早已存在的農業生產必然會得到長足的發展。呂思勉《胡考》一文中對此有很好的概括：「《晉書·北狄傳》載『呼韓邪單于失國，攜率部落入臣於漢，漢嘉其意，割并州北界以安之，於是匈奴五千餘落居朔方諸郡，與漢人雜處。其部落隨所郡縣，使宰牧之，與編戶大同，而不輸貢賦。』此等招懷寬典，不責之以輸將，非其人不習農事也。其眾即至千萬落，

〔註15〕阿爾丁夫《「勝兵」果真是「常備兵」麼？——兼談幾部辭書存在的問題》，《民族研究》1999 年第 1 期
〔註16〕林幹《匈奴史》，內蒙古人民出版社，1979 年版，第 122 頁。

沿邊雖云土滿，不得盡為牧場，非力耕何以自存乎」？〔註17〕

　　考古發掘透露了更多的信息。南匈奴的墓葬中，隨葬器物總的趨勢是逐漸漢化，漢文化因素加強，匈奴自身的因素減弱。如陶明器的大量使用、生產工具和車馬器的明器化，出土大量的漢式陶器。青海大通上孫家寨遺址中墓葬發掘有陶罐、壺、盆、灶、倉、井等模型明器，銅器有釜、甑、壺等，鐵器有鐮、鏵、釜、懸鉤等，石器有燈、杵、硯板等。神木大保當墓葬發掘有罐、壺、鼎、盤、豆、耳杯、盒、盆、灶、博山爐、井、燈、俑等陶器，鐵器有釘、斧、錛、鏟等。〔註18〕可見，東漢時期的南匈奴受到了漢族文化的影響。墓葬中隨葬農業生產工具，表明匈奴游牧生產方式的農業化轉變。

　　馬長壽先生認為南匈奴居於緣邊八郡後，牛羊不足以糊口，糧食要依賴漢朝並且不輸貢賦，這是南匈奴無耕地、無糧食的原因。〔註19〕按照南匈奴實際情況，這一說法似乎可以商榷。但是，江上波夫認為南北匈奴分裂之後，南匈奴就捨棄了游牧生活，幾乎成為穀食之民，不過原來的肉類和乳製品也沒有全部廢除，〔註20〕這種說法卻也誇大了實際情況。

　　史料顯示，一直到東漢後期，基本上沒有漢朝政府鼓勵南匈奴發展農業的記載，所以南匈奴的農業雖然得到了發展，並沒有完全擺脫游牧生產。自從南匈奴內附後，逐步深入中原內地，分布地區日廣，由於各地漢族人口比重不同，和漢族的接觸程度不同，他們所受的文明影響程度也不同，從而使各地匈奴的社會經濟發展也不一致。不排除一部分匈奴可能已經以農業為主要的生產方式，但是匈奴絕大多數部眾，仍然「因其故俗」從事畜牧業，游牧經濟在其生活中佔據主導地位，這從東漢政府打擊叛亂匈奴部落的戰利品中就可以看出。

　　《後漢書·耿夔傳》載：「永初三年（109年），南單于檀反畔，使夔率鮮卑及諸郡兵屯鴈門……追斬千餘騎，殺其名王六人，獲穹廬車重千餘兩，馬畜牲口甚眾」。〔註21〕

〔註17〕呂思勉《國學論衡》第6期，1935年12月，轉引自胡玉春《大夏國鐵弗匈奴社會經濟狀況探析》，《蘭州學刊》2012年第3期，第1頁。

〔註18〕杜林淵《南匈奴墓葬初步研究》，《考古》2007年第4期，第2～3頁。

〔註19〕馬長壽《北狄與匈奴》，廣西師範大學出版社，2006年，第84～85頁。

〔註20〕〔日〕江上波夫《匈奴的社會與文化》，山川出版社，1999年，第114頁。

〔註21〕〔南朝·宋〕范曄：《後漢書》卷十九《耿夔傳》，中華書局，1965年，第719頁。

《後漢書・南匈奴列傳》載，延光三年（124 年），「夏，新降一部大人阿族等遂反畔……中郎將馬翼遣兵與胡騎追擊，破之……獲馬牛羊萬餘頭」。〔註22〕

《後漢書・南匈奴列傳》載，永建五年（130 年）「冬，遣中郎將張耽將幽州烏桓諸郡營兵，擊叛虜車紐等，戰於馬邑，斬首三千級，獲生口及兵器牛羊甚眾」。〔註23〕

據上述引文，其所俘獲的財物都是牛馬羊。考古資料顯示，在匈奴上層人物和平民的墓葬中，一般用馬、牛、羊頭隨葬，極少用豬殉牲，〔註24〕豬是適於定居生活飼養的家畜，兩相對比，說明畜牧業仍舊在生產生活中佔有主導地位。另外，南匈奴內附之後，受到使匈奴中郎將的管轄，不能像以前那樣無所顧忌，但只要一有機會，游牧民族的風氣就顯露出來。例如，「南單于聞，乃遣輕騎出上郡，遮略生口，鈔掠牛馬，驅還入塞」，〔註25〕「郡北當匈奴，南接種羌，民畏寇抄，多廢田業」，〔註26〕牛、馬等牲口還有糧食，都是南匈奴的掠奪對象。因為畏懼匈奴的抄略，老百姓甚至放棄了農業生產。此外還有人口，永初四年（110 年）「乃還所鈔漢民男女及羌所略轉賣入匈奴中者合萬餘人」，〔註27〕「至永壽元年（155 年），匈奴左薁鞬臺耆、且渠伯德等復畔，寇鈔美稷、安定」。〔註28〕這些都是公元 90 年以後的情況，公元 90 年以前的就更不用說了。

實際上，東漢政府對歸附的南匈奴，「乃詔有司開北鄙，擇肥美之地，量水草以處之」，因其故俗進行管理，儘量地保持了他們原來的生活環境。林幹先生的論述中，也沒有提出什麼充足的史料來證明農業在南匈奴的社會經濟

〔註22〕〔南朝・宋〕范曄：《後漢書》卷八十九《南匈奴列傳》，中華書局，1965 年，第 2959 頁。

〔註23〕〔南朝・宋〕范曄：《後漢書》卷八十九《南匈奴列傳》，中華書局，1965 年，第 2962 頁。

〔註24〕參見馬利清：《原匈奴、匈奴：歷史與文化的考古學探索》，內蒙古大學出版社，2005 年，第 356 頁，第 368 頁。

〔註25〕〔南朝・宋〕范曄：《後漢書》卷八十九《南匈奴列傳》，中華書局，1965 年，第 2950 頁。

〔註26〕〔南朝・宋〕范曄：《後漢書》卷七十六《循吏列傳》，中華書局，1965 年，第 2463 頁。

〔註27〕〔南朝・宋〕范曄：《後漢書》卷八十九《南匈奴列傳》，中華書局，1965 年，第 2958 頁。

〔註28〕〔南朝・宋〕范曄：《後漢書》卷八十九《南匈奴列傳》，中華書局，1965 年，第 2963 頁。

中開始佔據較大的比重，只是一種引申而已。農業發展的情況是存在的，但不是主流。從歷史的發展來看，匈奴比較大規模地向農業轉化應該是在曹魏時期。

（二）漢朝兵制的影響

那麼林幹先生所說的第三個理由，勝兵的出現是由於受漢朝兵制的影響能否成立呢？我們知道東漢中央是設有常備軍的，朝廷直接控制的部隊主要是宿衛軍和北軍。〔註29〕宿衛軍分兩部分，一部由光祿勳所轄，作為皇上的警衛部隊。即所謂虎賁郎、羽林郎、羽林左、右騎。屬官有五官、左、右、虎賁、羽林中郎將及羽林左、右監。另外一部分由衛尉所轄，負責宮內的警衛巡視及宮門的守衛。北軍也是兩部分，一部由執金吾所轄，擔任都城的防衛及皇帝出巡時作衛隊和儀仗隊；另一部是北軍的主力設五營，由屯騎、越騎、步兵、長水、射聲五校尉統領。他們由全國最精銳的士兵組成，負責防衛京師，有時也作為主力出征〔註30〕。但似乎沒有「勝兵」這一名稱。那有沒有可能是匈奴入塞後，學習漢朝的常備軍，才出現了勝兵呢？根據上文的分析，我們已知勝兵並不是指某種性質的兵或某種兵制，所以這個理由也不能成立。

此外，正史中關於東漢時期勝兵的記載，不僅僅存在於南匈奴社會，北匈奴也有勝兵。匈奴社會最早出現「勝兵」一詞的是章和元年（87年），當時北匈奴遭鮮卑等攻殺，慘敗，北庭大亂，「屈蘭，儲卑，胡都須等五十八部，口二十萬，勝兵八千人，諸闕內降。」我們知道南北匈奴分裂後，北匈奴和西漢時的匈奴人一樣，在北方草原部落為居，游牧生活，社會結構也沒有發生什麼根本性的變化，匈奴人的社會組織，還和以前一樣，是生產組織與軍事組織相結合的。這樣就說明了出現於南匈奴的勝兵並不是進入漢地之後的變化，而是早就存在於匈奴社會體制中的，〔註31〕從而進一步有力證明了南匈奴勝兵的出現與漢朝兵制無關。

三、南匈奴勝兵的性質

我們知道，匈奴的社會是軍政合一、兵民合一的，其軍事組織同時也是

〔註29〕東漢建國後，將秦以來的徵兵制改為了募兵制，郡國不設常備軍，有戰事就臨時招募士兵。募集的對象有農民，商人、少數民族；募集辦法主要是用錢財、免賦、免役的辦法。在戰亂時也有以募為名強抓壯丁的。

〔註30〕安作璋，熊鐵基《秦漢官制史稿》，齊魯書社，1984年版。

〔註31〕張莉《南匈奴勝兵性質新解》，《安徽史學》1999年第4期。

行政組織，這一點對於西漢的匈奴社會是沒有疑問的。建武二十四年（48年），南匈奴內附之後，匈奴作為一個獨立的政權消亡了，其性質類似於東漢的一個諸侯國。與之前相比，南匈奴的軍事制度有沒有發生變化？筆者認為南匈奴的勝兵不是常備兵，反映的是南匈奴依然保持著兵民合一的特點，而且這種體制到東漢末期一直沒有改變。

秦漢時期，冒頓為鞏固統治，進行改革，建立系統的軍事組織。大者領騎兵萬餘騎，小者領數千騎，共二十四個長，每個長領騎兵萬人，號為「萬騎」，這是當時計算匈奴騎兵的最大單位。匈奴社會的基層組織是落（戶），五至七人左右，匈奴人口中的成年男子都編入甲騎，大約一戶出一至二個騎兵，五戶至十戶得十人，組成一戰鬥小單位，任命一什長（十騎長）帶領，合十個這樣的戰鬥小單位，約百人，置百長（百騎長）統率，合百個戰鬥小單位，約千人，置千長（千騎長）。匈奴男子既是生產者、又是戰士。男孩從小學習騎射，成年後編入軍隊，一當戰爭發生，即「貫弓上馬」，不打仗則進行生產活動。

南匈奴內附之後，「二十四長」演化為了「四角」、「六角」，而異姓貴族也開始領兵，這樣的變化，並不影響匈奴軍事體制的性質。南匈奴以部落的形式與漢人雜居，漢政府派駐單于庭的最高官員為使匈奴中郎將，對南匈奴只有監護權，並不過分干預匈奴內部事務，匈奴單于以「藩臣」的形式向東漢「稱臣納貢」。但是，在南匈奴內部，單于及以下大臣保存了對部眾直接統治的權力，保存了原匈奴政權的社會組織和行政體系。廣大的匈奴部民仍直接為匈奴單于及各級大臣、貴族所統治，他們無事時畜牧，戰時則服兵役，整個匈奴的社會經濟仍以游牧經濟為主，軍事權力依然掌握在單于及以下大臣手中，原來的體制沒有受到外力的強迫改變。

東漢一朝南匈奴的軍事活動非常頻繁，內田吟風先生已經做了詳細的統計。從南匈奴內附到東漢末的170年間，就有28次軍事活動，平均6年就有一次。如下表：

行為者	協力件數目	叛亂件數
南單于	7	3
諸部王	9	9
計	16	12

　　當時北匈奴是東漢王朝的一個很大的威脅，南匈奴的這些軍事活動大部分是參與對北匈奴作戰的，而鮮卑在東漢後期慢慢地強大起來，「石槐驍猛，盡有單于之地」，經常騷擾邊境，因此有一部分是協助東漢政府鎮壓鮮卑的，如「鮮卑寇馬城，度遼將軍鄧遵率南單于擊破之」，「鮮卑敗南匈奴於曼柏」，「使匈奴中郎將王稠率左骨都侯等擊鮮卑」，「鮮卑寇邊，使匈奴中郎將張奐率南單于擊破之」，靈帝熹平六年（177 年），「遣破鮮卑中郎將田晏出雲中，使匈奴中郎將臧旻與南單于出鴈門……並伐鮮卑」。〔註32〕另外，平定國內的反叛勢力也需要借助匈奴的兵力，如《三國志‧武帝紀》注引《魏書》曰：「中平中，發匈奴兵，於夫羅率以助漢」，〔註33〕又「建安元年，獻帝自長安東歸，右賢王去卑與白波賊帥韓暹等侍衛天子，拒擊李傕、郭汜」。〔註34〕

　　日逐王比請求內附之時，耿國認為：「宜如孝宣故事受之，令東扞鮮卑，北拒匈奴，率厲四夷，完復邊郡，使塞下無晏開之警，萬世（有）安寧之策也」。〔註35〕劉秀接受了他的意見。南匈奴隨時可以拿起武器，投入戰鬥，這種狀況符合統治集團的要求。

　　最後一個原因是因為南匈奴沒有發達的農業。眾所周知，農業和畜牧業不同，畜牧業可以單人獨立完成，分散居住，可以在不與他人合作的情況下從事生產。農業生產方式下的勞動要複雜的多，單個勞動力的投入無法滿足農業生產的需要，如開河挖溝，引水灌溉等需要大量的男性勞動力，就是開墾土地也需要多個勞動力的合作。抽出一部分人作為常備兵，另外餘下的人就可以專門從事農業生產了。但是南匈奴以畜牧業為主導，就無法為軍民分離提供足夠的動力。

　　值得一提的是，匈奴內附後，在軍事方面的一個變化是出現了步兵。《三國志‧烏桓鮮卑傳》注引《魏書》載，順帝時，「漢遣黎陽營兵屯中山，緣邊郡兵屯塞下，調五營弩帥令教戰射，南單于將步騎萬餘人助漢擊卻之」，〔註36〕

〔註32〕參見〔南朝‧宋〕范曄：《後漢書》卷九十《烏桓鮮卑列傳》，中華書局，1965 年。

〔註33〕〔晉〕陳壽：《三國志》卷一《武帝紀》，中華書局，1959 年，第 9 頁。

〔註34〕〔南朝‧宋〕范曄：《後漢書》卷八十九《南匈奴列傳》，中華書局，1965 年，第 2965 頁。

〔註35〕〔南朝‧宋〕范曄：《後漢書》卷十九《耿國傳》，中華書局，1965 年，第 716 頁。

〔註36〕〔晉〕陳壽：《三國志》卷三十《烏桓鮮卑東夷傳》，中華書局，1959 年，第 837 頁。

有為數不少的步兵。我們知道，步兵是漢族國家的重要兵種，在戰爭中發揮著重要作用，《史記》、《漢書》中有不少記載。例如「復使貳師將軍將六萬騎，步兵十萬，出朔方。……游擊將軍說將步騎三萬人，出五原。因杅將軍敖將萬騎步兵三萬人，出鴈門」，〔註37〕「於是漢悉兵，多步兵，三十二萬，北逐之」，「使騎都尉李陵將步兵五千人出居延北千餘里」等等。〔註38〕而匈奴在草原馳騁，其軍隊基本為騎兵，「單于以十萬騎待水南，與貳師將軍接戰」，「匈奴騎，其西方盡白，東方盡駹，北方盡驪，南方盡騂馬」，所以畜牧業非常發達。內附後，南匈奴分布集中在東漢北邊八郡，游牧區域減少，加上與漢人雜居，必然受其影響，逐漸實行了兵種的多樣化。

以上即是東漢一朝始終保持兵民合一體制的原因所在，「勝兵」反映的是南匈奴社會兵民合一的特點。

〔註37〕〔漢〕司馬遷：《史記》卷一一〇《匈奴列傳》，中華書局，1959 年，第 2918 頁。

〔註38〕〔東漢〕班固：《漢書》卷九十四《匈奴傳》，中華書局，1962 年，第 3753 頁，第 3777 頁。

附錄四　漢晉之際匈奴新統治階層的形成——從諸王向中國式官僚的轉變

　　荷蘭人類學者克列遜（H.Claessen）是最早提出「早期國家」這一概念的學者，他和捷克學者斯卡爾尼（P.Skalnik）在《早期國家》一書中指出早期國家的三種「類型」，即三個階段：初始的階段、典型的階段和轉變的階段，早期國家進程持續發展下去，最終會過渡到成熟的國家形態。其中前兩個階段轉變的特徵之一是：高級職務的繼承完全是世襲的——世襲作為繼承原則被任命所平衡；官員只收受賞賜（通常是實物）——除了受賞賜外、領取報酬的官員出現了，或者同一個官員這兩種報償都獲得。[註1]這些理論受到國內學術界的關注，並且在結合具體史實分析時不斷加以驗證和修訂。

　　秦朝時，北方出現匈奴國家，這是中國歷史上出現的第一個在法統上同夏朝國家建立以來形成的中原國家沒有繼承關係的國家。公元前51年，南匈奴附漢後，匈奴國家消亡了，直到五胡十六國建立了漢趙這一新的匈奴國家。匈奴的建國和發展，從秦漢至於魏晉，恰好適用於「早期國家」的範疇，在進行個案研究時，上述關於官員特徵轉變的觀點，在一定程度上也適用於匈奴的國家。

〔註1〕Henri J.M.Claessen and Peter Skalnik, ed, *The early state,* The Hague: Mouton, 1978. P.22～23。

一、秦漢的匈奴諸王

匈奴國家的屬民是氏族、部落和部族制下的成員，匈奴諸部王，是集軍政司法等大權於一身的領主，代表單于在各地行施政權，是匈奴單于藉以維持其統治的重要支柱。同時，匈奴諸王也構成匈奴國家的中央官體系，由匈奴諸王組成的議事會議，既是匈奴國家的最高決策機構，也是最高執行機構。

（一）高級職務的世襲

匈奴「其大臣皆世官」，〔註2〕諸王的選任一般採取傳弟和傳子繼承制。當諸王的人選出現空缺時，選擇繼任者的一個重要原則就是先看是否有成年長子，如握衍朐鞮單于篡位前的右賢王身份就是「代父為右賢王」；壺衍鞮單于的顓渠閼氏父親曾為左大且渠，後來她的弟弟都其隆也是左大且渠，明顯是世襲此封號。狐鹿姑即單于位後，以左大將為左賢王，而後，左賢王不久於世。他的兒子先賢撣不但沒能襲其父的稱號，反而被貶為比左賢王職位低很多的日逐王。以至當時的國人也認為，應該是先賢撣襲左賢王位，還「頗言日逐王當為單于」。國人非議是因為狐鹿姑單于未按既定的世襲慣例而「自以其子為左賢王」。〔註3〕

（二）收入的重要來源——賞賜

廣大官員主要是接受賞賜（實物），而不是報酬，這是早期國家初始階段的標誌之一。秦漢的匈奴官員主要和穩定的來源是分地收入，匈奴諸王「各有分地」，佔有大量的牲畜、奴婢，對其中的人民有著絕對的統治權。收受賞賜則是匈奴官員經濟的另一個重要來源，其表現形式主要有「歲奉遺」、「朝正月」和戰爭掠奪的收穫等。

「歲奉遺」是漢高祖至漢武帝時期，在勢弱於匈奴的情況下，為了阻止匈奴入侵，爭取更多休養生息的時間而不得已向匈奴「進貢」的經濟措施。如劉邦「使劉敬奉宗室女公主為單于閼氏，歲奉匈奴絮繒酒米食物各有數」，〔註4〕漢武帝征和四年（公元前89年），狐鹿姑單于要求漢朝「歲給遺我糵酒萬石，稷米五千斛，雜繒萬匹，它如故約，則邊不相盜矣」。〔註5〕

從公元51年呼韓邪附漢開始，此時政治形勢已經發生了根本的變化。漢

〔註2〕〔東漢〕班固：《漢書》卷九十四《匈奴傳》，中華書局，1962年，第3751頁。
〔註3〕〔東漢〕班固：《漢書》卷九十四《匈奴傳》，中華書局，1962年，第3778頁。
〔註4〕〔漢〕司馬遷：《史記》卷一〇一《匈奴列傳》，中華書局，1959年，第2895頁。
〔註5〕〔東漢〕班固：《漢書》卷九十四《匈奴傳》，中華書局，1962年，第3780頁。

朝成為宗主國，匈奴朝正月、稱臣。出於安定匈奴的政治目的，每次「朝正月」的時候漢朝都給予豐厚的賞賜。如漢宣帝甘露三年（公元前 51 年）「衣被七十七襲，錦繡綺縠雜帛八千匹，絮六千斤」；漢成帝河平四年（公元前 25年），漢朝「加賜錦繡繒帛二萬匹，絮二萬斤」；漢哀帝元壽二年（公元前 1年），「加賜衣三百七十襲，錦繡繒帛三萬匹，絮三萬斤」。

　　另外，對外戰爭的掠奪也是匈奴官員的重要收入之一。在胡強漢弱的西漢前期，隴西、北地、上郡、雲中、上谷、遼東等郡經常受到騷擾。匈奴騎兵所到之處，劫奪財產，殺掠吏民，把大量的漢人俘為奴隸，單是雲中、遼東，每年每郡被殺害和被虜去的人口就有一萬多人。〔註 6〕在漢強胡弱的西漢後期，面對漢朝的軍事進攻，匈奴往往進行反攻，掠獲十二萬左右漢朝吏民和士兵及大量的人口、物資和土地。〔註 7〕

二、新型職官的萌芽

　　建武二十四年春（48 年），「八部大人共議立比為呼韓邪單于……於是款五原塞，願永為蕃蔽，扞禦北虜」，〔註 8〕從此南匈奴正式附漢。建武二十六年（50 年），東漢朝廷允許南單于入居雲中，其後南匈奴受北匈奴的軍事壓力，又允許其徙居西河美稷，其部眾散居於北地、朔方、五原、雲中、定襄、雁門、代等郡。永和五年（140 年），南匈奴發生內亂，左部句龍王吾斯、車紐等反叛，圍攻西河美稷，東漢政府「乃徙西河治離石，上郡治夏陽，朔方治五原」。〔註 9〕因此，原來分布在西河、上郡、朔方等郡的匈奴人更加南下，從今陝西、山西北部深入到中部一帶。南匈奴內遷之後，胡漢雜居，兩族的社會政治機構具有顯著的異質性。漢民族的封建集權國家政體不同於匈奴氏族部落政體，它具有系統的行政、軍事、司法、人事等制度，能夠更為有效地進行國民的管理和國家機器的運行，呈現出一種文明成果的魅力。東漢末以來，漢族政府加速對匈奴傳統國家結構進行改造，匈奴不自覺地被捲入其中，王侯貴族的性質發生了改變，一步一步朝著新型職官的方向發展。

〔註 6〕林幹《匈奴史》，內蒙古人民出版社，1979 年版，第 54 頁。

〔註 7〕蘇倫高娃《漢匈經濟交流形式探討》，內蒙古師範大學 2007 年碩士論文。

〔註 8〕〔南朝‧宋〕范曄：《後漢書》卷八十九《南匈奴列傳》，中華書局，1965 年，第 2942 頁。

〔註 9〕〔南朝‧宋〕范曄：《後漢書》卷八十九《南匈奴列傳》，中華書局，1965 年，第 2962 頁。

《後漢書‧南匈奴列傳》載：「南單于既內附⋯⋯其大臣貴者左賢王，次左谷蠡王，次右賢王，次右谷蠡王，謂之四角；次左右日逐王，次左右溫禺鞮王，次左右漸將王，是為六角：皆單于子弟，次第當為單于者也。異姓大臣左右骨都侯，次左右尸逐骨都侯，其餘日逐、且渠、當戶諸官號，各以權力優劣、部眾多少為高下次第焉。單于姓虛連題。異姓有呼衍氏、須卜氏、丘林氏、蘭氏四姓，為國中名族，常與單于婚姻」。

匈奴的這些職官稱號，有劉豹為左賢王、劉宣為右賢王、劉猛為右賢王等。左右賢王之外，魏晉史料中其餘諸王及異姓大部分僅此一見，他們的去處也未被提及。只有一種可能，這些匈奴行政組織系統的官號只是虛名，其權力已經被剝奪。文獻對這一過程的敘述雖然不多，但也是有跡可循的。

《三國志‧梁習傳》載：「梁習字子虞⋯⋯胡狄在界，張雄跋扈，吏民亡叛，入其部落；兵家擁眾，作為寇害，更相扇動，往往棊跱。習到官，誘諭招納，皆禮召其豪右，稍稍薦舉，使詣幕府⋯⋯單于恭順，名王稽顙，部曲服事供職，同於編戶」，[註10] 曹操於建安元年奉迎漢獻帝建都許昌後，開始了「挾天子以令諸侯」的幕府統治，這一統治長達24年之久，直到建安二十五年曹操去世，故「幕府」即指曹操的幕府。[註11]

建安十一年（206年）後，并州刺史梁習對內遷匈奴採取了一系列措施。「禮召其豪右，稍稍薦舉，使詣幕府」，這一舉措實施的對象，是「在界」「張雄跋扈」的「胡狄」，其中雖也涉及到并州漢族、烏桓、鮮卑的豪右，但主要指匈奴。一是吸收上層貴族擔任地方官職使其與部落脫離關係，一是徵調匈奴牧民壯丁，將其編為義從、勇力，分遣各地打仗、駐防，家人遷移至鄴城，充當人質。

關於「禮召其豪右，稍稍薦舉，使詣幕府」此舉的作用，林幹認為「把匈奴的上層人物吸收到地方政府中擔任官職，使他們與部眾完全脫離關係」；[註12] 馬長壽指出「梁習到官以後，舉其豪右參加幕府，這樣就使匈奴的中上階層與部眾脫離關係」；[註13] 周偉洲「進一步將匈奴的豪右與其所統的部

[註10] ［晉］陳壽：《三國志》卷十五《梁習傳》，中華書局，1959年，第469頁。
[註11] 在曹操任司空、丞相及魏公、魏王的不同時期，司空府、丞相府、魏公或魏王府分別是其霸府的基本部分。見柳春新：《曹操霸府述論》，《史學月刊》2002年第8期，第4頁。
[註12] 林幹《匈奴史》，內蒙古人民出版社，1979年版，第128頁。
[註13] 馬長壽《北狄與匈奴》，三聯書店，1962年版，第87頁。

民分離……使南匈奴及其豪帥對部民直接統治的關係，逐漸變為間接統治的關係」，〔註14〕都指出匈奴的中上階層與部眾脫離了關係。筆者認為更重要的意義在於，這部分匈奴，無論是在地方政府擔任官職，還是在幕府中擔任官職，與秦漢時期的匈奴官員相比，發生了質的改變。

梁習這一系列舉措的效果是「單于恭順，名王稽顙，部曲服事供職，同於編戶」，「名王」一詞在《漢書·匈奴傳》中曾多次出現，「獲單于父行及嫂、居次、名王、犁污都尉、千長、將以下三萬九千餘級」；〔註15〕「封狼居胥山，禪於姑衍，以臨翰海，虜名王貴人以百數」；〔註16〕「故事，單于朝，從名王以下及從者二百餘人」。〔註17〕又《漢書·陳湯傳》曰：「凡斬閼氏、太子、名王以下千五百一十八級」；〔註18〕又《後漢書·竇憲傳》曰：「遂臨私渠比鞮海，斬名王已下萬三千級」。〔註19〕以上所引之「名王」，是一種泛稱，指有名位的王。《漢書·宣帝紀》顏師古注曰：「名王者，謂有大名，以別諸小王也」，也就是說不是稗小王之類小的部落首領，是權力大，部眾多的王。據此推測，《梁習傳》中的「名王」，很可能就是《南匈奴列傳》中記載的單于子弟以及異姓貴族。

「豪右」和「名王」內涵是否一致或者有重合的地方，目前還不清楚。馬長壽指出，匈奴入居沿邊八郡以來，經常從事戰爭，因此貴族之中分化出不少豪右兵家。梁習到官之後，舉其「豪右」參加幕府，這樣就使匈奴的中上階層與部眾脫離關係。〔註20〕總之，這一系列的措施使得「單于恭順，名王稽顙」，「稽顙」即俯首行禮，南匈奴上層受到了打壓是肯定的。

可以推測的是，這些匈奴的上層人物，不管他們是進入幕府工作，還是在地方政府工作，都開始使用中原的官職，官職的任免，操縱於漢族中央政權之手，從而喪失了原來的權力。王朝設官分職、官員按官職品級按規定時間領取報酬的俸祿制度，是中國古代官僚制度的一大特色。據《後漢書志》記載：「漢初掾史辟，皆上言之，故有秩比命士。其所不言，則為百石屬。其

〔註14〕周偉洲《漢趙國史》，廣西師範大學出版社，2006 年版，第 10 頁。
〔註15〕〔東漢〕班固：《漢書》卷九十四《匈奴傳》，中華書局，1962 年，第 3786 頁。
〔註16〕〔東漢〕班固：《漢書》卷九十四《匈奴傳》，中華書局，1962 年，第 3813 頁。
〔註17〕〔東漢〕班固：《漢書》卷九十四《匈奴傳》，中華書局，1962 年，第 3817 頁。
〔註18〕〔東漢〕班固：《漢書》卷七十《陳湯傳》，中華書局，1962 年，第 3014 頁。
〔註19〕〔南朝·宋〕范曄：《後漢書》卷二十三《竇憲傳》，中華書局，1965 年，第 814 頁。
〔註20〕馬長壽：《北狄與匈奴》，廣西師範大學出版社，2006 年，第 83 頁。

後皆自辟除，故通為百石云」。〔註21〕可見，幕主可以自主辟署幕府人員，幕府人員由朝廷給予秩祿，其幕稱即其官職名，為當時官制的組成部分。雖然匈奴上層分子所任職官及領取報酬的情況，由於史料的缺乏無從得知。但匈奴在向更高文明靠攏的時候，自覺不自覺地接受了這種制度，逐漸由收受賞賜向領取報酬轉變。

三、五部帥、都尉

南匈奴職官歷史上的一大變化，是出現了「帥」、「都尉」這樣的中國式官吏。《歷代職官表》曰：「漢自宣帝以後，匈奴稱臣入朝，然單于自稱其爵號如故，未嘗加以漢爵，其印文曰「匈奴單于璽」，不冠以「漢」字，蓋不以純臣待之也。後漢光武立南匈奴，亦用前漢呼韓邪故事。至建安立五部帥，始加以中國官爵矣」。〔註22〕

建安二十二年（217年）後，曹操為了防止匈奴東山再起，把呼廚泉的部眾分為五部。據《晉書》卷97《北狄傳》，「建安中，魏武帝始分其眾為五部，部立其中貴者為帥，選漢人為司馬以監督之」。《晉書‧北狄傳》載：「其左部都尉所統可萬餘落，居於太原故茲氏縣（今山西汾陽南）；右部都尉可六千餘落，居祁縣（今山西祁縣）；南部都尉可三千餘落，居蒲子縣（今山西隰縣）；北部都尉可四千餘落，居新興縣（今山西忻縣）；中部都尉可六千餘落，居大陵縣（今山西文水縣東北）」。〔註23〕都尉設置的年代有不同的記載，《北狄傳》載「魏末，復改帥為都尉」，《劉元海載記》載「太康中，改置都尉」，內田吟風指出都尉設置的時間應該是太康中而不是魏末。〔註24〕

呼廚泉的部眾被分為左部、右部、南部、北部、中部五部，這一分化削弱政策使得匈奴單于和諸王權力的喪失相當迅速。雖然當時五部部帥大都由單于子弟擔任，「以豹為左部帥，其餘部帥皆以劉氏為之」，〔註25〕仍保留左右賢王這些匈奴原來的職官稱號，但實際上「也只有由政府任命的『帥』或

〔註21〕《後漢書志》二十四《百官一》，第3558～3559頁。

〔註22〕〔清〕紀昀等撰《歷代職官表》卷七十一《藩屬各官表》，上海古籍出版社，1989年版。

〔註23〕〔唐〕房玄齡等：《晉書》卷九十七《北狄傳》，中華書局，1974年，第2548頁。

〔註24〕（日）內田吟風《匈奴史研究》，創元社，1953年版，第81頁。

〔註25〕〔唐〕房玄齡等：《晉書》卷一〇一《劉元海載記》，中華書局，1974年，第2645頁。

『都尉』在部落中有一定的權力，其餘各種王號僅為尊貴的表示，政治上未必能真正作為部落首領」。〔註26〕單于呼廚泉被扣於鄴都，委任其弟左賢王去卑監國，單于無絲毫實權，形同虛設。去卑被賦予什麼樣的權力，從史料中無法得知，但是既然由漢人王朝任命，受制於他人的情況，也是可想而知的。單于庭在平陽，五部帥也分駐五部，但是他們的家都居住在晉陽（今山西太原市西南）、汾水之濱的。〔註27〕他們沒有自己的領地，其存在完全依附於中原的漢人王朝。從此，「我單于雖有虛號，無復尺土之業，自諸王侯，降同編戶」。唐長孺認為「一個屠各酋長掌握的實力要比空名的左右賢王大得多」，〔註28〕屠各酋長所指就是帥、都尉，在新的歷史環境下，他們在部落中可以行使什麼權力呢？與秦漢的匈奴諸王相比，又出現了什麼變化？

　　帥、都尉的俸祿。秦漢時期的匈奴諸王的報酬主要來自於分地的經濟剝削、賞賜和對外掠奪。南匈奴內附後，分地收入是有限的，匈奴畜牧所得，牛羊不足以糊口，又無發達的農業，經常賴漢代統治階級把郡縣的糧食輸送到邊疆以濟困窮。〔註29〕至於掠奪，在東漢的保護監視下，也不可能像從前那樣頻繁了。雖然，東漢政府每年至少給予一次賞賜，但這種方式並不能解決問題。新的環境下出現了新的官俸制度。相比秦漢的匈奴官員，帥、都尉沒有自己的領地，他們被納入漢人王朝的官僚系統，領取報酬，成為公職人員，根據官品和秩石領取報酬。

　　「帥」屬於什麼官品和秩石，史料無載。根據《通典》卷37《職官十九·晉官品》，「州郡國都尉」官階為五品，〔註30〕五部「都尉」應該也是屬於這個階層的武官。〔註31〕但是這個五品官的秩石是多少呢？魏晉南朝實行的是官品與秩石並存的雙軌制，在某一官品所列官員下分別注明秩石，某一官員的俸祿並不取決於其官品高低，而是決定於其所任官職秩石級別的高低。〔註32〕

〔註26〕唐長孺《晉代北境各族「變亂「的性質及五胡政權在中國的統治》，《魏晉南北朝史論叢》，河北教育出版社，2000 年版。

〔註27〕參閱《晉書》卷一〇一《劉元海載記》，中華書局，1974 年，第 2645 頁。

〔註28〕唐長孺《魏晉雜胡考》，《魏晉南北朝史論叢》，河北教育出版社，2000 年版。

〔註29〕馬長壽《北狄與匈奴》，廣西師範大學出版社，2006 年，第 84 頁。

〔註30〕〔唐〕杜佑《通典》，中華書局，1988 年。

〔註31〕據《晉官品令》，起著監視作用的州郡國都尉司馬的官階為第八品，在官制上處於匈奴五部都尉之下，而在其之上又有護匈奴中郎將兼併州刺史。

〔註32〕黃惠賢、陳鋒主編《中國俸祿制度史》，武漢大學出版社，1996 年版，第 76～78 頁。

「魏秩次多因漢制……晉、宋、齊並因之」，〔註33〕確定官吏俸祿等級標準的
仍是繼承於兩漢的秩石級別。我們知道，西漢各郡置都尉領兵，秩比二千石，
東漢內地各郡不置都尉，邊郡及部族聚居區才置都尉，權限同於內郡太守，
如秩比二千石的「屬國都尉」。因此可知，晉代匈奴五部「都尉」秩石也在
二千石左右。根據《晉書》卷24《職官志》，其中所列的秩石只有二千石和
中二千石，沒有比二千石。西晉可知的是，秩中二千石的月俸為90斛，其
具體內容仍為兩漢以來作為官吏俸祿標準支出物的粟。〔註34〕此外，《晉書》
卷24《職官志》「光祿大夫與卿同秩中二千石，……食俸日三斛。太康二年，
始給春賜絹五十匹，秋絹百匹，綿百斤。惠帝元康六年，始給菜田六頃，田
騶六人」，從太康二年開始的這些賞賜，也成為收入的重要來源。至於「菜
田」，是不能與前面按秩石規定的俸祿合併計算的，這樣會使西晉官員俸額
成倍增加。〔註35〕

　　以上是基本的俸祿，西晉官員還有占田和蔭戶的特權，〔註36〕這種特權
是根據官品確定的，從一品到九品可根據法令佔有50頃到10頃的土地及50
戶到1戶不等的佃戶，這筆收入將遠遠超過各品級官員的法定俸額；官員還
可據品級蔭庇「九族」或「三世」，不承擔國家力役，這也是一筆無形的收入。
「都尉」屬於五品官，可以占田30頃，擁有衣食客3人，佃客5戶。

　　帥、都尉的選任。五部帥和都尉的人選，基本由劉氏子弟擔任，「以豹為
左部帥，其餘部帥皆以劉氏為之」。〔註37〕已知的如原單于於扶羅子劉豹為左
賢王、兼左部帥，劉元海從祖宣為右賢王、北部都尉、右部都尉，劉猛為右賢

〔註33〕〔唐〕杜佑《通典》卷十九《職官一‧官品》。

〔註34〕參見黃惠賢、陳鋒主編《中國俸祿制度史》，第79頁。

〔註35〕參見黃惠賢、陳鋒主編《中國俸祿制度史》，第80頁。

〔註36〕《晉書》卷二十六《食貨志》敘西晉品官占田蔭客制說：「其官品第一至于第
九，各以貴賤占田。品第一者占五十頃，第二品四十五頃，第三品四十頃，
第四品三十五頃，第五品三十頃，第六品二十五頃，第七品二十頃，第八品
十五頃，第九品十頃。而又各以品之高卑蔭其親屬，多者及九族，少者三
世。……而又得蔭人以為衣食客及佃客，品第六已上得衣食客三人，第七第
八品二人，第九品……一人。其應有佃客者，官品第一第二者佃客無過五十
戶，第三品十戶，第四品七戶，第五品五戶，第六品三戶，第七品二戶，第
八品第九品一戶」。

〔註37〕〔唐〕房玄齡等：《晉書》卷一〇一《劉元海載記》，中華書局，1974年，第
2645頁。

王、中部帥。〔註38〕劉氏一族世襲該職，與秦漢的「諸大臣皆世官」相比，表面似乎沒有變化，實質和內地職官一樣，要由中央政府任命，如「會豹卒，以元海代為左部帥」，元海就是在政府授命之下繼承了父親劉豹的左部帥一職。

劉元海、劉聰都甚至經過西晉正規的選官渠道。西晉沿用了漢代的州郡辟召之制，凡州郡皆置屬佐，由刺史、郡守自行闢任，例用本地人為之，如山濤辟郡主簿、功曹，入晉後官至吏部尚書。劉聰和他們一樣，「新興太守郭頤辟為主簿，舉良將，入為驍騎別部司馬，累遷右部都尉」，〔註39〕由所在地新興的太守通過辟召入仕，職位逐漸上升，走的是魏晉之際大族子弟入仕的正途。同樣，官員在位的政績是獎懲的依據，「楊駿輔政，以元海為建威將軍、五部大都督，封漢光鄉侯。元康末，坐部人叛出塞免官」。

任免之外，州郡長官還可以對帥、都尉進行職位調換。泰始十年（274年）後劉豹死，劉淵代為左部帥。太康八年（287年），劉淵改任北部都尉。〔註40〕劉淵以北部人任左部帥，又以左部帥遷北部都尉，招致史家的質疑。如唐長孺就說：「帥與都尉既然只是一官的改稱，劉淵先已為左部帥，何故以改官名之故並改其領部？我們知道部落酋長是不能像地方官那樣隨便調動的，劉淵以北部人統左部，又從左部調回北部是難以理解的」。〔註41〕換一個角度考慮，劉淵之所以可以隨便調動，恰恰說明他此時的身份已經不是部落酋長了，而是類似於漢人王朝的地方官，其任免和調動權完全收歸中央。

不過，這種任免和調動與漢人官員還是有區別的。劉豹統一五部後，《晉書》卷56《江統傳》之《徙戎論》說咸熙之際劉豹部「分為三率」、「泰始之

〔註38〕〔唐〕房玄齡等：《晉書》卷101《劉元海載記》，中華書局，1974年，第2654頁。〔宋〕司馬光：《資治通鑒》卷七十九《晉紀一·世祖武皇帝》「泰始七年」條，中華書局，1956年，第2514頁。〔唐〕房玄齡等：《晉書》卷五十七《胡奮傳》，中華書局，1974年，第1557頁。《晉書》卷一○一《劉元海載記》「元海從祖故北部都尉右賢王劉宣」，又附《劉宣傳》稱武帝「乃以宣為右部都尉」。《資治通鑒》卷七十九《晉紀一·世祖武皇帝》「（泰始）七年正月，匈奴右賢王劉猛叛出塞」，第2514頁。《晉書》卷五十七《胡奮傳》稱「匈奴中部帥劉猛叛」。

〔註39〕〔唐〕房玄齡等：《晉書》卷一○二《劉聰載記》，中華書局，1974年，第2657頁。

〔註40〕〔梁〕蕭統編，（唐）李善注《文選》卷四十九《晉紀總論》：「彼劉淵者，離石之將兵都尉」，李善注「太康八年，詔淵領北部都尉」。《載記》只云「太康末，拜北部都尉」，無具體年代。

〔註41〕唐長孺《魏晉雜胡考》，《魏晉南北朝史論叢》，第401頁。

初，又增為四」，司馬氏採取鄧艾的主張，將劉豹部反覆分割，帥的具體任免方案，諸史並無記載，但不論怎樣變換人事決策，還是侷限在單于子弟中分配。

（一）帥、都尉的行政權

首先是對職官的任免權。陳元達字長宏，匈奴後部人，「常躬耕兼誦書，樂道行詠」，「元海之為左賢王，聞而招之，元達不答」。〔註42〕劉淵以左賢王的身份擔任過左部帥、北部都尉，他聽說陳元達賢能，積極招攬，說明帥、都尉擁有對轄區職官的任免權。

其次是對部落的管理權。原單于於扶羅之子劉豹為左賢王，曹操分五部後，以其為左部帥。魏嘉平三年（251年），左部勢力增強，《三國志》卷28《鄧艾傳》：「是時并州右賢王劉豹並為一部」，合併五個部落，不是一件簡單的事情，也不是僅僅依靠軍事力量就可以解決的，左部帥對部落擁有的控制力自然不利於漢人的統治，這種情況引起統治階層士大夫的擔憂，於是城陽太守鄧艾上言：「……今單于之尊日疏，外土之威寖重，則胡虜不可不深備也。聞劉豹部有叛胡，可因叛割為二國，以分其勢」，〔註43〕「今單于之尊日疏」，按胡三省的解釋，是指「南單于留鄴。雖有尊名，日與部落疏」；「外土之威日寖重」，指劉豹兼併五部一類行動，胡三省也說是「左賢王豹居外，部族最強，其威日重也」。〔註44〕試圖藉此削弱劉豹對部落的控制；又太安年間（302～303年），并州地方發生大飢饉，石勒與胡人一起離開鄉里。最初似到北方塞下的雁門，後折回，投奔友人寧驅。當時北部都尉〔註45〕劉監正在抓流亡胡人，賣於四方，石勒由寧驅保護而得以幸免。劉監這一行動正是實施對所轄部落的管理職能。

因此，帥、都尉頗有點父母官的意味。晉武帝任命劉宣為右部都尉，他「蒞官清恪，所部懷之」。劉淵在北部都尉任上，「明刑法、禁姦邪」，掌控著

〔註42〕〔唐〕房玄齡等：《晉書》卷一〇二《劉聰載記附陳元達傳》，中華書局，1974年，第2679頁。

〔註43〕〔晉〕陳壽撰、〔南朝宋〕裴松之注《三國志》卷二十八《鄧艾傳》，中華書局，1959年，第776頁。

〔註44〕〔宋〕司馬光撰，〔元〕胡三省注《資治通鑑》卷七十五《魏紀七‧邵陵厲公》中嘉平三年八月條胡注，中華書局，1987年版，第2391頁。

〔註45〕《晉書》卷一〇四《石勒載記》的原文為「北澤都尉」，這裡從《晉書斠注》作「北部都尉」。

相當的權力。劉聰任右部都尉，「善於撫接，五部豪右無不歸之」。後來，「元海為北單于，立為右賢王，隨還右部」，〔註46〕劉淵返回五部，最先進入右部，然後到左國城，接受劉宣等人所上大單于稱號。劉淵起兵時，右部成為其主要根據地之一，應該與劉宣、劉聰對右部的經營有關。

（二）帥、都尉的軍事權

《晉書》卷97《北狄傳》載「泰始七年（271年），單于猛叛，屯孔邪城。武帝遣婁侯何楨持節討之。楨素有志略，以猛眾兇悍，非少兵所制，乃潛誘猛左部督李恪殺猛，於是匈奴震服，積年不敢復反」。劉猛為右賢王、中部帥，271年自稱單于，並於同年十一月攻并州，為刺史劉欽所敗。次年春，晉婁侯何楨率軍擊破劉猛。〔註47〕可見，劉猛能調動所轄部落的軍事力量，並親自統帥指揮。

又惠帝太安中，由於八王之亂，西晉統治已經動搖，五部貴族認為時機已到，積極圖謀獨立復國。其中代表人物是劉淵從祖、原北部都尉、右賢王劉宣，他與五部貴族秘密商議，共推劉淵為大單于，並召集五部部眾。等到劉淵以北單于身份返回離石北左國城的時候，「二旬之間，眾已五萬，都於離石」。〔註48〕如此快速的軍事動員能力，如果不是因為五部部帥掌握著軍事權力，是無法想像的。

內田吟風認為「作為武官的都尉掌握了管轄之下諸部族的全體政治。北部都尉劉淵明刑法、禁姦邪、輕財好施，連其他部落的俊傑也都被吸引過來，聽說北部人陳元達有賢才，便將他招聘過來；劉淵從祖劉宣為右部都尉，任官清廉勤勉；劉聰任右部都尉，撫接民眾，從這些事例可以推出，大體上都尉的任務與後漢時代屬國都尉及邊郡都尉一樣」，〔註49〕東漢的屬國都尉開始分縣治民，擁有管理地方民政和軍政的權力，地位等同邊郡太守，成為屬國完全意義上的最高長官。五部都尉的權力主要集中於行政、軍事和司法，而沒有徵發賦稅與勞役的權力，因此兩者有相似之處，但又不完全等同。

梁習在并州刺史任上數年，大大削弱了南匈奴的勢力，曹操設立五部這

〔註46〕〔唐〕房玄齡等：《晉書》卷一○二《劉聰載記》，中華書局，1974年，第2658頁。

〔註47〕參見《晉書》卷三《武帝紀》；《通鑒》卷七十九《晉紀一》等。

〔註48〕受漢族統治階級壓迫的內遷匈奴及雜胡，紛紛投附，故二旬之間，劉淵由原來五部二萬人，發展到五萬。

〔註49〕內田吟風《匈奴史研究》，第85頁。

樣一個行政區，由匈奴貴族充任各個部帥、都尉，這些並不是從匈奴固有的生活中產生的職任，官員的任免黜陟完全操在漢族中央政權之手，「選漢人為司馬以監督之」更是充分顯示了南匈奴在喪失了自主性後所處的極限狀態。帥、都尉所擁有的權力，應該或多或少受到漢人司馬的干涉，但是無論多麼徒具形式、多麼流於表面，魏晉政權不能全盤扼殺固有的部落組織。正因為如此，隨著漢人支配開始動搖，匈奴也就開始有了復興的可能。而另一個重要的後果是，經濟、政治特權的制度化，使得「帥」、「都尉」取代原有的匈奴貴族成為高踞於普通匈奴民眾之上的新利益集團。

四、小結

綜上所述，匈奴新型的統治階層逐漸形成的過程，就是匈奴權貴族由昔日的諸王轉化為中國式官僚的過程。

魏晉的匈奴有兩套職官系統。一套是原匈奴的行政組織系統，這套系統徒有虛號，並無實權。一套是納入漢官的新系統。南匈奴被分為五部，由漢人政府任命匈奴貴族，以部帥、都尉的身份進行管理，對所轄部落行使行政、軍事等權力。由匈奴貴族充任各個部帥、都尉，這些並不是從匈奴固有的生活中產生的職任，官員的任免黜陟完全操在漢族中央政權之手，官員按官職品級領取俸祿，沒有了領地。在接受魏晉的統治之後，五部成為縣之下的地方行政單位，帥、都尉已無形中轉變為專職的行政管理人員，血親組織首領的色彩逐漸淡化。

與秦漢的匈奴貴族相比，每年為商討國家祭政大事召開的「庭祠」、「龍會」已經消失了。貴族君主制下的議事會議是以單于子弟在經濟領域內的強大實力為堅實後盾的，這種經濟實力在魏晉時期被漢族王朝強制剝奪了，取而代之的匈奴新的社會顯貴——帥、都尉。由於歷史的原因，他們大部分仍然是單于子弟擔任，但是已經蛻變為新型的官僚了。相較與秦漢的國家結構形式，魏晉匈奴的社會結構接近於官僚貴族式。

這一過程在匈奴早期國家的演變中不是孤立的，而是一系列變化的一環。與之相伴的是，經濟上轉向農業定居、農耕逐漸成為匈奴經濟生活的主體；法制的漢化等等。在匈奴早期國家的演變過程中，充分體現著中國中原地區成熟的政權組織形式的影響，自魏晉開始的這一系列的轉化，即是在漢族社會的影響下實現的，並不是匈奴自主的選擇。

附錄五　兩漢時期匈奴政治組織形式的演變

　　匈奴的政治組織形式，是學界很早關注的課題，中外學者積累了不少成果，代表研究有日本學者田村實造、護雅夫、江上波夫等人；〔註1〕臺灣學者林旅芝、謝劍等人，〔註2〕大陸學者呂思勉、林幹、馬長壽、陳序經、黃烈等人。〔註3〕近年來，一些學者也進行了相關的討論。〔註4〕由於史料的限制，相關研究大多側重於秦漢時期的匈奴政治組織形式。隨著匈奴與中原王朝關係的演變，其政治組織形式也在不斷演變之中，而這一過程尚存在不少疑問，仍值得進一步探討。本文擬在前人研究的基礎上，提出自己的幾點看法。

〔註1〕〔日〕田村實造：《北アジアにおける歷史世界の形成》，ハーバード・燕京・同志社，《東方文化講座》第十輯，1956年，第36～37頁。〔日〕護雅夫：《匈奴の國家》，《史學雜誌》第五十九編第五號，1950年，第20～21頁。〔日〕江上波夫：《ユウラシア古代北方文化》，1948年，東京山川社，第21頁。

〔註2〕林旅芝：《匈奴史》，香港中華文化事業公司，1963年，第24～25頁。謝劍：《匈奴政治制度的研究》，《民族學論文集》，佛光人文社會學院，2004年，第913頁。

〔註3〕呂思勉：《燕石劄記》，商務印書館，1937年，第123頁。林幹：《匈奴史》，內蒙古人民出版社1979年，第24頁。馬長壽：《北狄與匈奴》，廣西師範大學出版社2006年，第51頁。黃烈：《中國古代民族史研究》，人民出版社1987年，第174頁。

〔註4〕如李春梅：《匈奴政權中「二十四長」和「四角」、「六角」探析》，《內蒙古社會科學》2006年第2期。羅君《漢晉中央政府對南匈奴的管理及其影響》，《重慶教育學院學報》2004年第4期。

一、匈奴初期的政治組織形式

秦始皇和蒙恬死後第二年（前 209 年），爆發了陳勝吳廣大起義，秦王朝瓦解，戍卒逃散，北徙的匈奴乘機重新佔領了「河南地」。漢初，經過農民起義和楚漢之間的持續戰爭，國力空虛，中央集權尚未確立，於是與匈奴締結和親之約。西漢初期，也是匈奴勢力空前強大的時期，其勢力所及的範圍，可以分作內外兩大部分。

《史記・匈奴列傳》載：單于以下，「置左右賢王，左右谷蠡王，左右大將，左右大都尉，左右大當戶，左右骨都侯……自如左右賢王以下至當戶，大者萬騎，小者數千，凡二十四長」。〔註5〕匈奴內部的核心即單于庭和二十四長所分封的左右兩區，「諸左方王將居東方，直上谷以往者，東接穢貉、朝鮮；右方王將居西方，直上郡以西，接月氏、氐、羌」，「單于之庭直代、雲中」，〔註6〕位於匈奴的中央，由單于直接管轄。匈奴左、右方王將，從左右賢王到大當戶，都是由單于子弟擔任的，代表單于在各地行施政權，分別統攝大小部落。《史記・孝文本紀》載：「今右賢王離其國，將眾居河南降地，非常故」，〔註7〕表明左右賢王以下的諸王將，雖「各有分地，逐水草移徙」，〔註8〕但是在相對固定的地方游牧。

隨著時間推移，單于子弟的數目逐漸增加，因此在二十四長之外又設有許多王。史籍中出現許多諸王名號，即渾邪王、休屠王、犁污王、姑夕王、日逐王、蒲類王、呼衍王、伊蠡王、蒲陰王、於軒王、左伊秩訾王、皋林溫禺犢王、句林王、盧屠王、呼盧訾王、奧鞬王、右致盧兒王、左祝都韓王、右於涂仇撣王、右股奴王等，也都有各自駐牧地。〔註9〕

〔註 5〕〔漢〕司馬遷：《史記》卷一一○《匈奴列傳》，中華書局，1959 年，第 2890 頁。

〔註 6〕〔漢〕司馬遷：《史記》卷一一○《匈奴列傳》，中華書局，1959 年，第 2891 頁。

〔註 7〕〔漢〕司馬遷：《史記》卷十《孝文本紀》，中華書局，1959 年，第 425 頁。

〔註 8〕〔漢〕司馬遷：《史記》卷一一○《匈奴列傳》，中華書局，1959 年，第 2891 頁。

〔註 9〕西漢諸王的駐牧地，如渾邪王與休屠王的駐牧地，在今甘肅河西走廊一帶；犁污王及溫偶涂王的駐牧地，俱在今甘肅河西走廊以北一帶；姑夕王的駐牧地在匈奴東邊，今內蒙古通遼、赤峰地區和錫林郭勒盟一帶；左犁污王咸的駐牧地，在今內蒙古托克托縣北部一帶；日逐王的駐牧地在匈奴西邊，與今新疆連界；東蒲類王的駐牧地在今新疆準噶爾盆地西南部；南犁污王的駐牧地，在今新疆吉木薩爾縣北及準噶爾盆地以東一帶；於軒王的駐牧地在今貝加爾湖一帶；右奠鞬日逐王比的駐牧地，在今內蒙古舊長城以北，西自河套、東至河北北部南洋河以西一帶。參見林幹：《匈奴史》，內蒙古人民出版社，1979 年，第 31 頁。

　　內部是匈奴的本土範圍，單于所出之攣鞮（或虛連題）氏，以其近親子弟分封各地，成為政權核心所在。與之不同的是，外部諸王與匈奴王庭的政治關係，不像內部諸王那樣基於血緣紐帶，而是或為土著族長、或為漢人之降者、或為異民族。

　　漢朝初期匈奴勢力極盛，「至冒頓而匈奴最強大，盡服從北夷」，高帝元年（前 206 年）「東襲擊東胡……大破滅東胡王……西擊走月氏，南並樓煩、白羊河南王。悉復收秦所使蒙恬所奪匈奴地者，與漢關故河南塞，至朝那、膚施」，〔註 10〕後「北服渾庾、屈射、丁零、鬲昆、薪犁之國」。〔註 11〕文帝六年（前 174 年）匈奴「以天之福，吏卒良，馬強力，以夷滅月氏，盡斬殺降下之。定樓蘭、烏孫、呼揭及其旁二十六國，皆以為匈奴」。〔註 12〕這些民族的土著領袖，政治上羈事匈奴，但仍保有相當主權。「烏孫王號昆莫，昆莫父難兜靡本與大月氏俱在祁連、焞煌間，小國也。大月氏攻殺難兜靡，奪其地，人民亡走匈奴。子昆莫新生……單于愛養之。及壯，以其父民眾與昆莫，使將兵，數有功。……昆莫既健，自請（老上）單于報父怨，遂西攻破大月氏。大月氏復西走，徙大夏地。昆莫略其眾，因留居，兵稍彊，會（老上）單于死，不肯復朝事匈奴」。〔註 13〕

　　外部屬國並非像內部諸侯那樣直接受命於單于，更多是任命附近區域的單于子弟管理，間接與單于王庭發生聯繫，如《漢書・西域傳》載：「匈奴西邊日逐王置僮僕都尉，使領西域」，〔註 14〕由轄區靠近西域的日逐王統領。「諸二十四長，亦各自置千長、百長、什長、裨小王、相、封都尉、當戶、且渠之屬」。〔註 15〕屬於右賢王帳下的裨小王，至少有樓煩王、白羊王等近二十人。〔註 16〕這些國家往往要向匈奴交納人質，「樓蘭王死，匈奴先聞之，遣其質子

〔註 10〕〔漢〕司馬遷：《史記》卷一一〇《匈奴列傳》，中華書局，1959 年，第 2890 頁。

〔註 11〕〔漢〕司馬遷：《史記》卷一一〇《匈奴列傳》，中華書局，1959 年，第 2893 頁。

〔註 12〕〔漢〕司馬遷：《史記》卷一一〇《匈奴列傳》，中華書局，1959 年，第 2896 頁。

〔註 13〕〔東漢〕班固：《漢書》卷六十一《張騫傳》，中華書局，1962 年，第 2692 頁。

〔註 14〕〔東漢〕班固：《漢書》卷九十六《西域傳》，中華書局，1962 年，第 3872 頁。

〔註 15〕〔漢〕司馬遷：《史記》卷一一〇《匈奴列傳》，中華書局，1959 年，第 2891 頁。

〔註 16〕據《史記・匈奴列傳》載：「其明年，衛青復出雲中以西至隴西，擊胡之樓煩、白羊王於河南，得胡首虜數千，牛羊百餘萬。於是漢遂取河南地，築朔方，復繕故秦時蒙恬所為塞」，「匈奴右賢王怨漢奪之河南地而築朔方，數為寇，盜邊，及入河南，侵擾朔方，殺略吏民其眾」。根據地緣關係，樓煩和白羊王應歸右賢王管轄。

安歸歸」，〔註17〕「匈奴怒，召其（車師）太子軍宿，欲以為質」。〔註18〕同時他們也是匈奴剝削的對象，比如烏桓人每年要向匈奴繳納皮布稅。除了匈奴單于子弟外，也常任用異民族的人才對屬國進行管理。《漢書》所載之衛律，其父本長水胡人（今陝西省藍田縣西北），降匈奴後受封為丁零王。魏略云「丁零在康居北，去匈奴庭接習水七千里」，〔註19〕《漢書‧李陵傳》顏師古注：「丁零，胡之別種也。立為王而主其人也」。〔註20〕也有漢人投降匈奴後，接受單于分封者。西漢燕王盧綰，亡入匈奴後被封為東胡盧王。〔註21〕李陵降匈奴後，且鞮侯單于以女妻之，封為右校王，〔註22〕負責管轄鬲昆一帶地區。這些下轄屬國的人民，一般都不是匈奴族，可稱之為匈奴「藩屬」。

二、漢匈關係與外部屬國的消亡

外部屬國較不固定，叛服無常，視匈奴國勢的強弱而定。西漢王朝經過六七十年的休養生息，至漢武帝即位之時，國力充實，中央集權得以加強，於是部署了對匈奴的三次重大戰役。經過此番打擊後，匈奴傷亡慘重，逐漸向西北遷徙。到壺衍鞮單于時代（昭帝始元二年至宣帝地節二年），匈奴更趨於衰弱。內部分裂日益嚴重外，南邊的西漢、東邊的烏桓、北邊的丁零，西邊的烏孫都給予匈奴很大的打擊。至漢宣帝時，因連年與漢朝對抗，加上本始三年（前71年）的大風雪，人畜凍死，返還者不及十分之一，於是「丁令乘弱攻其北，烏桓入其東，烏孫擊其西。凡三國所殺數萬級」，匈奴實力大損，「諸國羈屬者皆瓦解」。〔註23〕地節二年（前68年））「其秋，匈奴前所得西嗕居左地者……遂南降漢」，〔註24〕神爵中，日逐王先賢撣因統治集團內部矛

〔註17〕〔宋〕司馬光：《資治通鑒》卷二十三《漢紀十五》「元鳳四年」條，中華書局，1956年，第771頁。

〔註18〕〔東漢〕班固：《漢書》卷九十六《西域傳》，中華書局，1962年，第3922頁。

〔註19〕〔漢〕司馬遷：《史記》卷一一〇《匈奴列傳》，中華書局，1959年，第2893頁。

〔註20〕〔東漢〕班固：《漢書》卷五十四《李廣蘇建傳》，中華書局，1962年，第2458頁。

〔註21〕〔漢〕司馬遷：《史記》卷九十三《韓信盧綰列傳》，中華書局，1959年，第2639頁。

〔註22〕〔東漢〕班固：《漢書》卷五十四《李廣蘇建傳》，中華書局，1962年，第2457頁。

〔註23〕〔東漢〕班固：《漢書》卷九十四《匈奴傳》，中華書局，1962年，第3787頁。

〔註24〕〔東漢〕班固：《漢書》卷九十四《匈奴傳》，中華書局，1962年，第3788頁。

盾降漢，其所轄之「僮僕都尉由此罷，匈奴益弱，不得近西域」。〔註25〕神爵二年（前 60 年）「……威震西域，遂並護車師以西北道，故號都護……漢之號令班西域矣」，〔註26〕匈奴之勢，從此一蹶不振。

五鳳元年（前 57 年），上層貴族發生分裂，出現「五單于爭立」的局面，混戰的結果或敗降、或自殺，郅支擊破呼韓邪的隊伍，佔據了單于庭。在這樣的局面下，呼韓邪於甘露三年（前 51 年）歸附漢朝，接受漢的領導，成為漢的屬國。

郅支單于漸與漢朝關係破裂，在漠北不能支持，向西遷徙，擊烏孫、降烏揭，設庭於昆堅地，並一度控制西域，「數借（康居）兵擊烏孫，深入至赤谷城，殺略民人，毆畜產，烏孫不敢追」，「遣使責闔蘇、大宛諸國歲遺，不敢不予」。〔註27〕元帝建昭三年（前 36 年），西域都護騎都尉甘延壽、副校尉陳湯斬郅支單于於康居。匈奴結束分裂，又統一起來。

此後，呼韓邪北歸單于庭，漢匈雙方關係出現了和平友好的總趨勢，「為作約束，自長城以南天子有之，長城以北單于有之」，〔註28〕單于履行入漢覲見、遣侍子入漢和納貢三項約定。對於歸附的外族，匈奴一般都上報，由漢朝決斷。哀帝建平二年（前 5 年），「烏孫庶子卑援疐翕侯人眾入匈奴西界，寇盜牛畜，頗殺其民。單于聞之，遣左大當戶烏夷泠將五千騎擊烏孫，殺數百人，略千餘人，驅牛畜去。卑援疐恐，遣子趨逯為質匈奴。單于受，以狀聞。漢遣中郎將丁野林、副校尉公乘音使匈奴，責讓單于，告令還歸卑援疐質子。單于受詔，遣歸」。〔註29〕也就是說，匈奴作為稱臣之國或屬國，只能遣子為質於西漢，而不能接受他國的質子。此後，又發生了一件事，漢平帝元始二年（2 年），「西域車師後王句姑、去胡來王唐兜皆怨恨都護校尉，將妻子人民亡降匈奴……單于受置左谷蠡地，遣使上書言狀曰：『臣謹已受』。詔遣中郎將韓隆、王昌、副校尉甄阜、侍中謁者帛敞、長水校尉王歙使匈奴，告單于曰：『西域內屬，不當得受，今遣之』……單于叩頭謝罪，執二虜還付使者」，〔註30〕表明匈

〔註25〕〔東漢〕班固：《漢書》卷九十六《西域傳》，中華書局，1962 年，第 3874 頁。
〔註26〕〔東漢〕班固：《漢書》卷七十《鄭吉傳》，中華書局，1962 年，第 3006 頁。
〔註27〕〔東漢〕班固：《漢書》卷九十四《陳湯傳》，中華書局，1962 年，第 3009 頁。
〔註28〕〔東漢〕班固：《漢書》卷九十四《匈奴傳》，中華書局，1962 年，第 3818 頁。
〔註29〕〔東漢〕班固：《漢書》卷九十四《匈奴傳》，中華書局，1962 年，第 3811 頁。
〔註30〕〔東漢〕班固：《漢書》卷九十四《匈奴傳》，中華書局，1962 年，第 3818、3819 頁。

奴對外關係是受宗主國漢朝的控制和監督的。

到王莽當政，未能審時度勢，改變了漢宣以來的政策，企圖以威勢凌匈奴。匈奴自附漢以來，內部安定，社會社會生產得以恢復和發展，漢朝卻當動亂年代，因此兩漢之間，匈奴再次興起。首先，重新控制烏桓。本來武帝時烏桓已擺脫匈奴的奴役，始建國二年（10年），匈奴利用烏桓與王莽結怨，「匈奴因誘其豪帥以為吏，餘者皆羈縻屬之」。〔註31〕其次，重新控制西域。宣元以來西域歸附，漢朝設置西域都護治理。因王莽篡漢，盡貶各族「國」王為侯，激起各族的怨恨，遂相繼叛離。匈奴乘機滲入，西域各族又先後淪為匈奴勢力範圍。建武六年（30年），光武帝遣使至匈奴，以通舊好。此時，匈奴不再對漢稱臣，雖然也遣使回聘，但侵擾如故。東漢初年，劉秀忙於整頓內政，採取消極防禦的政策，對西域暫時置之不理，「鄯善王、車師王等十六國皆遣子入侍奉獻，願請都護。帝以中原初定，未遑外事，皆還其侍子，厚加賞賜」，〔註32〕於是「鄯善、車師復附於匈奴」。〔註33〕

建武二十四年（48年），發生了一件大事。《南匈奴列傳》載，自呼韓邪單于稽侯珊死後，諸子依次而立，至比叔父孝單于輿時，任命比為右薁鞬日逐王。此時，匈奴內部又因爭立發生問題，比因內懷猜忌，很少參與庭會，適值匈奴地區遭遇嚴重的天災，「八部大人共議立比為呼韓邪單于……於是款五原塞，願永為蕃蔽，扞禦北虜」，〔註34〕從此南匈奴正式附漢，自單于比後，皆稱臣於漢朝，匈奴分裂為南北二部。而北匈奴遭到東漢和南匈奴聯合打擊後，開始一路西遷，南北再也沒有統一起來。南匈奴內附後，作為東漢的藩屬，沒有了外部屬國，內外之分從此消亡。

三、政治結構的變化

呼韓邪單于統一大漠南北，南與漢邊塞為鄰，在這六十年間，匈奴的制度基本上與漢初相符，《匈奴傳》中記載有左右賢王、左右谷蠡王等，這說明

〔註31〕〔南朝・宋〕范曄：《後漢書》卷九十《烏桓鮮卑列傳》，中華書局，1965年，第2981頁。
〔註32〕〔南朝・宋〕范曄：《後漢書》卷一《光武帝紀》，中華書局，1965年，第73頁。
〔註33〕〔宋〕司馬光：《資治通鑒》卷四十三《漢紀三十五》「建武二十二年條」，中華書局，1956年，第1403頁。
〔註34〕〔南朝・宋〕范曄：《後漢書》卷八十九《南匈奴列傳》，中華書局，1965年，第2942頁。

匈奴統一於漢朝，但政治制度仍舊如故。到王莽執政，劃分匈奴居地為十五部分，強立稽侯珊子孫十五人俱為單于，以分散和削弱匈奴勢力，導致制度混亂，破壞了漢與匈奴間六十年之久的和好關係，不過王莽政權很快就被農民起義推翻了。

南匈奴內附後，所領八部牧民分布在當時的北地、朔方、五原、雲中、定襄、雁門、代、上谷各郡。其後受北匈奴的軍事壓力，東漢政府允許其徙居西河美稷，李賢注曰：「自單于比入居西河美稷之後，種類繁昌，難以驅逼」。〔註35〕經過遷徙、分化、交流和融合之後重新組合起來的匈奴，在較為安定的生存環境下，逐漸走向定居，繁衍出了新的氏族、部落。單于家族有資格被分封為王的子弟越來越多，「其大臣貴者左賢王，次左谷蠡王，次右賢王，次右谷蠡王，謂之四角；次左右日逐王，次左右溫禺鞮王，次左右漸將王，是為六角：皆單于子弟，次第當為單于者也」，〔註36〕「四大國」改稱「四角」，分裂前的一些名王被確定在「六角」的範圍內，六角也都為單于子弟。匈奴逐漸從單于處於頂級、四大國為第二級的軍事政權，發展成為單于為頂級、四角為第二級、六角為第三級的等級更為分明、複雜的政權結構形式。

東漢政府並沒有打亂匈奴原有的統治秩序，依舊維持著按照等級領有分地、部族的體制。西漢時，左右賢王的分地和被支配部族的情況，史料中有明確記載。南匈奴的情況，除了「助為扞戍」的骨都侯外，其餘不是非常明瞭，只有一些間接的說明。〔註37〕不過，自內附後南匈奴外部屬國消亡，人

〔註35〕〔南朝‧宋〕范曄：《後漢書》卷八十九《南匈奴列傳》，中華書局，1965年，第2970頁。

〔註36〕〔南朝‧宋〕范曄：《後漢書》卷八十九《南匈奴列傳》，中華書局，1965年，第2944頁。

〔註37〕《後漢書‧南匈奴列傳》記建武二十六年（50年），南單于入居西河，「亦列置諸部王，助為扞戍。使韓氏骨都侯屯北地，右賢王屯朔方，當於骨都侯屯五原，呼衍骨都侯屯雲中，郎氏骨都侯屯定襄，左南將軍屯雁門，栗籍骨都侯屯代郡，皆領部眾為郡縣偵羅耳目」。史籍中有線索可尋的東漢匈奴諸王駐牧地有：左伊袟訾王的駐牧地在今內蒙古錫林郭勒盟一帶；「建初元年，來苗遷濟陰太守，以征西（大）將軍耿秉行度遼將軍。時欒林溫禺犢王復將眾還居涿邪山」，欒林溫禺犢王的駐牧地在今內蒙古國境內滿達勒戈壁附近；句林王的駐牧地在今內蒙古居延海北約六百餘里處；呼衍王的駐牧地在今新疆吐魯番及巴里坤湖一帶；伊蠡王的駐牧地在今新疆吐魯番以西騰格里山一帶。

口大為減少，〔註38〕隨著匈奴活動範圍的縮小，中央職官等級的複雜化，異姓大臣的逐漸崛起（詳見下文），諸王已不可能擁有以前那樣廣大的份地，他們彼此的轄區距離也大為減小。試以朔方為例。南單于居西河以後，列置諸部王，以「右賢王屯朔方」，明言朔方為右賢王的轄區。永平十六年（73年），「南單于遣左賢王信隨太僕祭肜及吳棠出朔方高闕，攻皋林溫禺犢王於涿邪山」，〔註39〕根據以往單于派兵遣將就近的原則，「出朔方高闕」，說明左賢王的轄區也不會離開朔方很遠。永元二年春（90年），「南單于復上求滅北庭，於是遣左谷蠡王師子等將左右部八千騎出雞鹿塞」，〔註40〕雞鹿塞是朔方郡在阻山西部長城沿線的一處重要軍事據點，可見左谷蠡王師子的領地也在朔方一帶。朔方一帶至少有左賢王、右賢王和左谷蠡王三種勢力，可知匈奴諸王的力量較已經有了大幅的削減。

諸王的力量削弱的表現還在於新的軍事動員單位的出現。西漢時期，左賢王部或右賢王部經常以獨立單位進行軍事活動，如趙破奴「將二萬騎擊匈奴左賢王，左賢王與戰，兵八萬騎圍破奴，破奴生為虜所得」，〔註41〕「於是孝文帝詔丞相灌嬰發車騎八萬五千，詣高奴，擊右賢王。右賢王走出塞」，〔註42〕很少看到左右賢王聯合作戰的情況。內附之後，僅靠左賢王或右賢王的力量難以組織強有力的進攻，聯合軍事行動變的常常可見。永和五年（140年）夏，「南匈奴左部句龍王吾斯、車紐等背畔，率三千餘騎寇西河，因復招誘右賢王，合七八千騎圍美稷，殺朔方、代郡長史」，〔註43〕更大面

〔註38〕公元 89 年，漢與南匈奴聯軍重創北匈奴後，大量匈奴人歸於南匈奴之下，「領戶三萬四千，口二十三萬七千三百」，這是南匈奴總人口的最盛期。相對於西漢差距甚大。據林幹《匈奴史》研究，漢初匈奴盛時，人口約為二百萬；宣帝時五單于爭立，人口減為一百七十五萬；五單于混戰後人口更少，約為一百五十萬，及其衰落，分裂為南北，人口僅存一百三十萬，當然這其中包括附屬於匈奴的一些異民族，但總體人口要遠高於東漢南匈奴。

〔註39〕〔南朝・宋〕范曄：《後漢書》卷八十九《南匈奴列傳》，中華書局，1965 年，第 2949 頁。

〔註40〕〔南朝・宋〕范曄：《後漢書》卷八十九《南匈奴列傳》，中華書局，1965 年，第 2953 頁。

〔註41〕〔漢〕司馬遷：《史記》卷一一一《衛將軍驃騎列傳》，中華書局，1959 年，第 2945～2946 頁。

〔註42〕〔漢〕司馬遷：《史記》卷一一〇《匈奴列傳》，中華書局，1959 年，第 2895 頁。

〔註43〕〔南朝・宋〕范曄：《後漢書》卷八十九《南匈奴列傳》，中華書局，1965 年，第 2960 頁。

積的軍事動員常常以「左部」、「右部」為單位。永元二年春（90 年），「南單于復上求滅北庭，於是遣左谷蠡王師子等將左右部八千騎出雞鹿塞，中郎將耿譚遣從事將護之」，這是左右部聯合行動；永和五年夏（140 年），「時南匈奴左部反亂」；〔註44〕中平五年（188 年），「右部醯落與休著各胡白馬銅等十餘萬人反，攻殺單于」，〔註45〕《後漢書·孝靈帝紀》載：「三月，休屠各胡攻殺并州刺史張懿，遂與南匈奴左部胡合，殺其單于」。〔註46〕可見，南匈奴內附後，左部、右部的稱謂頻繁出現，形成了左部、單于庭、右部的結構模式。

　　只是，左右部時常處於遷徙狀態。建武十三年（37 年），匈奴寇河東，州郡不能禁，「於是漸徙幽、并邊人於常山關、居庸關已東，匈奴左部遂復轉居塞內」〔註47〕。永元六年（94 年），中郎將杜崇因與朱徽上言：「又右部降者謀共迫脅安國，起兵背畔，請西河、上郡、安定為之敬備」，〔註48〕西河、上郡、安定三地位於南單于庭美稷的西面和西南面，右部應在此附近。秦漢時期，左方王將居於東邊，右方王將居於西邊，單于轄區在中間，這樣明確的劃地而治已經不復存在了。「其大臣貴者左賢王，次左谷蠡王，次右賢王，次右谷蠡王，謂之四角……各以權力優劣、部眾多少為高下次第焉」，〔註49〕原本位於左賢王之後的右賢王，位次發生了變化，列於左谷蠡王之後，也暗示原有相對穩定的結構發生了變化。

四、異姓貴族權力的擴張

　　單于攣鞮（或虛連題）氏，以近親子弟分封各地，成為匈奴政權核心所

〔註44〕〔南朝·宋〕范曄：《後漢書》卷五十一《李陳龐陳橋列傳》，中華書局，1965年，第 1692 頁。

〔註45〕〔南朝·宋〕范曄：《後漢書》卷八十九《南匈奴列傳》，中華書局，1965 年，第 2965 頁。

〔註46〕〔南朝·宋〕范曄：《後漢書》卷八《孝靈帝紀》，中華書局，1965 年，第 355 頁。

〔註47〕〔南朝·宋〕范曄：《後漢書》卷八十九《南匈奴列傳》，中華書局，1965 年，第 2940 頁。

〔註48〕〔南朝·宋〕范曄：《後漢書》卷八十九《南匈奴列傳》，中華書局，1965 年，第 2955 頁。

〔註49〕〔南朝·宋〕范曄：《後漢書》卷八十九《南匈奴列傳》，中華書局，1965 年，第 2944 頁。

在。此外，「呼衍氏，蘭氏，其後有須卜氏，此三姓其貴種也」，〔註50〕與單于氏族世相婚姻，形成國內的「貴姓」或「名族」。從其所擔任的職官來看，徐孚遠注：「骨都侯，為單于近臣，不別統部落有分地也」，〔註51〕完全居於「留庭輔政」的從屬地位。隨著匈奴社會的變遷，這個結構模式也在發生變化。

首先，內附之後，異姓貴族的數目逐漸增加。《史記・匈奴列傳》和《漢書・匈奴傳》中名族只有三大姓氏，東漢時增加到了四個。《後漢書・南匈奴列傳》載：「單于姓虛連題，異姓有呼衍氏、須卜氏、丘林氏、蘭氏四姓，為國中名族，常與單于婚姻」，「呼衍氏為左，蘭氏、須卜氏為右，主斷訟聽獄」。〔註52〕司馬遷在《匈奴列傳》所列唯有左右骨都侯，該職官由異姓貴族呼衍氏、蘭氏和須卜氏擔任，而《南匈奴列傳》卻有韓氏、當于氏、呼衍氏、郎氏、栗籍氏以及須卜氏等眾多骨都侯。這其中除呼衍氏、須卜氏為原有的匈奴異姓貴族外，其餘均不見於《匈奴列傳》，表明東漢以來的匈奴政權中異姓貴族大量增多。《漢書・匈奴傳》記載了王昭君的兩個女兒，小女兒嫁到當於部落為當於居次，文穎注曰：「當於亦匈奴大族也」，〔註53〕可見這些異姓貴族也是匈奴中頗具影響的大族。

其次，從其所擔任的職官來看，姻族之中還有且渠及當戶等官職。《漢書・匈奴傳》載：「虛閭權渠單于立……黜前單于所幸顓渠閼氏。顓渠閼氏父左大且渠怨望」，〔註54〕又載：「呼都而尸單于輿既立，貪利賞賜，遣大且渠奢與云女弟當（戶）〔於〕居次子醯櫝王俱奉獻至長安」。〔註55〕從上述史料中可知，南北匈奴分裂之前，貴姓集團已擁有「骨都侯」、「且渠」、「當戶」三種職官，原有結構模式的衰落已經露出端倪。又「日逐王」一詞，首見於《史記・建元以來侯者年表》，其次為《漢書》中列舉的「日逐王先賢撣」、「日逐王伊屠知師牙」及「日逐王都」等，都出自單于攣鞮氏，無一例外。

〔註50〕〔漢〕司馬遷：《史記》卷一一〇《匈奴列傳》，中華書局，1959年，第2890頁。

〔註51〕〔日〕瀧川資言：《史記會注考證》卷一一〇，新世界出版社，2009年，第4514頁。

〔註52〕〔南朝・宋〕范曄：《後漢書》卷八十九《南匈奴列傳》，中華書局，1965年，第2944頁。

〔註53〕〔東漢〕班固：《漢書》卷九十四《匈奴傳》，中華書局，1962年，第3808頁。

〔註54〕〔東漢〕班固：《漢書》卷九十四《匈奴傳》，中華書局，1962年，第3787頁。

〔註55〕〔東漢〕班固：《漢書》卷九十四《匈奴傳》，中華書局，1962年，第3829頁。

《後漢書・南匈奴列傳》載：「次左右日逐王，次左右溫禺鞮王，次左右漸
將王，是為六角」，更以「日逐王」列為「六角」之首，明言「皆單于子弟，
次第當為單于者也」。〔註56〕但是又記載異姓貴族也擁有這一官號，有「新降
右須（卜）日逐（王）鮮堂輕從虜庭遠來詣臣」、「左呼衍日逐王須訾將萬騎出
朔方」〔註57〕等實例，更彰顯了貴姓集團權力的擴張。

　　再次，骨都侯一職的身份，《史記》及《漢書》徐孚遠注：「骨都侯，為單
于近臣，不別統部落有分地也」，〔註58〕完全居於「留庭輔政」的從屬地位。
而到《後漢書・南匈奴列傳》的記載，建武二十六年（50年），南單于入居西
河，為了防禦北匈奴，「亦列置諸部王，助為扞戍。使韓氏骨都侯屯北地，右
賢王屯朔方，當於骨都侯屯五原，呼衍骨都侯屯雲中，郎氏骨都侯屯定襄，
左南將軍屯雁門，栗籍骨都侯屯代郡，皆領部眾為郡縣偵羅耳目」，〔註59〕各
擁兵自重，也不再是《史記》及《漢書》所說的「輔政」。

　　異姓貴族也有屬於自己的部族和領地，史料中有一些間接說明。東漢初
年，「（單于）乃使句林王將數千騎迎芳，芳與兄禽、弟程俱入匈奴」；〔註60〕
章和二年（88年），南單于為東漢朝廷征討北單于獻計，「遣左谷蠡王師子、
左呼衍日逐王須訾將萬騎出朔方，左賢王安國、右大且渠王交勒蘇將萬騎出
居延，期十二月同會虜地」；〔註61〕延光二年（123年），鮮卑分為數道，「攻
南匈奴於曼柏，薁鞬日逐王戰死，殺千餘人。三年秋，復寇高柳，擊破南匈
奴，殺漸將王」。〔註62〕按照《後漢書・南匈奴列傳》的記載，「異姓大臣左
右骨都侯，次左右尸逐骨都侯，其餘日逐、且渠、當戶諸官號，各以權力優

〔註56〕〔南朝・宋〕范曄：《後漢書》卷八十九《南匈奴列傳》，中華書局，1965年，
　　　　第2944頁。
〔註57〕〔南朝・宋〕范曄：《後漢書》卷八十九《南匈奴列傳》，中華書局，1965年，
　　　　第2952頁。
〔註58〕〔日〕瀧川資言：《史記會注考證》卷一一〇，新世界出版社，2009年，第
　　　　4514頁。
〔註59〕〔南朝・宋〕范曄：《後漢書》卷八十九《南匈奴列傳》，中華書局，1965年，
　　　　第2945頁。
〔註60〕〔南朝・宋〕范曄：《後漢書》卷十二《盧芳傳》，中華書局，1965年，第506
　　　　頁。句林王和丘林王音相近，或者就是匈奴貴族丘林氏。
〔註61〕〔南朝・宋〕范曄：《後漢書》卷八十九《南匈奴列傳》，中華書局，1965年，
　　　　第2952頁。
〔註62〕〔南朝・宋〕范曄：《後漢書》卷九十《烏桓鮮卑列傳》，中華書局，1965年，
　　　　第2988頁。

劣、部眾多少為高下次第焉」。〔註63〕南匈奴大規模遷居漢地後，客觀情況已有所改變，從而導致了權力的重新安排。

五、總結

匈奴政權的統治構架是以攣鞮氏為核心，通過血緣關係的親疏來分配財產、權力和地位的。匈奴的最高統治者憑藉雙重身份實現對國家的統治，作為「單于」，他是權力的最高執有者，作為「父」，他又是統治家族中地位最顯赫的家長。通過這種方式，完成對軍政大權的獨佔，從而賦予匈奴政權鮮明的血緣色彩。匈奴之後在北亞草原上形成的突厥、鮮卑、蒙古最高統治者，都是以這樣的方式來建構早期國家組織的。

兩漢匈奴的政權組織形式既有繼承，也有發展。由於沒有改變劃分游牧民的原有部落組織，也沒有從根本上觸動各部顯貴在本部族內核心家族的地位，以血緣作為政治組織形式的傳統，仍延續不變。而外部屬國漸趨消亡、游牧區域縮小的同時，一方面職官體系更趨複雜化和精緻化，相對穩定的政權結構形式發生了變化，形成了左部、單于庭、右部的結構模式；另一方面異姓貴族勢力擴張，他們由原來的「不別統部落有分地」轉變為擁有領地和部眾，「各以權力優劣、部眾多少為高下次第」，形成以單于攣鞮（或虛連題）氏為主，聯合其他異姓姻親的統治。

南匈奴內附之後到東漢末年的歷史，是匈奴發展史上的一個重要時期。隨著生存環境的改變，民族融合程度的深入，作為北亞草原文化的典型代表，匈奴對漢文化產生了一定的影響。〔註64〕但與此同時，匈奴受漢族文化的影響則更為深刻。比如匈奴單于號的末尾都加「若鞮」二字，再如每年正月、五月、九月的集會不僅祭祀天神，還開始「兼祀漢帝」，〔註65〕某些具有民族特色的文化發生了變化。在生產方式上，則逐漸由游牧向農耕轉變。古代中國之所以能夠成功地在國家體系內建立起君臣關係來，得益於中國在政治制度、經濟、軍事和文化上對於周邊民族所具有的巨大優勢，單于名號的改變顯然

〔註63〕〔南朝‧宋〕范曄：《後漢書》卷八十九《南匈奴列傳》，中華書局，1965 年，第 2944 頁。

〔註64〕參見宋新潮：《匈奴文化及其對兩漢的影響》，《中央民族大學學報》1994 年第 1 期。

〔註65〕〔南朝‧宋〕范曄：《後漢書》卷八十九《南匈奴列傳》，中華書局，1965 年，第 2944 頁。

是源於中原王朝強大的政治作用與文化影響。而主動內附的南匈奴尚抱有一種心理，他們要取得漢朝廷的信任，表白自己的效忠之心，在各方面都竭力向漢人靠攏。隨著與中原的長期交往，中原政治體制多少會為匈奴所借鑒參用，兩漢匈奴政治組織形式的演變，與經濟、文化的變遷相一致，也是這一大環境之下產生的。

附錄六　東漢十三州行政區劃圖

司隸校尉部

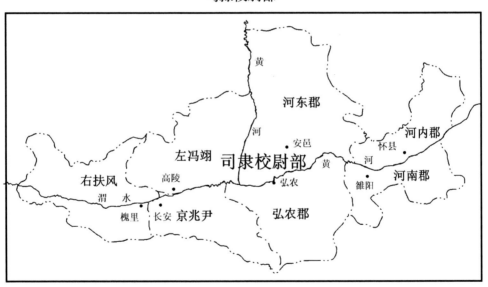

根據譚其驤主編《中國歷史地圖集》改繪

豫州

根據譚其驤主編《中國歷史地圖集》改繪

冀州

根據譚其驤主編《中國歷史地圖集》改繪

附錄六　東漢十三州行政區劃圖

司隸校尉部

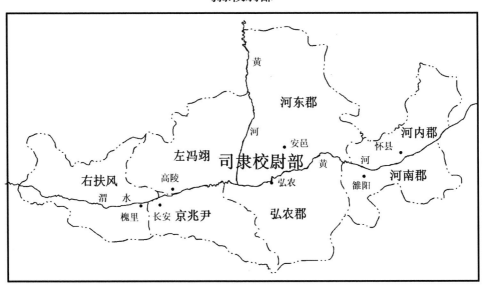

根據譚其驤主編《中國歷史地圖集》改繪

豫州

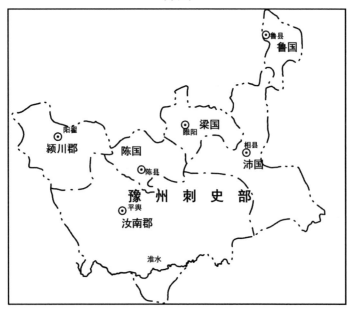

根據譚其驤主編《中國歷史地圖集》改繪

冀州

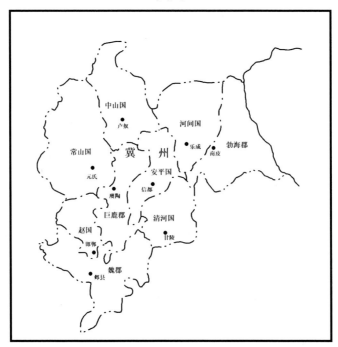

根據譚其驤主編《中國歷史地圖集》改繪

兖州

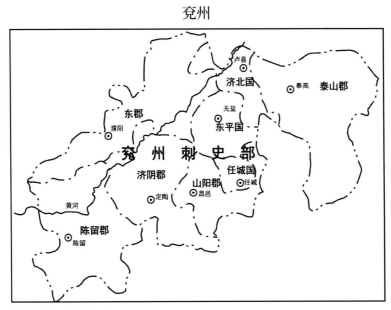

根據譚其驤主編《中國歷史地圖集》改繪

徐州

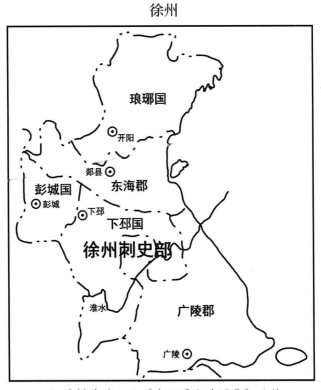

根據譚其驤主編《中國歷史地圖集》改繪

青州

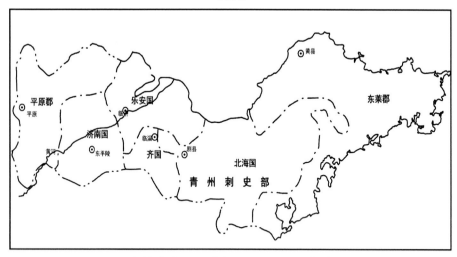

根據譚其驤主編《中國歷史地圖集》改繪

荊州

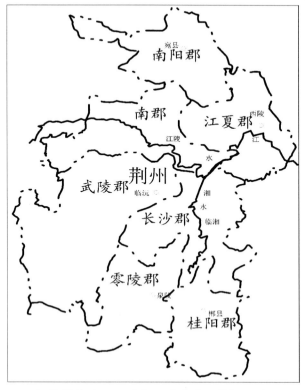

根據譚其驤主編《中國歷史地圖集》改繪

揚州

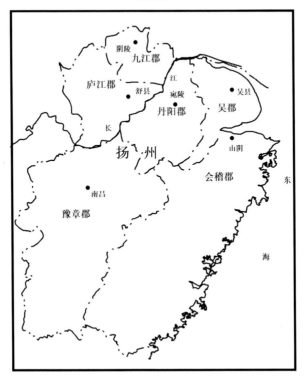

根據譚其驤主編《中國歷史地圖集》改繪

益州

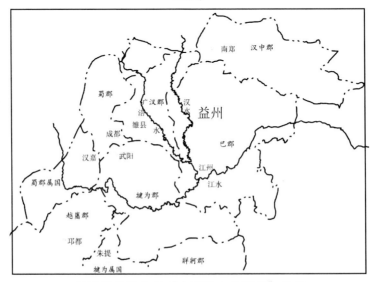

根據譚其驤主編《中國歷史地圖集》改繪

涼州

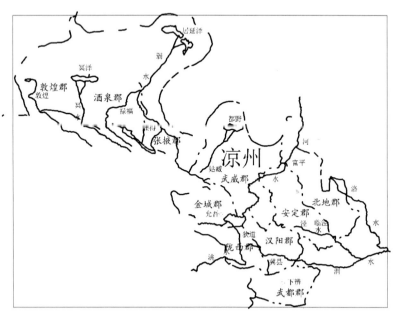

根據譚其驤主編《中國歷史地圖集》改繪

并州

根據譚其驤主編《中國歷史地圖集》改繪

揚州

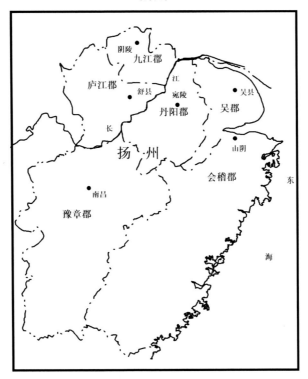

根據譚其驤主編《中國歷史地圖集》改繪

益州

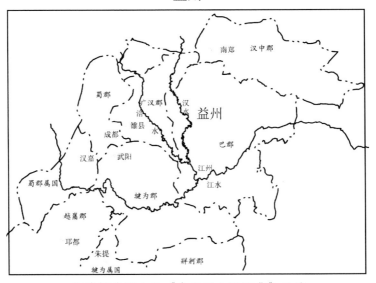

根據譚其驤主編《中國歷史地圖集》改繪

涼州

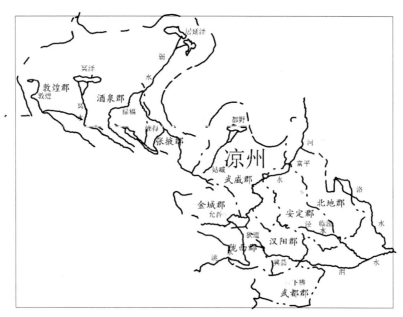

根據譚其驤主編《中國歷史地圖集》改繪

并州

根據譚其驤主編《中國歷史地圖集》改繪

幽州

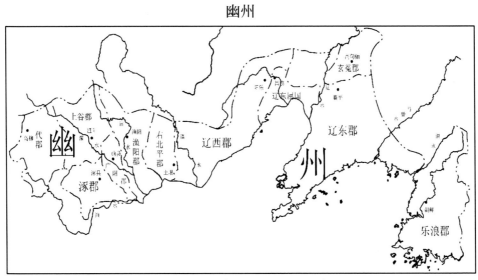

根據譚其驤主編《中國歷史地圖集》改繪

交州

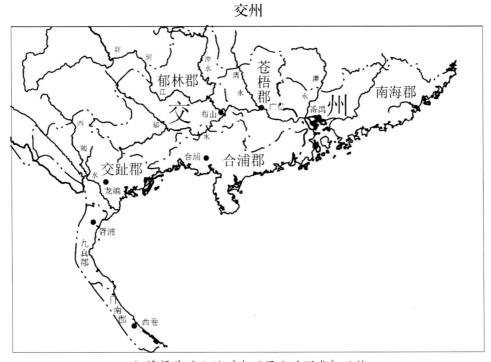

根據譚其驤主編《中國歷史地圖集》改繪